语文教研之路探引

『四主六步』教学视角下的思与辨

胡平贵／著

吉林文史出版社
JILIN WENSHI CHUBANSHE

图书在版编目（CIP）数据

语文教研之路探引："四主六步"教学视角下的思
与辨 / 胡平贵著. — 长春：吉林文史出版社，2021.8
ISBN 978-7-5472-7938-0

Ⅰ.①语… Ⅱ.①胡… Ⅲ.①中学语文课—教学研究
—高中 Ⅳ.①G633.302

中国版本图书馆CIP数据核字（2021）第158329号

语文教研之路探引："四主六步"教学视角下的思与辨
YUWEN JIAOYAN ZHI LU TANYIN SIZHULIUBU JIAOXUE SHIJIAO XIA DE SI YU BIAN

著　　者：胡平贵
责任编辑：吕　莹
封面设计：言之凿
出版发行：吉林文史出版社有限责任公司
电　　话：0431-81629369
地　　址：长春市福祉大路5788号
邮　　编：130117
网　　址：www.jlws.com.cn
印　　刷：北京政采印刷服务有限公司
开　　本：170mm×240mm　1/16
印　　张：18.25
字　　数：329千字
版印次：2022年4月第1版　2022年4月第1次印刷
书　　号：ISBN 978-7-5472-7938-0
定　　价：45.00元

序 言
PREFACE

　　进入2020年，随着高一年级开始使用语文新教材，新一轮课程改革在全国各地正式拉开了序幕。

　　就语文学科来说，其实改革的步伐从未停止过，一些有识之士不仅在大语文教育的理论方面做了大量详细的阐述，而且在大语文教学的实践方面做了大胆深入的探索。在20世纪80年代，我国教学模式就有10多种。其中影响特别大的有苏联的"红领巾教学模式法"、钱梦龙老师的"三主""四式"导读法、魏书生老师的"语文课堂教学六步教学法"，后来江苏的"洋思教学模式"和山东昌乐二中的"271模式"，更是将改革推向了又一个高潮。此外，于漪、欧阳代娜、余映潮、李镇西、程红兵等许多教育名家都进行了卓有成效的探索，积累了许多非常宝贵的经验，他们的教育教学思想有力地推动了我国语文教育教学事业的向前发展。

　　然而，从全国范围来看，语文教学长期以来"少、慢、差、费"的现象依然严重存在。究其原因，当然是多方面的：

　　（1）学科教育的特点决定了语文是不可速成的，语文教育是属于慢养教育。

　　（2）人们的教学观念滞后，总以为学语文只是课内的事，还没有真正意识到生活中处处有语文，课堂以外才是真正学语文的广阔天地。

　　（3）教材体系没有达到科学化的要求，小学、初中、高中三个学段的教材内容不衔接，各个学段内的内容编排也没有跳出传统的窠臼，教学目标无序列，无法满足学生的学习需求。

　　（4）仍有不少教师严重忽视语言学习的实践性特点，课堂没有根本性的改变。

　　要彻底改变上述不正常的现象，就必须大刀阔斧地进行教学改革。

　　当前正在进行的"课堂革命"，其实质是要实现"四重革命"：目标革命、动力革命、方式革命与行为革命。对广大教育工作者来说，任务是艰巨的，道路是曲折的。课堂教学改革需要坚持"一个中心，两个基本点"：以学生为中心；坚持素质教育在课堂，坚持教为学服务。

教师在课堂教学中要以学生为本，尊重学生的独特体验，鼓励学生自由、创造性、个性化地发表自己的意见与见解；放权让学生自主学习、自主构建，培养学生自主学习的能力；保护学生的自尊心，激发学生的上进心，发现学生的闪光点，肯定学生的独特发现，相信学生的发展潜能，给学生创造一个宽松自由的成长环境；学生在课堂上出现了问题要积极引导、善意指出、促其改进与纠正，让学生对知识有新的认识，在否定之否定中提高自己的认知能力和思辨能力，从而更加积极地投入到课堂求学中去，积极地解决新的问题，获得新的发展。

要做一个优秀的语文教师，就必须投身教学改革，尽管需要做的事情也许会非常多，但开展教育教学研究是必不可少的。

一、对新课程标准的研究

新课程标准是纲领性文件，是教学的行动指南，必须反复研读。以《普通高中语文课程标准（2017年版）》为例，里面首次提出了"学习任务群"这个全新的概念，这就值得我们认真研究。

1."学习任务群"提出的意义深远

"学习任务群"就是一种单元教学，以课堂教学为主，还是教听说读写。以前我们熟悉的教学经验经过调整，还是可以借鉴的。

提倡"学习任务群"，是希望以学习任务来整合单元教学，突出完整性，打破单篇阅读精讲细析的藩篱，让学生在自主的语文实践中学会学习，建构语文核心素养。

某个单元或者某一课主要学会哪些基本知识和关键能力，有哪些"干货"，作为教师的我们，必须做到心中有数，这样才能克服语文教学的随意性。

这种形式有意识地减少教师的讲授时间，多留出时间让学生自主学习，看问题学习，拓展阅读面，增加阅读量，让学习过程充满思考与探究、领悟与创造，也有助于解决语文教学长期以来存在的"读书少"的问题。

2. 任务群教学的实施务必循序渐进

首先，要明确单元所属的"学习任务群"。

其次，把单元承载的学习任务内容和要求细化，化为教学的目标、要点、难点，化为教学活动的方案。这就关系到单元后面的"单元学习任务"怎么使用。

"单元学习任务"不同于以前的习题，不是学完一个单元之后的练习，而是对学习任务也就是教学方案的提示。"单元学习任务"是设计单元教学方案的主要依据，应置前。我们可以参照"单元学习任务"，来设计一个单元的教学环节。

二、对新教材的研究

目前所使用的新教材，其变化是巨大的。主要表现在以下几个方面：

（1）不完全由课文组成单元。

（2）不完全由一篇文章组成一篇课文，一篇课文有1～4篇文章不等。

（3）单元的组合打破了文体的概念。

（4）文白互编。

（5）单元栏目的设置有重大调整。

（6）出现了整本书阅读这一新课型。

教材组元的结构其依据是：强化立德树人教育，以人文主题和学习任务群双线组织。

三、对教学方法的研究

孔子说："不愤不启，不悱不发。"也就是说：不到学生努力想弄明白却得不到的程度不要去开导他；不到学生心里明白却不能完善表达出来的程度不要去启发他。传统课堂教学中，学生的学是一种"接受式学习"——在教师的讲授下，进行全程的听、记、写、练。

新课改提倡的教学方法，要求我们充分发挥学科优势，激发学生兴趣；尽量丰富教学内容，开阔学生视野；合理运用多种方法和形式，提高课堂教学效率；恰当运用现代信息技术，发挥多媒体的教学功能。我所倡导的"四主六步"教学模式中"以学生为主体、以教师为主导、以思维为主线、以能力为主攻"充分体现了新课程的新理念。

所以，无论我们是采用启发式，还是采用小组合作探究式，或者是采用任务驱动式等方法来进行教学，都需要转变角色，由过去的主要进行讲授，转为引导学生在语文实践，即活动中学习（主要引导学生在活动中学习）。教学的落脚点是学习任务，有些课可以多讲一点儿，有些课可以少讲一点儿，但力求引导学生按单元指引和单元学习任务去自主学习。在这里，我顺便引用一下温儒敏教授所说的一个观点：统编高中语文教材变化很大，但并非对既往教材教法的颠覆，而是"守正创新"，是在原有基础上的变化革新，是那种大家经过努力就跟得上的创新。

四、对课题的研究

课题研究是校本教研中的一项重要内容，是促进教师专业成长的重要途径，也是营造良好校园文化氛围的重要方式。

教育科研课题研究是以先进的教育理论为指导，采用科学有效的方法、规范的形式来解决学校发展、课堂教学、教师成长、家庭教育等方面的问题和困惑，总结课程改革中成功的经验，反思教育教学中的行为，推广应用先进成功的科研成果，提高教育教学质量的认识实践活动。教师参与教育科研活动，实际上是要求在更高的水平层次上展开教学活动，即从强化日常教学中蕴含的科研成分着手，以科研的思路去重新审视教学过程，发现问题、思考问题，形成解决问题的策略，并通过教学实践使其得到验证与完善，从而使教学工作逐步向最优化方向发展，同时也使自身的素质得到提升与飞跃。

教师进行课题研究首先是教师专业成长的需要，其次是解决实际问题的需要，再次有助于养成严谨的工作作风，最后有助于形成科研教学意识。

所以，教育工作者就不能仅满足于上好自己的课，还需要学会做点课题研究，要不断将自己的业务水平推向更高的层次。

五、对考试的研究

考试既是一门学问，也是一门科学。

就学生而言，考试既是高强度的学习过程，也是知识调取、能力运用的过程，学得好不一定就能考得好，所以要考好，学生有必要深入了解考试。

就教师而言，只有研究考试，才能做到有效备考。对高中教师来说，要做好高考的备考工作，首先要研究的恐怕就是《中国高考评价体系》和《中国高考评价体系说明》。因为高考评价体系是依据高校人才选拔要求和国家课程标准，从深化高考内容改革、衔接高中育人方式改革出发进行的顶层设计，构建了全面考查的内容体系，实现了高考的三个转变：在教育功能上，实现了高考由单纯的考试评价向立德树人重要载体和素质教育关键环节的转变；在评价理念上，实现了高考由传统的知识立意、能力立意评价向价值引领、素养导向、能力为重、知识为基综合评价的转变；在评价模式上，实现了高考从主要基于考查内容的一维评价模式向考查内容、考查要求、考查载体三位一体评价模式的转变。高考评价体系的研制，首先，从高考自身功能出发，衔接基础教育与高等教育培养目标，确立了高考内容改革和命题工作的理论框架，为今后高考内容改革和命题工作提供了理论支撑和实践指南。其次，需要研究学情。学生的基础既是我们上好复习课需要考虑的一个重要因素，也是我们精选试题必须考虑的一个重要前提。只有将高考要求与学情结合起来，才能真正做到有效备考。

以上内容，大多会在本书中有所渗透。对一个从事了40多年语文教育工作的人来说，深深的感悟是：语文教研不仅要有正确的理论指导和孜孜不倦的学习精神，而且需要有勤于思考的习惯和敢于探索的勇气。路漫漫其修远兮，吾将上下而求索！

2020年12月9日

目 录
CONTENTS

第一章　教学改革……………………………………… 1

两把两重——教学关系变革的着力点 …………… 2

基于高考意识的唐宋传记散文教学 …………… 8

语文教学应当讲究艺术性 …………………………17

国家级示范培训（第三期）学习心得 ……………20

第二章　教育管理……………………………… 25

建立科学的激励机制，提高教师的整体素质 ………26

经济发达地区乡镇中学教学研究管理策略初探 ……29

第三章　高中语文教学案例……………… 35

《诉衷情》教案设计 …………………………………36

《想北平》导学案 …………………………………41

第四章　高考备考研究……………………… 47

关于高考总复习的科学安排 ………………………48

浅论语文高考与语文素质教育 ……………………56

2015届高三语文学科备考工作总结及质量分析 ………59

第五章　课题研究 ································· **69**

中学德育教育与素质教育关系的研究 ·········70

关于"高中语文高效阅读训练"的研究报告 ·········74

中学语文教学艺术研究实验 ·········80

顺德区教育科研"十二五"规划课题立项课题开题报告 ·········87

"高中语文课堂阅读教学模式的研究"结题报告 ·········98

"中学语文阅读教学有效教学策略研究"子课题开题报告 ·········110

"中学语文阅读教学有效教学策略研究"成果汇编 ·········117

第六章　文学评论 ································· **123**

浅论《子夜》与"社会批判"现实主义 ·········124

第七章　专题讲座 ································· **131**

关于文学作品的鉴赏 ·········132

关于当前现代文阅读教学的问题与对策 ·········169

科学备考，创造辉煌 ·········173

我的教育情怀 ·········181

谈谈教师的专业成长 ·········191

新课标背景下的作文教学 ·········198

第八章　高中学生写作指导示例 ················· **243**

材料作文"关于美育"的导写与讲评 ·········244

2020届高三高考备考部分重要文体示例 ·········255

后　记 ································· **278**

第一章 教学改革

两把两重——教学关系变革的着力点

作为一线教师，我们该如何在教学实践中真正落实教学新理念呢？重庆市江北区教师进修学院院长李大圣教授认为：要落实新理念，就要变革教学关系，而关键又在于把时间还给学生。

一、把时间还给学生，是让学生成为学习的主人的先决条件

长期以来，有些教师因为担心学生听不懂，担心学生自己完不成教学任务，尽可能多地占用上课时间。结果呢？一节课下来，教师讲得头头是道，学生听得昏昏欲睡，从表面上看，讲的任务好像是完成了，其实教学任务根本就没完成，甚至还没开始。

当代著名教育改革家魏书生先生早在1986年就明确提出：教师讲授时间别超过20分钟，要让学生成为主人，首先要在时间上让学生成为主人，把时间还给学生。新课改以来，在这方面有不少学校的教师做了许多成功的探索，其中做得非常到位的有山东的昌乐二中，他们创建了"271高效课堂"教学模式，其中对课堂时间的划分是：课堂45分钟分别按照2：7：1的比例，教师的讲课时间约占10分钟，学生自主学习约占30分钟，剩余的效果测评约占5分钟。

那么，教师要怎样做，才能真正把时间还给学生？

1. 学案的设计要求

学案的设计要做到目标明确、具体、适切，要能体现对教学过程的引导，重难点的设置必须符合学情，要以学生的参与活动为中心。

课堂教学要追求在最短的时间内收到最大的效益。所以，一节课所设置的目标不宜太多，1~2个即可，这样不仅可以节约课堂时间，还能使学生快速而又牢固地接受所学的知识。

解决问题，一般从重点和难点下手，就能高效地解决问题。就课堂教学而言，也是同样的道理。各班的学情有别，教学的重难点也是不一样的，重难点的突破是课堂教学实现高效的关键。学案的设计既要考虑学情和学生可能提出的问题，也要注意语言的准确简明，要尽可能压缩教师所占用的时间，力求把大量的时间还给学生。

要以学生的活动参与为中心来设计课程、环境；要求充分设计学生学习活动的过程，强调师生的共同参与，尤其是每个学生的积极公平而有质量的参与；既要有合作学习，也要有独立思考。要通过一系列学习活动的展开，帮助学生形成良好的学习习惯和思维习惯，促进学生学习主体的自主形成。

2. 教学方式应做到开放多样

德国教育家第斯多惠曾说过："教学艺术的本质不在于传授的本领，而在于激励、唤醒、鼓舞。"开放式教学能为学生成功地营造一个开放的课堂，无疑为更好地激励、唤醒和鼓舞学生提供了最为有利的条件。如何营造开放的课堂？这就要求我们采用开放式的教学模式。

我所尝试的"四主六步"教学模式就是一种新型的开放式的教学模式，即课堂教学要体现以学生为主体、教师为主导、思维为主线、能力为主攻的原则；"六步"即阅读教学的六步流程：目标定向—自主学习—组内交流—组间交流—教师点拨—拓展延伸。其核心是自主学习、小组合作、拓展延伸。

小组合作是学生获得知识的一个重要平台，又可以给学生发表自我见解的机会，通过自主学习，小组内合作交流，就能解决学习过程中遇到的大部分问题。对于小组合作，我们认为可以尝试采用灵活多样的形式，如固定小组组合、和好朋友自由组合、分层次组合、互帮互助式组合、随意组合等。形式的多样，能够有效地吸引学生的注意力，提高学生学习的积极性，也能让学生对合作学习保持一种新鲜感和极强的表现欲，这样学生的主体作用自然能得到较好的体现。

二、把方法教给学生，是让学生拥有了打开知识宝库的钥匙

教师在教学中，传授给学生知识固然重要，但传授好的学习方法更重要。古人说："授之以鱼，不如授之以渔。"我们应当着眼于教会学生运用科学有效的方法去自主学习和发展能力。这样，才能让学生终身受益。

那我们该如何教会学生学习方法呢?

1. 引导学生敢于质疑

在教学过程中,教师习惯于自己提问,提问后,不要急着把现成的答案抛给学生,而要设法激发学生探索的欲望,引导他们结合自己的思维特点和个性心理,独立思考。最好是诱发学生提问,将"问"的权利还给学生。敢于质疑,是学生培养创新思维能力不可或缺的一条重要途径。

2. 引导学生善于发现

当今时代是一个瞬息万变的时代,时时会产生新知识,出现新技术,因此,我们必须教会学生充分运用互联网技术来快速获取自己所需的各种知识。

3. 引导学生掌握科学有效的学习方法

德国教育家第斯多惠说过,"一个坏教师奉送真理,一个好教师则教人去发现真理"。作为教师,只知教会学生知识是不行的,更重要的是要教会学生学习。教师的责任不在于对教科书的处理,而在于在课堂中实现每一个学生的学习。所以教师除了传授道理、解答疑惑之外,更重要的是教给学生分类积累、高效阅读、快速写作、有效答疑等科学有效的学习方法,使之拥有终身学习的能力。

三、重视学生内在学习动力的激发,是学生成为学习主体的支点

要让学生真正成为学习的主体,我们就要给学生一个支点。这个支点在哪里?支点就是学生内在的学习动力。学生的学习动力很大程度上来自他们的学习兴趣。孔子在《雍也》中说:"知之者不如好之者,好之者不如乐之者。"作为教师,我们要通过创设、组织等手段来激发学生的学习兴趣,唤醒学生的求知欲望,并将这一欲望转化为学生持续学习、自我发展、主动探究的内在动力。怎样激发学生内在的学习动力呢?

1. 要注重创设情境

创设情境需要教师把握好时机,在创设的过程中要注意以下几点:第一,要突出"新鲜"。新鲜的情境就能诱发学生主动投入,这样学生就能以最大的热情来参与活动。第二,要突出"有趣"。富有情趣的情境一定能激发学生主动探究事物和参与活动的欲望,一下子就能唤醒学生的学习动机,这样的情境就会像磁场一样紧紧地吸引着学生。第三,要突出"务实"。我们不能偏离教

学目标，一味地追求新鲜有趣，教师一定要着眼于学生成长的内在动机，着眼于学生语文素养的提高。

2. 要鼓励学生自我表达

人本主义的代表人物是美国的心理学家罗杰斯，他认为：教学活动应把学生放在居中的位置，把学生的"自我"看作教学的根本要求，所有的教学活动不仅要服从自我的需要，而且也要围绕着自我进行，只有自我表现、自我喜好的学习才是有意义的学习。作为学生，他们每个人都有自我表达的需要，这就要求教师在课堂教学中营造民主平等的师生关系，为学生提供充分的自我表现的平台，创设学生被欣赏、被肯定的氛围，满足学生自我表现的需要，使学生产生一种学习的内驱力，从而充满学习的激情，这样学生自我学习的欲望和主动求知的意识就会明显增强。

3. 要创设成功的情境

学生在学习中不断获得成功，不断得到学习成就感，其内在的动力就会更足。创设成功的情境不仅可以使他们增强学习的自信心，进一步调动学习的情趣，还可以促使他们产生更大的学习动力，为今后在学习中克服更大的困难提供潜在的支撑。要使学生获得学习的成功，还要做到：①做好认知准备，即做好有关旧知识的复习工作，为学生获得新知奠定基础；②提出的问题要切合学生的实际，是学生经过努力能够完成的；③通过启发、点拨，使学生明确解决问题的原则、途径和方法；④引导学生自己进行总结，再通过彼此间的交流补充，使其认识不断丰富和完善。

4. 不断给予鼓励

作为教师，对学生付出的努力、取得的进步，要及时掌握动态，并采取多种方式给予鼓励，使他们不断受到鼓舞，不断获得前进的动力。对于学习优秀的学生，在肯定他们成绩的同时，更要指出他们的不足，并不断提出努力的方向；对于学习出现差错的中等学生，要在充分肯定他们合理部分的同时，通过引导，尽量使他们自己来改正，并对有能力改正的学生给予肯定；对于学习中的后进生，要以诚恳的态度耐心地去帮助他们，当他们听懂会做时，要及时给予鼓励。总之，要把尊重和鼓励学生作为教学的重要准则，这样才能不断唤醒学生的进取心和自信心，使学生永葆学习的热情。

四、重视学生关键能力的培养，是提高学生语文素养的关键

《普通高中语文课程标准（2017年版2020年修订）》中明确提出："高中语文课程根据立德树人的基本要求，以全面提高学生的语文素养为目标，使学生通过阅读与鉴赏、表达与交流、梳理与探究的语文学习活动，在语言建构与运用、思维发展与提升、审美鉴赏与创造、文化传承与理解几个方面都获得进一步的发展。"根据学科核心素养的培养标准，学生的关键能力主要是指进行交流沟通的能力、批判性思维能力、审美鉴赏能力等。

在一些交流的场合，学生"能理解并掌握汉语言文字运用的基本规律，能凭借语感和语言运用规律有效地完成交际活动"，这是现代社会对学生提出的最起码的要求。在国际上，大家普遍认为中国的学生相对来说比较内敛，不善主动表达。试想，学生不能清楚准确地表达，别人怎么能知道他们内心的真实想法和观点呢？

有时候，学生自己心里明白，但在课堂上当众说出来后，老师和同学都听不明白或不愿意再听下去。为什么？因为交流沟通出了问题。作为一个合格的高中生，不能限于与别人进行一般的交流沟通，而应该能进行有效的良好的沟通。有效的良好的沟通能力当然要求更高，是运用规范语言与人和谐交流沟通的能力。情商高、能说会道的人，都具备有效的良好的沟通能力。

在国际奥林匹克竞赛中，拿金奖最多的恐怕是中国学生，这说明中国的学生很会做题，但缺少批判精神。我常常想，我们的学生在问吗？问老师？问同学？问自己？我们的教学有没有引发学生的疑惑？有没有造成学生的认知冲突？有没有引起他们提问的欲望？有没有引起他们的反思？有没有给他们提问的机会或时间？有没有认真对待他们的问题？我们的课堂提了很多问题，但是，韩愈说："师者，所以传道授业解惑也。"谁解谁的惑？我们是学生解老师的惑，完全颠倒了。我们没有将"问"的权利还给学生。退一万步说，学生真的问了，那他们的思维是不是严谨的？有人说，批判性思维是对思维进行纠正和引导，进行再审视、再批判，是思维的思维。所以，批判性思维能力的培养是所有思维能力培养当中最重要的。

《普通高中语文课程标准（2017年版）》还明确提出：通过高中课程的学习，学生能感受汉语汉字独特的美；能感受和体验语言文字作品所表现的形象美和情感美，具有正确的价值观、高雅的审美情趣和高尚的审美品位；能运用

祖国语言文字表达自己的审美体验。这对高中语文教学提出了较高的要求，所以，我们平时需要指导学生多读、多听、多看，多接触各种文学形式和文学流派，让学生在博览群书的基础上，能不断地辨别真伪优劣。这样，学生的审美鉴赏能力才能得到培养和提高。

总之，教学关系的变革是教学领域最重要的变革，当前教学改革的核心就是调整（变革）教与学的关系，而"两把两重"又是教学关系变革的着力点，它立足的是学生的主动学习，凸显的是学生的地位和作用，赋予了学生更大的权力和更多的责任，激发了学生学习的独立性和创造性，从而从根本上改变了学生的学习方式和教师的教学方式，较好地调整了教与学的关系。

📖 参考文献

［1］王枬.智慧型教师的诞生［M］.北京：教育科学出版社，2006.

［2］伊道恩.求思集［M］.海口：南方出版社，2013.

［3］中华人民共和国教育部.普通高中语文课程标准（2017年版）2020年修订版［M］.北京：人民教育出版社，2020.

注：本文已发表在2018年第8期的中国核心学术期刊、全国综合教育核心期刊《中国校外教育》上。

基于高考意识的唐宋传记散文教学

《普通高中语文课程标准（2017年版）》明确指出："在'中华传统文化经典研习'的基础上，选择中华优秀传统文化的内容组成专题进行深入研讨，旨在加深对传统文化的认识和理解，增强传承、弘扬中华优秀传统文化的自信心、责任感。"粤教版高中语文选修教材——《唐宋散文选读》第二单元选录了唐宋时期4位散文大家的作品，这些传记散文是中学语文教材中文言文的重要组成部分，更是中国古代传记文学不可或缺的内容。它们正因为出自名家之手，所以具有极为重要的文学价值和史学价值。我们研究和探讨唐宋传记散文的教学，不断反思教学中的问题，不断积累教学经验，就能增进学生对中华文化核心思想理念和中华人文精神的认识和理解，就能更快提高高中文言文教学的效益，并将更好地推动新一轮课程改革不断走向深入。

如何使唐宋传记散文的教学变得更加有效呢？我认为，途径有很多，但最为关键的是要培养学生的高考意识。主要包括以下六个方面：

一、培养传主意识

所谓的传主意识，就是要求学生在读完人物传记之后，能迅速捕捉到传主心灵和品质等方面的闪光点，能用某些词语进行准确的概括，能让传主的形象深深地烙在记忆的屏幕上。

习近平总书记在十九大报告中指出，我们"要全面贯彻党的教育方针，落实立德树人的根本任务""培养德智体美全面发展的社会主义建设者和接班人"。高考既是连接高等教育和基础教育的重要纽带，也是教育非常重要的一环。"立德树人、服务选才、引导教学"是高考的核心功能，而语文学科与德育、智育、美育又有着十分密切的关系，它在落实立德树人根本任务、培养德智体美全面发展的社会主义建设者和接班人的过程中发挥着至关重要的作用。

语文教育是祖国语言文字的教育，它关系到国家的发展和民族的认同。多年来，高考语文科在对文言文阅读部分的考查中注重选取典型的文言传记作品，传主独特的人格魅力、丰富的心灵世界、传奇的生平事迹、高尚的道德情操等无不打动每一位读者，命题者非常巧妙地将它们渗透在试题当中，以此来"弘扬讲仁爱、重民本、守诚信、崇正义等中华传统核心思想理念，弘扬自强不息、敬业乐群、扶危济困、见义勇为、孝老爱亲等中华传统美德，弘扬有利于促进社会和谐、鼓励人们向上向善的中华人文精神，引导学生深入理解、感悟中华文化的精髓，彰显中华文化的魅力，并在这一过程中增强国家认同、民族认同和文化认同"。高考的这一考查特点，提醒我们在教学过程中，必须培养学生强烈的传主意识。

再仔细观察《唐宋散文选读》第二单元所呈现的传主，我们会发现，他们有的是在国家存亡关头做出生死抉择的英雄人物，有的是对自己一生艰辛进行追忆的文学家，有的是彰显自己心灵的政治家，有的是通过曲折的生活历程挖掘人物悲剧的社会根源的士人。他们有着独特的个性魅力、强大的精神力量和丰富伟大的人性世界。

所以，在教学这些优秀的传记作品时，我们需要抓住作品中一些动人的情节和细节，不断挖掘人物的心灵世界，不断强化学生的传主意识，努力增进学生的审美感知能力和审美创造能力。

二、培养精读意识

要培养学生的精读意识，首先要懂得什么是精读。一般认为，精读是以掌握阅读方法、发展阅读能力、理解文章内容和积累知识为目的的一种读书方法。它要求"字求其训，句索其旨。未得乎前，则不敢求乎后；未通乎此，则不敢志乎彼"。把字字句句读明白，达到"使其言皆若出于吾之口""使其意皆若出于吾之心"（朱熹）的融会贯通的理解水平。通俗地说，精读就是对文章的语言、结构、内容、写作方法等进行深入细致的研读，经过努力钻研，从困惑达到理解。

而在读传记类作品的时候，所谓的精读，特别要求我们通过剖析塑造传主这一形象的某些情节和细节，了解传主的性格特征，并能准确解读出作者所要表达的思想情感、对人生的见解和体悟等。

传记类文本往往行文结构相似，有些相近的表述和相同的知识会较高频率地出现，所以学习起来是有规律可循的，而找到规律就成了关键。那么，唐宋传记作品的精读到底有什么规律呢？

1. 要认识唐宋作家的传记文体特征，掌握自传的写作特点

就语文学习而言，一般的文学常识是必备的知识。唐宋传记散文文体上师法《史记》；内容上增添了鲜明的时代色彩，并融入了作者更为浓郁的个人性情。

另外，就是要了解自传的一些基本特点。自传是传记的一种，它以记述自己的生平事迹为主，是传记的一种简要形式。为了使文章更生动，自传可以采用一些特殊的表述手法，如通过别人的叙述、借他人之口来写。

自传体文章要写出一个真实的、活生生的"我"来。自传中的"我"要求个性鲜明，性格、兴趣、爱好等都要运用准确的事例生动地表达出来。

自传体文章还要向别人明确传递"我"的外貌特征，使人读后留有深刻的印象。

《唐宋散文选读》第二单元所选录的《六一居士传》（欧阳修）和《陆文学自传》除具有上述基本特点之外，还都包含幽默诙谐的成分，文章写得轻灵生动。这些特点在学生整体阅读课文时是需要了解和掌握的。

2. 要快速分层

高考的时间是非常宝贵的，学生光具有快速阅读的能力是远远不够的，还必须能真正读懂文章的内容。尽管高考中的文言传记作品一般只有600字左右，可是读一次之后，要能马上弄清楚文章的意思，这对不少学生来说，还是比较有难度的。所以，指导学生快速准确地理解文本内容是十分有必要的。

《唐宋散文选读》第二单元所选录的文章大多是篇幅比较长的，加之是文言文，理解起来难度是比较大的，所以我们要有意识地指导学生在初读作品之后，按时间、任职、故事发展的线索、情节结构等，快速将文章分成若干层次，并用简练的语言对原文进行概括。

分层意识的培养，既有利于快速读懂文意，也有利于提高学生的精读能力。

3. 找出能体现古代传统文化含义的词语，解释并揭示其文化意义

要把文中能体现古代传统文化含义的词语找出来，对其相关内容进行解释，揭示出其中具有的文化意义。

古代传记文中可能会包含能体现古代传统文化含义的词语（特别是成语），我们要细心地把它找出来。因为这些词语尤其是那些成语是在长期的语言交际过程中形成并发展的，它承载着中华民族特有的生活习俗、思维方式、价值观等，是传统文化的精华。其中的成语所反映的文化内容复杂多样，它们往往涉及科举制度、官僚制度、政治制度、军事制度、度量衡、风俗、礼仪、历史、地理、服饰、饮食、器具、动物、植物、建筑等文化知识，还涉及伦理道德、儒家思想、宗教文化、迷信占卜、中医药文化、艺术文化、数字文化、颜色文化等文化观念。总之，这些传统文化含义丰富的词语往往涉及人们生活的方方面面，准确理解它们的含义，对理解整个句子乃至整段文字的含意是大有帮助的。

4. 精读句子时，可以从语法的角度来推敲搭配

（1）要充分利用语言标志（对话、虚词、人名、时间词等）。

（2）要注意句式特点（结构相近的句子、四字句、六字句等）。

（3）要关注熟悉的语义单元和习惯性搭配。

（4）要找主谓宾的搭配。

三、培养语境意识

《唐宋散文选读》第二单元所选录的文章都属于文言文，对于学生来说，能读懂文本是关键，否则就无法鉴赏文章。同理，能否读懂高考试题中的文言语段关系到能否做好后面的题目。结合语境，根据选项的提示，初步推测大意（人物、事件的来龙去脉等），这就是完成高考断句题的重要方法之一。俗话说：词不离句，句不离文，这说的就是我们在理解词语或句子意思的时候一定要考虑语境。

所谓语境，简单地说，就是指言语环境。"它既包括语言因素，也包括非语言因素，上下文、时间、空间、情景、对象、话语前提等与语词使用有关的都是语境因素。"波兰人类学家B. Malinowski在1923年最先提出语境这一词，他将语境分为情景语境和文化语境，即语言性语境和非语言性语境。后来的很多研究语言的学者，将语境又分为音调语境、语义语境、语法语境、文体语境、情景语境、自然语境、文化语境、认知语境等。角度不同，语境的分类自然就不一样。高考考纲中的"理解并翻译文中的句子"中的"文中"强调的就是语境，既体现了高考对文言文系统的全面考查，又符合认知的规律。文言语境因其语言的特殊性，有的研究者将其细分为语法语境、结构语境、事例语境、关联语境等。

这里以结构语境为例说一说。例如，2015年湖南高考卷中的"污者洁之，堙者疏之，缺者补之"中的"堙"［yīn］虽然是生僻字，但是我们可以根据下文的"缺者补之"来判断，再结合本句中的"疏"字来推断，"堙"应该与"缺"相对，应该译为"堵塞"。再如，《唐宋散文选读》第二单元所选录的《陆文学自传》中"善哉子为孝，殊不知西方染削之道，其名大矣"中的"西方染削之道"到底是指什么呢？结合下文的"公执释典不屈"来理解就不难了，因为"释典"是佛教经典的意思，所以"西方染削之道"指的是佛学。

总之，分析语境，随文释义是推断文言词、句含义最基本的方法。我们在教文言文的时候，一定要引导学生重视语境，让学生学会从整体的层面去理解文言文文本深层的内涵，而不是简单机械地记忆文言实词和虚词的用法，只有这样，才能调动学生学习文言文的兴趣，才能让学生在做文言阅读的翻译题时得心应手，真正做到以不变应万变。

四、培养关键词（句）意识

语文学科涉及的知识范围非常广泛。新高考语文科不再对单个孤立的必备知识进行直接考查，而是将对必备知识的考查融入关键能力和学科素养考查的过程中。试题要求考生掌握的必备知识常常不是答案，而是做出回答所必须具备的背景知识，在阅读文言文时，要求考生能快速抓住文中的关键词（句）。

关键词（句）是那些承载着句子的主要信息，并对理解句意起着重要作用的词（句）。在文言传记作品中，那些描写人物特征、事物特征或含义丰富的词（句），结构相同的语句等都是非常关键的词（句）。它们既可以互训，也可以帮助我们断句。

所以，在教学文言传记作品时，我们要指导学生对文中的关键词（句）进行反复的品读吟诵，加强记忆，不断积累。同时，学生在进行品读吟诵时可以借助语法知识和某些重要的实词以及虚词，来准确把握句子的节奏。学生如果长期坚持训练，语感就会得到明显增强。

高中的语文教学必须服务于高考，多年来，高考对于断句都是单独检测的。我想，如果学生的语感能力强，那么他们对断句题就会很容易做出正确的判断。

因此，我们在教学文言传记作品的过程中，同样要让学生多做一些有关的断句训练，如：

（1）不然累于彼者已劳矣又多忧累于此者既佚矣幸无患吾其何择哉

（《六一居士传》欧阳修）

（2）余谪居于黄过岐亭适见焉曰呜呼此吾故人陈慥季常也何为而在此方山子亦矍然问余所以至此者余告之故俯而不答仰而笑呼余宿其家环堵萧然而妻子奴婢皆有自得之意余既耸然异之

（《方山子传》苏轼）

正确的断句应该是：

（1）不然。累于彼者已劳矣，又多忧；累于此者既佚矣，幸无患。吾其何择哉？

（2）余谪居于黄，过岐亭，适见焉。曰："呜呼！此吾故人陈慥季常也。何为而在此？"方山子亦矍然，问余所以至此者。余告之故。俯而不答，仰而笑，呼余宿其家。环堵萧然，而妻子奴婢皆有自得之意。余既耸然异之。

要做到正确断句，就要充分利用到一些关键词（句）。学生在学习课文时，要特别留心下面的一些技巧：

1. 要重点关注标志词

（1）特殊标志词。

（2）句首标志词。

① 发语词或叹词：盖、夫、若夫、嗟夫、嗟乎、呜呼、且夫、今夫、噫等。

② 时间词：既而、俄而、乃今、是时、昔者、有顷等。

③ 谦辞：寡人、下官、窃、妾、愚等。

④ 人称代词或指示代词：余、予、吾、女（汝）、彼、此等。

⑤ 疑问代词：何、孰、安、胡、谁、焉、奚等。

⑥ 复音词：然则、何以、得无、是故、大抵、孰与、何其等。

（3）句中标志词：于、以、为、而、乎、则等。

（4）句尾标志词。

① 语气助词：者、也、乎、焉、与（欤）、耶（邪）、矣、哉、耳等。

②复音虚词：而已、奈何、也夫、矣哉、云尔、云云等。

（5）对话标志词：曰、云、语、言、道、白、对、谓等。

（6）人名。

（7）时间词：久之、良久、俄、俄而、俄顷、既而、已而、寻、顷之、顷刻等。

以上这些词的前面或后面，可能需要停顿。

2. 要特别关注文言特殊语句

（1）观句式，助断句。

借助文言文特殊句式或固定句式，有助于我们断句。例如，判断句："……者，……也""……者也"等。被动句："受……于……""为……所……""见……于……"等。宾语前置句：用助词"之"或"是"将宾语提前等。定语后置句：借助助词"者"或"之"将定语后置。状语后置句：借助介词"于"，将状语后置。疑问句："如（奈）……何""安……乎"等。反问句："不亦……乎""何（岂、其、顾）……哉（也）""何……为（之有）""况……乎"等。感叹句："何其……也""一何……"。揣度句："无乃……乎（欤）""其（庶几）……欤"。选择句："与其……孰若""其……耶""其……也"等。这些句式往往表达一个相对整体的意思，其前后一般是可以点断的。

（2）明修辞，找特点。

文言文中常常出现一些句式整齐、结构鲜明的句子，如对偶句、排比句、反复句、顶真句及四六句（骈文）等，学生可以根据修辞句的结构特点来分析，然后进行断句。这里尤其要关注那些对称（偶）句式，因为古人写作，常常喜欢"对举成文"，即两个句子成对称（偶）形式，这为我们快速断句（或理解文意）提供了重要依据。

（3）辨关系，明结构。

有些要求断句的文段在结构上存在较明显的结构关系：或并列关系，或总分关系，或转折关系，或因果关系，等等，理清了它们的结构与逻辑关系，中间某处毫无疑问是需要点断的。

此外，我们还需要重点关注名词、时间词、序数词等，因为这些词的前面或后面可能需要点断，或是一个意思的结束，或是另一个意思的开始。

五、培养直译意识

阅读文言传记作品，首先面对的是如何正确解读文本的内容。高考的翻译题要想得高分，平时的教学就必须做到踏踏实实。所以，我们教学唐宋传记作品的时候，同样要有意识地让学生翻译某些重要的句段。

翻译时，我们要遵循"以直译为主，意译为辅"的原则。直译要求按照原文逐字逐句一对一地翻译，是既要保持原文内容，又要保持原文形式的一种翻译方法。不足的是直译出来的内容有时候不够通顺自然，这时候，我们只能适当意译（意译就是指不拘泥于原文的字句，在透彻理解原文内容的基础上，对原文大意进行整体翻译的一种翻译方法）。

文言文翻译在高考阅卷时是按得分点来给分的，所以，我们在指导学生翻译时务必关注以下三个关键点：

关键点之一：实词。

关键实词主要是指文言句子中的通假字、多义词、古今异义词、活用词语等。

关键点之二：虚词。

关键虚词主要是指考试大纲中规定考查的18个虚词，特别是其中的副词、连词、介词。虚词意义的推断一定要结合上下文语境。

关键点之三：文言句式。

文言句式主要是指判断句、被动句、省略句、倒装句和固定句式等。翻译时要注意各种句式的翻译格式，如：

（1）翻译《唐宋散文选读》第二单元所选录的《六一居士传》中的："吾固知名之不可逃，然亦知夫不必逃也；吾为此名，聊以志吾之乐尔。"

我们可以将此句翻译成："我本来就知道名声不可以逃脱，但也知道没有必要逃避；我取这个名号，姑且用来记述我的乐趣罢了。"这里完全是按照直译的原则进行翻译的。

（2）翻译《唐宋散文选读》第二单元所选录的《方山子传》中的："折节读书。"

如果是直译，那么这个句子就翻译成了："（方山子）改变读书。"这个意思是讲不通的。我们只能将其意译为："（方山子就）一改往昔所为而专心读书。"这样，文意就通顺了。

六、培养积累意识

语文为王的时代已经到来，不积累古诗文行不通！我们要提醒学生平时一定要广泛积累，要有意识地加强记忆。就高中文言文传记散文的教学来说，对文言知识和语感的积累显得尤为重要，其中的文言知识，涉及的范围是十分广泛的，考查的术语涉及许多领域，这就要求学生重点积累那些出现频率较高的词语、句式、特殊文言用法、文化常识等。其中的古文化常识题与国家倡导的"弘扬传统文化"这一理念是完全一致的。

我们该如何指导学生去积累呢？

1. 在课堂中积累

我们在教授唐宋传记散文的时候，同样会遇到许多重要的文化常识，还有实词和虚词的含义及用法，以及特殊句式等，平时要有意识地大量积累这些知识。因为学文言文就像学习外语一样，没有足够的积累，一切都是空中楼阁，文言知识的积累有利于我们更好地阅读古代的优秀作品，更有利于我们完成高考时的文言文阅读题。

2. 在课外阅读中积累

学生对课内文言知识的理解和掌握，最关键的是要能做到知识迁移。要把一篇文章或一本书读厚，除了课堂上听教师的深入解读和与同学深入探讨之外，还要靠自己在课外主动读一些与传记作品相关的文章和书籍，读书就应该是立体的。能做到博览群书和广泛积累，学生也就真正成了学习的主人，他们的语文素养也自然会变得越来越高。

……

教学有法，但教无定法，深入钻研新教材，努力探索新教法，这是新课改的需要，我们永远走在教改探索的路上！

📖 **参考文献**

丁涵，赵静宇，李勇.谈新高考语文科的定位、功能和考查内容研究［J］.课程·教材·教法，2018（5）：11-16，61.

注：本文已发表在2019年第1期的《语文月刊》上。

语文教学应当讲究艺术性

要有效地提高语文教学的效率，使学生变苦学为乐学，讲究教学的艺术性便是整个教学过程中一个不可忽视的重要因素。

听了一堂好课的人常常说："这节语文课上得真好，简直是一种艺术的享受。"这从一个侧面道出了语文教学更应注重艺术这一特性。是的，语文教学确实是一门艺术。它需要把丰富的教学内容和灵活的教学方法巧妙地结合在一起；它需要把教师的主导作用和学生的主体作用结合在一起；它还需要把局部性教学设计和全局性教学设计结合在一起，构成课堂教学的整体。好的课堂教学如同一支交响乐队在指挥者的出色指挥下演奏着和谐美妙的乐曲。

有的教师，特别是刚走上教学岗位的有些青年教师，是不太注重教学艺术的，就算他们包讲到底，学生也还是感到自己懂了的老师都讲了，自己不懂的老师没有讲明白，甚至没讲，收效欠佳。而有经验的教师的教学情况就大不相同了，既生动形象，又通俗易懂，把学生带到一个新的境界和新的天地。这是为什么？我认为，他们成功的一个重要因素在于艺术地施教。这主要表现在以下几方面：

一、巧妙地运用教法

正因为巧妙地运用教学方法，所以，把本来枯燥无味的教学内容讲得妙趣横生。正面讲学生听不懂，他们就反面讲；反面讲学生听不懂，他们就侧面讲；侧面讲学生听不懂，他们就举例讲；举例讲学生听不懂，他们就打比方讲……直至学生懂了为止。对于高水平的教师来说，又是另一番情景：学生听了他们的课感到轻松愉快，生动有趣，对教师所要传授的知识在不知不觉中就掌握了。这正是教学艺术的魅力和神奇。

二、重视情感的培养

1. 注重情感的感染性特点

教师应想方设法将自己在备课时的情感体验转变为学生学习课文的内在驱动力，诱发学生对语文产生积极强烈的学习热情。只有这样，才能让学生从"先生包讲，学生包听"的单一的接受关系中解脱出来，真正摆脱对教师的依赖。

2. 创设特定的情境

运用自己感悟美的经验、方法、技巧，指导学生自己去体验和接受课文的情感，把学生带到作品的艺术境界中去，从而使他们的情感与作者的情感产生强烈的共鸣。有时，也可以运用形象化的教学手段，给学生以直观的感受；或者，启发学生质疑问难，并挑起争辩，从而激发他们求知的浓厚兴趣，让他们的思维自始至终处于一种紧张的活动状态。另外，能恰到好处地把握住问题的难易程度，使学生有"跳一跳就可以摘到桃子"的感觉；或者巧妙地留给他们思考的余地，从而引起他们急于了解问题和探求解决问题方法的积极情绪，让他们在思维过程中产生愉快的情绪体验。记得马笑霞老师曾说过："如果不能激起学生强烈的兴趣与和谐的情感，那就是教学的贫困和失败。"由此可见，情感的培养是多么重要。

三、营造良好的气氛

特级教师吕志范老师说："沉闷、凝滞的课堂气氛是学生学习兴趣的坟墓，是开发学生智力的障碍。"有经验的教师特别注意自己在课堂上讲授的态度，不断锤炼自己的教学语言，努力营造一种轻松的、民主的、舒畅的学习氛围，以使师生之间情感和谐。实际上，这也是让学生主动接受知识的一种有效的方式。

四、讲究课堂教学的节奏

对于语文教学的节奏，一些有经验的教师说得好：教学节奏像交响乐队演奏交响曲的不同乐章一样，其节奏有时明快，有时舒缓，有时急骤，有时轻柔。一般来说，学生已知的和易知的内容，其课堂节奏就要明快些，对未知和难知的内容相应的要缓慢些。而且，课堂节奏与教学气氛也是相协调的。不同的气氛需要有不同的节奏。欢乐的气氛节奏应明快，宁静的气氛节奏应轻柔，悲壮的气氛节奏应舒缓，激愤的气氛节奏应急骤。另外，他们也认为，课堂节奏也是和所运用的教学方法相一致的，巧妙地运用教学方法，能使课堂教学呈现出跌宕起伏的变化。

五、语言要富有幽默感

苏联著名教育家斯维特洛夫指出："教育家最主要的，也是第一位的助手是幽默。"大量实践证明，对于教学来说，幽默也是一种行之有效的，不可轻视的教育手段。教师在课堂上能恰当地运用幽默语言，其一有助于陶冶学生的情操，培养学生的人格，使学生形成优美的、高尚的和健康的品质；其二有助于学生对所学知识的理解和记忆；其三能保持学生大脑的兴奋性，活跃课堂气氛，消除紧张和疲劳的现象，增强学生的学习兴趣，这一点对毕业班的学生来说显得更加重要；其四有助于融洽师生之间的关系。此外，幽默还具有一种巧妙的教育作用，教师运用它来做学生的思想转变工作，既不会伤害学生的自尊心，又能使其明辨是非，较好地达到了教育的目的。

总之，在教学工作中，只要我们能真正意识到教学艺术的重要性，能准确地把握住语文学科的特点，并在语文教学这块园地里大胆尝试，就一定能够让我们的希望变成现实。

注：本文于1991年12月获湖南省双峰县中学教师教学论文比赛三等奖。

国家级示范培训（第三期）学习心得

——2020年普通高中统编三科教材培训

2020年8月1日至3日，本人参加了教育部组织的2020年普通高中统编三科教材国家级示范培训（第三期），除聆听了人民教育出版社社长黄强先生和教育部基础教育司司长吕玉刚先生的精彩发言外，主要聆听了温儒敏教授、王本华编审等13位专家学者的报告，受益匪浅，尤其是对学习任务群和如何更好地使用新的统编教材有了新的认识。

一、关于学习任务群

语文学习任务群在新课标中是一个全新的概念。

1. "学习任务群"提出的意义深远

"学习任务群"，是以学习任务来贯穿整个单元教学的，要求教师引领学生在自主学习中学会建构语文核心素养。

某个单元或者某一课要求学生主要学会哪些基本知识和关键能力，作为教师的我们，必须做到心中有数，这样才能克服语文教学的随意性和盲目性。

2. 任务群教学的实施务必循序渐进

首先，我们要明确单元所属的"学习任务群"。

其次，我们要把单元承载的学习任务内容和要求细化，分解为具体的教学目标、教学重点、教学难点，要设计具体的教学过程（活动方案），要认真落实单元后面的"单元学习任务"。

"单元学习任务"不是过去教材中一个单元之后的练习，而是对学习任务也就是教学方案的提示。"单元学习任务"最好是放到每一个单元的前面，方便教师参照"单元学习任务"来精心设计整一个单元的教学环节。

3. 教师需要转变角色

新一轮课程改革，要求教师必须转变角色，由主要进行讲授，转为引导学生在活动中不断实践。要把教学的落脚点放在安排好学生的自主学习上，能少讲的，就尽量少讲一点儿，要朝着自主学习的任务去设计。

二、新教材有了新变化

这次所使用的新教材变化非常大，主要表现在以下几个方面：

（1）打破了全由课文组成单元的传统，中间穿插了整本书阅读的相关内容。

（2）一篇课文可能是一篇文章，也可能是多篇文章。

（3）文言文的比重大幅增加。

（4）单元的组合不再以文体为标准。

（5）单元栏目的设置有重大调整。

教材的结构特点是：以人文主题为线索组织单元，强化立德树人的教育。

三、任务教学的实施需要讲究策略

1. 以任务来带动单元

新教材提倡的是以"学习任务群"为中心的大单元教学，要先明确单元所承担的任务是什么，然后以任务来带动整个单元的教学。

2. 不能只是奔着任务去阅读

设计任务驱动，任务在前，不能只是奔着任务去阅读，也不是单纯为了解决问题或者参加讨论去阅读。新教材所精选的课文有很丰富的内涵，可以做各种个性化的理解，如果太功利，又先入为主，反而窄化了对课文的理解。

很多课文都是经典，让学生接触经典，本身就是教学的重要目标，不应该把课文纯粹作为解决问题、完成任务的材料或者讨论问题的支架。

在实行"学习任务群"单元教学，设计任务驱动时，既要设定活动，又要警惕一边倒，还要尊重学生的个性化阅读，留给学生更多感受和理解的空间，避免被任务捆绑。

3. 群文教学是根据任务来设课

新教材不再以单篇课文或者课时作为课的基本构成单位，而是根据任务来设课。

以往一篇就是一课，现在也还有一篇作为一课的，但更多的情况是多篇为一课。因此教学的方式也会变化，不再是一课一课的，而是一组一组的，就是群文教学。

在新教材中，单篇教学和群文教学并存。例如，有些古文就仍然设计为单篇教学。

群文教学也应当有精读、略读之分，两篇或者三篇课文，总有一篇是要精读的，教师要举例子、给方法，给学生读书和思考的方法，其他则让学生带着任务去泛读。

4. 活动设计需要精心探索

从教材的活动设计看，大多数还是要求在课堂教学中实施的，课堂教学还是主要形式，只是更加注意学习主体向学生转变，调动学生学习的自主性。

不要把活动简单理解为课外活动，更不要安排那些和语文关系不大的活动。语文学习最重要的活动，还是读书。

阅读与鉴赏、表达与交流、理解与探究，其实也就是语文活动的三个主要方面。

学习活动要尽可能有情境，不只是为了激发兴趣，更是为了给活动的展开提供背景、条件与氛围。

有时候情境就是课堂教学内容涉及的语境。这种情境或者语境，对学生的学习活动而言，必须是真实的，是能和他们的生活经验贴近，并能促进深度学习的。

语文教学的方式多种多样，情境教学自然有它的优势，但有些学习主要靠理论推导，对高中生而言，并非所有"学习任务群"的学习都要设定情境。

5. 整本书阅读重在让学生掌握读书的方法

教材中的整本书阅读设计是提示性的，主要包括阅读指导和学习任务两部分，比较简单。

学习任务主要引导阅读和思考，供学生选择其中一二，不必全部完成。

借用王本华编审的话来说，通过整本书的阅读，掌握学读一类书的方法。

深圳吴泓老师的"整本书阅读与研讨设计思路与教学建议"，以及北京何郁老师提供的关于《红楼梦》整本书阅读教学的几个案例，都对我们今后的教学有非常大的启发。

6. 综合活动单元教学需要摸索

综合活动单元是新课型，在具体的教学过程中，我们可以结合学情放手去摸索。这些课的设计，不是附录，是教材的有机部分，很重要，不能因为不好讲，我们就放弃。

7. 当代文化参与重在提高学生语文综合运用的能力

教学重点要放在指导学生设计调查方案上，实施访谈和调查，从而提高学生的语文综合运用能力。要注意调查访问与书面学习相结合，活动的实施必须是语文的语言积累、梳理与探究。

8. 作文教学不要假大空

王栋生老师说：作文应该是生命的语言、青春的语言，能即兴表达个人的见解，敢于说"我认为……"。不要有太高的道德标准，要重思考，要培养激情。教育也是要计成本的，教师要有智慧。作文训练中不要求全责备。我们要善于从不同的角度来发现学生作文中的优点，我们甚至可以分段打分。

作文需要传递正能量。《一本好书》的导演说过这样一段话："在我看来，那个所谓正能量，并不一定是说，你只能说那些无限正确的话。面对真实，面对现实，呼吁更深的情感，呼吁更诚恳的这种生活态度，呼吁更科学、合理、能够去掉虚伪的这样一种社会风气，让生命更健康，这个是更重要的正能量。"

我们设计的作文题目要引导学生关注社会、关注生活、关注民生，这样才能真正让学生有话说、说真话。

通过三天的培训，我对新教材及其使用有了新的理解，对新课改也更加充满了信心，我相信，有专家的正确指引，新一轮课改的实施一定能取得圆满成功。

第二章

教育管理

建立科学的激励机制，提高教师的整体素质

当今社会主义市场经济的建立，打破了校园内已有的平静，对学校的管理产生了强大的冲击。而激励机制的建立是管理中的重要课题。学校若是建立了科学的激励机制，对于激发教师的内在潜能，尽快提高教师的整体素质，具有十分重要的意义。下面就建立科学的激励机制与提高教师的整体素质的关系做一些探讨。

一、环境激励

1. 校园文化环境的激励

学校是培养人才的场所，是社会文明进步的重要窗口，它的一事一物、一草一木都是教育因素，都对师生产生深刻的影响，既要重视它的知识性，又要发挥它的导向性。目前，我校的校园文化建设已上升到大规模、高档次，既有醒目的校训，又有各种橱窗、报栏、雕塑、名人字画及生平简介、花草树木……这些都按一定的方案进行优化设计，有规律地排列在校园内，所有这些，都体现出校园文化环境对全体师生心灵的陶冶和塑造，它给全体教师一种奋发向上的力量，它必然激励教师以身作则，为人师表，以饱满的热情投身于教育事业，努力拼搏，奋力进取，从而发挥才能，实现自我。

2. 良好的心理环境的激励

创设良好的心理环境，加速教师素质的提高，是学校师德建设的重要任务之一。要很好地完成这一任务，需要学校决策者更好地发挥导向作用，给教师们创造宽松、优良而又进取的环境，同时协调全校教职工的人际关系。良好的人际关系使人心情舒畅，有利于集中精力，创造性地开展工作，提高工作效率。学校决策者要为教师创造良好的心理环境和条件，使教师产生一种自信感

和归属感。营造良好的民主气氛，让教师自由开展学术讨论，大胆发表自己的不同见解，从而提高教师的发散思维能力和创造思维能力，必然会提高教师的素质。

二、决策激励

1. 情感决策激励

教师的心理特点表明，他们特别注重领导、家长、社会对他们的理解、尊重和信任，这就要求决策者在施展决策时要充分考虑到教师这一心理特点，尊重教师。尊重教师，首先要了解教师，对每个教师的心理品质、业务专长都要多了解；其次要信任教师。尊重与信任是调动教师积极性、提高教师素质的"孪生姐妹"，也是核心所在。

2. 用人策略激励

惜才和举贤是促进教师上进的阶梯，教师是国家宝贵的人才资源，一个有时代责任感的决策者，必须珍惜人才。珍惜人才就是知人善用，人尽其才，给教师创造各种先决条件，提高教师的各种素质，还要对教师的工作做出应有的评价，提高教师的社会地位和威信。同时，决策者要善于举贤，对于那些德才兼备的教师，要能大胆提拔、大胆表彰，从而以点带面，推动教师队伍整体素质的提高。

3. 常规决策激励

决策者要协助教师确定合理的工作目标，充分发挥他们的专长，挖掘其潜能，要建立合理的用人制度，实行教师聘任制和岗位责任制，以求得最大的绩效。要建立科学的评估制度，根据工作目标，运用科学的手段及时评估教师工作，肯定成绩，指出不足，这样有利于教师进一步成长，更好更快地提高自身素质。最后要改革劳动分配制度，实行以岗定薪的工资制，也可实行绩效工资制，把评估的结果与教师的评优、评先、职称评定、奖金福利等密切挂钩，这样才能最大限度地调动教师的积极性。此外，对于事业心强而且成绩突出的教师，要敢于重奖，包括精神奖励和物质奖励。只有这样，才能激励教师奋发图强，努力提高自身素质，不断冒尖，形成高素质的教师群体。

三、榜样激励

1. 决策者的率先垂范

决策者的率先垂范是激励教师积极进取，努力提高自身素质的重要因素，对教师有潜移默化的影响，如决策者的事业心、办学动机、追求目标、教育观念等直接影响教师对教育事业的情感、志趣和立志献身教育事业的信念。如果决策者的心理十分健康，代表前进的方向，它将成为提高教师思想水平和加速教师整体素质提高的无声命令。因此，决策者应成为教师"学而不厌，诲人不倦"的榜样，这是教师提高自身素质有效而持久的推动力量。

2. 优秀教师、学科带头人的榜样作用

优秀教师、学科带头人是教师中的骨干，是学校为普通教师树立的榜样，他们的思想品质、业务水平以及各种心理素质，都直接影响着全体教师。因此，他们必须是业务精、能力强、境界高的教师。一个学校若是树立起了这样的榜样，广大教师就有了前进的动力和方向，必将激励教师向更远大的目标奋进。

要造就出高素质的教师，为基础教育奠定坚实的基础，教师整体素质的提高势在必行，这是时代的迫切需要，也是历史赋予教育工作者的神圣使命。激励机制作为提高教师素质的一种策略，所起的作用越来越明显，科学的激励机制符合新时期广大教师的心理特点和发展水平，它已成为全体教师努力提高自身素质的强大推动力。

经济发达地区乡镇中学教学研究管理策略初探

　　广东省的珠三角地区经济是比较发达的，教育事业也呈现出了令人鼓舞的充满生机的大好局面。然而教学研究工作在许多学校，特别是在一些乡镇中学，没有引起足够的重视。其实，教学研究对提高教学质量具有非常重要的意义，而与之相关的教学研究管理又是教学研究质量提高的一个重要因素。现代学校管理学认为：教学研究管理，指的是学校管理者组织和领导全体教师积极地、协调一致地、卓有成效地去开展教学研究并实现既定的教学研究目标所进行的工作之和。管理水平的高低将直接影响到教研的效果，因此管理要讲究策略。下面，本人就教学管理的策略问题谈几点粗浅的看法。

一、制定合理的教学研究目标

　　要搞好教学研究管理，教学研究的管理者首先要引导全校教师制定好教学研究的总目标。教学研究的总目标是教学研究管理的出发点和归宿，也是全体教师进行教学研究的"航标"及对教学研究结果进行评估的准绳。若没有这一"航标"，对教学研究的管理就会产生盲目性和随意性，就会失去管理的方向和依据。可见，制定好教学研究的总目标是教学研究管理的首要任务。

　　如何引导教师科学地制定教学研究目标呢？

1. 目标的制定应当符合主客观实际，要具有可行性

　　认真考虑经济发达地区乡镇中学的特点，尤其是本校的实际情况，是做好教学工作的首要原则。否则就不能有效地推动本校教学工作的改进。就其客观实际来说，有两方面的内容：一是要充分理解党和国家的教育方针、政策及法律法规，使本校的教学研究目标与我国的教育现代化的需要相适应；二是要充分了解经济发达地区乡镇中学的特点，尤其是本校的教学实际（教师的教、学

生的学、学生的素质状况、教学的历史和现状、分层教学的利弊等），只有从本地区、本校的实际出发，充分考虑本地区、本校在教学中需要解决的问题，所制定的目标才不是"空中楼阁"。作为经济发达地区的乡镇中学，主要选取与本校教学实际接近的课题进行研究，这样的目标，虽不是轻而易举就可以实现的，但由于经济基础比较好、教学设备比较先进，只要自身不断地努力和创造性地开展实践活动，就可以在预定的时间里实现目标。通过努力而能达到的目标具有增强信心的作用，能激励教师在达成目标后为实现更高的目标而付出更多的努力。

2. 目标的制定要有鲜明的导向性和先进性

任何一个管理系统所要达成的目标，对全体教师来说都必须带有明显的导向性。所谓"导向性"是指目标要符合教学研究的大方向，要立足我国的教育实践，放眼世界和未来，力求为我国的社会主义现代化建设做出贡献。只有朝着这个大方向前进，我们的教学研究才有广阔的前途，我们的研究成果才有可能为中国教育事业的腾飞做出贡献。所谓"先进性"是指目标所显示的前景要优于现状，目标所要解决的问题应该是在朝着教学研究的大方向前进过程中本校还未解决过的问题，也应该是经济不发达地区目前还不能实现的目标，它明显地具有一定的前瞻性。要实现这样的目标，需要广大教师的努力。

3. 所制定的教学研究目标要有层次性

经济发达地区乡镇中学的教学研究与实验必须有其总体目标，同时还必须根据各学科教学研究组的特点，将总体目标分解为低一级的多个子目标，或者说应当包括长远目标和多个近期目标。这样，就组成了一个有层次的目标系统。教学研究目标的层次性反映了这些目标的从属关系，总体目标具有方向性作用，它体现了总体要求，其他各类子目标是实现总目标不可缺少的部分。没有具体目标的落实，总体目标的实现就成了一句空话。因此，具体目标的落实是教学研究管理的关键。

怎样才能制定出具体的目标呢？第一，必须按照党的教育方针，研究教学的诸多环节中影响教学质量提高的各方面问题；第二，经常性地、大量地研究教学大纲、考纲，吃透教材，改进教法，准确把握教材的重点、难点，提高课堂教学质量；第三，根据当前的教改方向，结合经济发达地区乡镇中学尤其是本校的实际，确定有档次的教改实验和研究专题；第四，要充分利用经济发达地区的教学优势积极开展多种形式的教研活动，如教学大比武、优质课评比、教学基本功比赛、观摩课、示范课、向45分钟要质量的活动等。实践证明，只有从自身的优势和教学的实际情况出发，把教学研究的内容真正落到实处，才能受到广大师生的欢迎，教研活动才具有生命力。

二、抓好目标落实过程中的"四个落实"

1. 组织落实

任何目标都需要通过一定的组织形式才能顺利实施。因而，抓好组织落实是实施教学研究管理的重要环节。规模较大的学校最好能成立教研室，校长或主管教学的副校长应亲自参与，也可任命一位教研室主任具体负责全校教学研究组织和管理的有关事宜，以便加强对各教研组教学研究活动的管理。各教研组（科组）是教师进行教学研究的组织，也是学校教学系统的基层单位，而学校的教学研究都是通过教研组（科组）具体实施的，它直接影响着各学校教学改革的进程与教学质量的提高。

教研活动和教学改革实验要想卓有成效地开展，就要有一个得力的教研组长（科组长）。因此，学校要把那些思想素质好、业务素质高、教学能力强、在教学中有较高威信的优秀教师选拔到教研组长（科组长）的岗位上来。

为了使学校的教研活动能真正扎根于广大教师之中，学校领导还要有意识地培养一批教学研究的积极分子，让他们来带动其他人积极投身于教研活动，从而使教研活动能广泛持久地开展起来。

2. 制度落实

搞好教学研究管理的关键是制度落实。只有建立健全的、切合经济发达地区乡镇中学尤其是本校实际的各种规章制度，才能保证教研活动的正常开展。主管领导应当制定好全校的教学研究规划的实施方案，各教研组（科组）要根据学校教研规划结合本组的具体实际，制订出教研工作的整体方案，每个教师又要根据教研组（科组）计划并结合本人实际，制订出个人教研计划。学校要建立集体备课制度、听课制度、学习制度、教研档案制度等。这一切必须做到从实际出发、实事求是、讲求实效。

3. 检查落实

管理科学告诉我们，任何工作只有布置而没有检查是没用的。在学校里，当教学研究没有成为自觉行动之前，往往被看作不同于教学的软任务，因此，对教学研究的检查尤其重要。管理者应该参与教学研究与实验，把检查、监督与共同研讨、面对面指导结合起来。要把竞争机制引入教研活动中，制定教研量化考核办法，将教研成绩与奖惩挂钩，与教师的晋级、评先挂钩，以激发每位教师参与教研的积极性、主动性和创造性。

4. 经费落实

教学研究活动光靠有计划、有积极性是不够的。科研要想上档次，要出高质量的成果，就得不断更新或增加教学资源，就得请进来，走出去，这就得有一定的经费做支撑。根据课题的特点，应当备有一定的经费。而作为经济发达地区的乡镇中学相比经济不发达地区而言，上述问题的解决就容易多了。作为学校领导，必须有长远的、发展的目光，如果不是站在一个更高的高度上来认识教研工作的重要性，只停留在口头上，那么教研工作就难以向前推进。我们不仅要充分利用经济发达地区的经济优势，更重要的是要通过科研来为教学注入新的活力，使教学能持续不断地迈上新的台阶，能与经济建设一起腾飞。

三、提高学校管理者的素质

为什么长期以来中小学校尤其是乡镇中学教研的风气不浓厚呢？根本原因恐怕还是缺乏教学研究的有效组织和管理。而能否有效地组织和管理学校的教学研究，在很大程度上又取决于学校管理者素质的高低。怎样提高学校教学研究管理人员的素质呢？从总的方面来说，首先要提高管理者的思想素质，增强他们搞好教学研究管理的事业心和责任感，要认真学习党的教育方针和与教育相关的法律法规，要不断增强教改意识，明确教改方向；其次要刻苦学习现代教育思想、教育理论；再次要学习系统论、控制论、信息论等管理科学方面的理论原理，从而提高管理者的教学管理业务水平。

1. 要有锐意改革的精神和创造的能力

作为教学研究的管理者，也需要与时俱进，要以教改的新思想、新动向来组织和领导学校的教学研究与实验，驾驭全校的教改工作，否则就会落后于形势，教学研究就难以出成果。

2. 在教学研究的组织领导过程中，要有做细致思想工作的能力

教研和实验是属于高层次的创造性劳动，它需要教师付出艰苦的努力。作为经济发达地区的乡镇中学，尽管学校的各种条件相对来说是比较好的，但如果广大教师没有对教学研究的执着追求和奉献精神，那么工作同样是搞不好的。领导应当多关心他们，并耐心细致地做思想工作，这样才可以激发教师们积极投入教学研究的热情。

3. 要有制订学校教学研究工作计划和归纳总结的能力

衡量一个教学研究管理者水平高低的一个重要标准，是看其能否根据本校的实际情况，科学地制订出全校的教学研究工作计划。而经常总结教学研究与实验工作的经验教训，则是提高教学研究与实验管理工作效率和水平的必经之路。作为管理者要多深入课堂，深入教研组（科组）认真地调查研究，全方位掌握教学的第一手材料。只有这样，才能抓住影响教学研究质量的主要问题，才能不断提高自己制订教学研究工作计划和归纳总结的能力。

4. 要有高水平的评课能力

在学校千头万绪的工作中，课堂教学是中心工作，它能反映出一个教师教研水平的高低、业务能力的强弱和教学经验的丰富与缺乏。经常听课，是提炼教研课题的一个很好的、重要的途径。听课后评课，就能使教学工作不断得到改进，同时高水平的评课能给人指出教学研究的努力方向。假若听课对教学研究没有什么帮助，作为管理者就会在教师中失去威信，因此，教学研究的组织者和管理者必须下功夫学习有关的理论，不断提高自己的评课能力。

5. 要有抓好教研试点的能力

全国性的新一轮教学改革涉及的面非常广，诸如课程改革、教材改革、教法改革、评价体系改革等，哪些能在本校实施，哪些需要先在小范围内实验，作为管理者必须思路清晰，要讲求效果，要根据效果进行下一步的实验，切忌盲目乱搞。就小范围的实验来说，最好是先确定一两个试点，在取得经验的基础上再全校铺开。因此，管理者培养自己抓好教学研究试点的能力是教学研究管理中必不可少的。

总之，要完成时代赋予我们的教育使命，要实现教育现代化，要提高中华民族的素质，就必须提高教育质量。而作为经济发达地区乡镇中学教学研究的组织者和管理者，就必须充分利用已有的条件努力去促进教学研究的广泛开展，去积极推动教学质量的提高。

注：本文在2004年11月由中央教育科学研究所举办的第七届全国校园文化建设论文评比中荣获二等奖。发表在教育部主管、中央教育科学研究所主办的《教育情报参考》2005年第5期上。

第三章

高中语文教学案例

《诉衷情》教案设计

——全国中小学"教学中的互联网搜索"优秀教学案例评选

一、教案背景

面向学生：高中。

学科：语文。

课时：1课时。

学生课前准备：

（1）熟读课文，了解课文大意。

（2）查找资料，初步了解陆游的生平事迹。

二、教学课题

粤教版高中选修1——《诉衷情》。

三、教材分析

陆游一生以抗金报国、收复中原为己任。但是在投降派当政的社会条件下，他长期请缨无路，报国无门，最后还被罢黜回乡，投闲置散，壮志未酬。但他始终没有忘怀国事，没有放弃对理想的追求，现实与理想的激烈矛盾，始终冲击着他的内心深处。他在这样的心态下创作了本词。词作上片主要抒发英雄无用武之地的惆怅，下片进一步写理想与现实的矛盾，发出更深沉的浩叹！

四、教学目标

1. 知识与能力

（1）能准确理解文本的意思。

（2）对宋词中爱国词的基本观点做初步的分析。

（3）对宋词中的爱国情有一定的了解。

2. 过程与方法

（1）点拨法。让学生独立思考，给学生提供尽可能多的发表个人看法的机会。

（2）讨论法。通过理解、交流、倾听、反思的过程，让学生能多角度思考，并建构起对文本的多元解读。

3. 情感态度与价值观

提升学生的思想觉悟，培养学生的爱国情感。

五、教学重难点

探讨词中所蕴含的情感及所运用的写作手法。

六、教学课时

1课时。

七、教学过程

1. 学生演讲

（略）

2. 导语

张作霖的故事。（可在百度进行搜索完成）

3. 学生集体背诵陆游的《书愤》并简要回顾陆游的生平

（1）背诵。（略）

（2）教师简单介绍作者生平。（可在百度进行搜索完成）

4. 学生自读诗歌

要求将自己有疑问的地方画出来。

5. 学生质疑

教师预设问题：

（1）"当年"是否有具体所指？"觅"字有何妙用？

（2）"梦断"该如何理解？

（3）为什么是"泪空流"？

（4）"心在天山，身在沧州"如何理解？

（5）上下片的感情是否相同？

（6）本词主要用了何种写作手法？有何作用？

6. 讨论并释疑

（1）"当年"是指1172年，当时作者到南郑（今陕西汉中），在四川宣抚使王炎幕下襄理军务。他曾亲自到前线考察地形，曾和金兵打过遭遇战。

一个"觅"字，写出了自信、自许和坚决执着的奋斗精神。

（2）作者在南郑前线只有半年时间，从此后，镇守关塞要地的情景，只有在梦中出现，作者再也没有机会重返战场。当年的貂裘戎装，早已尘封色暗。这就是所谓的英雄无用武之地啊！

（3）放眼西北，神州大半已沦丧，而朝廷的统治者"只把杭州作汴州"，偏安东南。词中的"空"字，就是作者的强烈控诉和批判。

（4）最后两句高度概括了诗人壮志未酬、人老身退的惆怅之情。

（5）上下片的感情不同。上片抒写为国杀敌的英雄气概，基调激越；下片抒写的是壮志未酬、人老身退的惆怅之情，基调沉郁。

（6）本词主要用了对比的手法。

① 过去和现在的对比。过去对抗敌报国充满信心，雄心勃勃；现在年纪大了，雄风不再。

② 梦境和现实的对比。梦中驰骋沙场，精神抖擞，英勇杀敌；现实是身老沧州，投闲置散。

③ 理想和现实的对比。理想是赶走侵略者，收复中原，能建功立业、流芳百世；现实是统治者偏安东南，自己被投闲置散。

运用对比，鲜明而强烈，有力地表现了主题。

7. 朗读

（1）个人朗读。

（2）分大组比读。

（3）全班有感情地朗读。

8. 拓展

阅读下面这首词，完成后面的问题。（2005年北京卷）

夜游宫·记梦寄师伯浑

陆　游

雪晓清笳乱起，梦游处，不知何地。铁骑无声望似水。想关河，雁门西，青海际。睡觉寒灯里，漏声断，月斜窗纸。自许封侯在万里。有谁知，鬓虽残，心未死。

注：师伯浑，陆游的友人。

词中"自许封侯在万里。有谁知，鬓虽残，心未死"与陆游《书愤》中"塞上长城空自许，镜中衰鬓已先斑"相比较，两处所表达的思想感情有何异同？

【提示】

相同点：都表现了诗人抗金报国、建功立业的爱国之志，壮志未酬和理想落空的伤感之情。

不同点：词句"自许……"抒发了对自己不被理解的慨叹，突出了烈士暮年壮心不已的心境；诗句"塞上……"着重表达了壮志未酬却已年老鬓衰的悲愤情怀。

9. 作业

阅读下面的宋词，然后回答问题。（2011年广东高考题）

减字木兰花

苏　轼

莺初解语，最是一年春好处。微雨如酥，草色遥看近却无。

休辞醉倒，花不看开人易老。莫待春回，颠倒红英间绿苔。

（1）词中所写的春天的最美好时节是什么时候？为什么？结合词中的描写简要说明。

（2）结合全词，简要分析词中所表达的思想感情。

【参考答案】

（1）初春。这时莺儿开始鸣叫，细雨滋润大地，青青草长出嫩芽，花朵含苞欲放，万物充满生机，所以初春时节最美好。

（2）上片描写"莺语""草色""微雨"等景物，表现春天开始时的生机与美丽；下片叙写花开易谢、年华易老，感叹美景易逝，劝人一醉方休。全词表达了珍惜春光、尽情享受生命中的美好时光的情感（热爱生命、享受人生的豪放情感）。

八、教学反思

《诉衷情》是一首英雄迟暮、壮志未酬的浩歌。于是我把体会词中炽热的爱国情怀及其表现的崇高美作为本堂课的重点之一。而学习本课的另一重点就是要让学生更好地掌握分析诗词写作手法的方法。对于思想内容和表达技巧的分析必须贯穿所有古诗词教学的始终，在课堂上所花的时间也相对要多一些。

在课上我让学生进行了各种形式的诵读，使学生在读中既领会了陆游的爱国情怀，又品味了语言的芬芳。在对预设的问题进行讨论时，生生互动很好，从学生回答的问题来看，课堂上合作讨论的运用是非常成功的。

从对本词的解读来看，学生课前准备较充分，基本掌握了鉴赏古诗词的方法和技巧。在这一前提下，完全可以让学生将所学知识迁移到课外。

但由于学生还缺少相关的知识，在教学的过程中指导学生把握作者的情感及分析写作手法时仍显得有些吃力，因此，在今后的教学中，还应进一步培养学生品读古诗词的兴趣，"理解作品的思想内涵，探索作品的丰富意蕴，领悟作品的艺术魅力，用历史眼光和现代观念审视古代诗文的思想内容，并给予恰当的评价"。

注：此教案在2012年6月教育部教育管理信息中心第三届全国中小学"教学中的互联网搜索"优秀教案评选中荣获二等奖。

《想北平》导学案

一、教学目标

（1）把握老舍笔下北平的特征，体会作者深沉的情感。

（2）学习老舍独特的观察视角及写法，培养学生的形象思维能力。

（3）培养学生热爱家乡的情感。

二、教学重点

（1）老舍描写景物的平民视角。

（2）情感与景物描写的关系。

三、教学难点

理解老舍的平民意识。

四、教学过程

（一）自主学习（课前初读并完成）

你印象中的北京的"符号"有哪些？

老舍笔下的北平的"符号"又有哪些？

怎么理解"我的北平"呢？

本节课，我们就来重点解读"我的北平"四个字所蕴藏的密码。

（二）初步了解北京一些著名的"符号"

（欣赏，略）

（三）组内交流（课中讨论）

感受老舍笔下的北平。

1. 题解（课前精读并完成）

作者为什么不用"写"，而用"想"？（提示：在原文中寻找答案）

【分析】

除了当时作者不在北平的原因之外，文章第2段开头，老舍就说"我真爱北平"但随后接着说"但这个爱是几乎要说而说不出的"。"说不出"作为导引，"说不出"在两段文字中出现了多次，表明老舍难以用有限的文字表达出对北平的爱。

同时，"一方水土养一方人"，"想"带有浓重的主观情感，而"写"可能只是客观的描述，一个"想"字就暗示出作者不仅要描述北平，而且要将自己对北平的爱与读者一起分享。

【过渡语】

北平是历朝古都，这里有宏伟的故宫、巍峨的长城、美丽的颐和园、温馨的四合院……可写的东西实在是太多太多了，那么作者摄取和描写了北平的哪些景物？这些景物有什么特点？表达了作者怎样的情感？

2. 问题讨论（课前精读并完成）

（1）阅读课文，说说作者摄取和描写了北平的哪些景物？

【提示】

什刹海的蜻蜓，玉泉山的塔影，长着红酸枣的老城墙，水中的小蝌蚪或苇叶上的嫩蜻蜓，复杂但又安排得不挤也不空旷的胡同和院子，墙边的花，院里的新鲜蔬菜，以及带霜的水果。

（2）北平有那么多名胜古迹，作者为什么不写，却只写了那些人们习以为常的普通景物呢？表达了作者怎样的情感？

【提示】

写蜻蜓、塔影等是为了表明自己思念北平，以至于这一处处美丽的景致都记忆深刻。

作者所写的都是极琐碎的、关于北平的一个个小细节，这些细节拼凑成了整篇文章，"蜻蜓""水果"，人性化而接近生活，把一个"普通人"眼中的北平展现在人们眼前。每样东西都好像要跃出文句，活灵活现，平凡的文字组成了宁静美丽的北平，这一切似都写出了北平人安详悠闲的生活，只有一个熟悉北平的人才能把北平带进读者的视野，表达了作者对北平的深挚、真诚、纯净的爱与思念。

（3）本文哪几段集中抒发了作者的情感？请找出并体会抒发情感的语句。

【分析】

抒情的语句主要集中在第2、3、8段，特别关注直接抒情的语句。

① 第2段中的"我真爱北平"，三次写到"我说不出"。

② 第3段中"啊！我不是诗人！我将永远道不出我的爱，一种像音乐与图画所引起的爱"又一次写道"我说不出"。为什么"说不出"？作者表达爱的方式是怎样的？

【提示】

情到深处反无声——"说不出"正是爱到极点的表现，反复强调，表明爱得非常深厚，只是"说不出而已"，表明老舍难以用有限的文字来道尽自己对北平的爱。当然这说不出的爱还有他的原因，"北平的地方那么大，事情那么多，我知道的真是太少了"，所以，他决定写"我的北平"。

表达爱的方式：直接抒情、落泪。

③ 第8段中的"要落泪了，真想念北平呀"。

——直接点明题旨的句子。（指名朗读）

"情到深处无言爱"，只有落泪和深情的呼唤，才能表达自己最深挚的眷念之情。为什么会落泪呢？是想念北平，因为当时作者不在北平。

【补充写作背景】

这篇散文写于1936年，作者当时不在北京。那时日本帝国主义已经加紧了对中国的侵略，丧权辱国的《何梅协定》的签订，以及为适应日本侵略需要而成立的"冀察政务委员会"，都说明华北危急、北京危急。老舍此刻在青岛，作为一个热爱北京的爱国知识分子思念家乡、忧心如焚，较之平日更为强烈。"想"的背后是他的深深担忧，更是对北平像母亲一样的爱，忧之切，爱之深。正如冰心所说："潜意识里苦恋着北平。"

（四）合作探究——教师点拨（课上精读并讨论）

1. 作者笔下的北平有什么特点？

根据课文来概括：注意寻找关键词句（主要集中在第4、5段）。

【提示】

动中有静、布局合理、贴近自然。

2. 作者是如何写出这些特点的呢?

（从写作手法和语言的角度考虑。）

【提示】

（1）衬托手法:

巴黎太热闹——北平动中有静。（P4）

巴黎布局"比上北平还差点事儿"——北平布局合理。（P5）

美国的橘子——北平的玉李北平贴近自然。（P6）

（2）语言诙谐幽默，京味十足，生动鲜明，通俗易懂:

以"还差点事儿""挤得慌"（P5）、"带霜的玉李儿"、"还不愧杀"（P6）等蕴含极其深刻的话语经老舍说出，却是极平常普通，通俗易懂，显示了语言大师的举重若轻的语言功力。

（五）拓展延伸——比较阅读

北平这个地方，实在适宜于绿树的点缀，而绿树能亭亭如盖的，又莫过于槐树。在东西长安街，故宫的黄瓦红墙，配上那一碧千株的槐林，简直就是一幅彩画。在古老的胡同里，四五株高槐，映带着平正的土路，低矮的粉墙。行人很少，在白天就觉得其意幽深，更无论月下了。在宽平的马路上，如南、北池子，如南、北长街，两边槐树整齐划一，连续不断，有三四里之长，远远望去，简直是一条绿街。

在古庙门口，红色的墙，半圆的门，几株大槐树在庙外拥立，把低矮的庙整个罩在绿荫下，那情调是肃穆典雅的。

（1）有什么具体的特征?体现了一种怎样的美?

（2）两者的美有何不同?他们观察的视角是否相同?请概括说明。

【提示】

①宽阔的马路，两边是黄瓦红墙、高大的槐树，整个显得庄重典雅，有王者之气。

②老舍的北平呈现的是生活化的美，张恨水的北平呈现的是典雅的美。

两者为什么会呈现不同的美?因为两人的视角不一样，老舍是从普通老百姓的视角看北平，张恨水是从文人的视角看北平。

老舍贫寒的身份、平民化的情感、平实的个性决定了他笔下的北平平民化的美。作者的情感和个性决定了他的观察视角和材料选取。

（六）总结

"我的北平"有着丰富的内涵，我们不但要在阅读时学会从表面的内容去解读文中、文外的"我"，写作时也应该学会用"我"的视角写自己熟悉的人和事，"我手写我心"，这样写出来的文章才是独一无二的。

（七）作业

1. 语言品味

（1）我所爱的北平不是枝枝节节的一些什么，而是整个儿与我的心灵相黏合的一段历史。——老舍《想北平》

（2）北平好像是一个魁梧的老人，具有一种老成的品格。

北平又像是一株古木老树，根脉深入地中，藉之得畅茂。在他的树荫下与枝躯上寄生的，有数百万的昆虫。这些昆虫如何能知道树的大小，如何生长根，在地下有多深，还有在别枝上寄生的是什么昆虫？

并且北平有蓝天洁月，雨夏凉秋，与高爽的冬日气候。

清晨在花园中拔白菜的时候，抬头可以看到西山的雄姿。

——林语堂《动人的北平》

2. 推荐阅读

（1）老舍《北京的春节》。

（2）郁达夫《故都的秋》。

（3）林语堂《动人的北平》（《说北平》）。

（4）萧乾《北京城杂忆》。

第四章

高考备考研究

关于高考总复习的科学安排

有人很形象地把参加高考比作进行一万米长跑比赛，那么高一为起步跑，高二为途中跑，高三为冲刺跑。从长度来说，一般认为，起步跑为2千米左右，冲刺跑最多1千米，那么途中跑就占了绝大部分的7千米左右。

一、高考备考的目标与宗旨

1. 高考备考的目标

高考备考的总目标是提高高考成绩，顺利地进入理想的高等学校。

为了提高高考成绩，高考备考必须实现以下三个目标：

（1）通过备考，培养学习兴趣，初步找到自己一生事业的基础和方向。

（2）养成好的习惯，包括学习习惯、生活习惯。这是终身受益的习惯。

（3）提高综合素质，包括学科能力、心理素质、道德修养、行为规范、价值取向、科学素养、人文素质等。

高考是综合素质的较量，高考成功不仅仅需要学科的知识和能力，更需要考生拥有很强的考试素养。

2. 高考备考的宗旨

高考备考总的宗旨是：竭尽全力确保高考后不后悔；在学习中总结，在总结中想象，在想象中升华。

（1）了解高考。把握高考的考查标准，把握高考对各知识内容、各项能力的要求，并以此为标准来安排备考。

（2）认识自己。了解自己，保持自己的本色，挖掘自己的潜能。

（3）做适合自己的题目。在备考中，要学会判断一道题目是否适合自己。适合自己的标准有两个：一是难度相匹配，题目不是很容易，也不是很难；不是一望得解，也不是需要好久才产生解题思路。二是答题后有收获，有可总结的东西。

（4）量化处理。凡事做到心中有数，就少一些后悔，甚至不会后悔；凡事做到量化分解，局部不后悔，整体也不会有什么问题。

（5）为自己学习，根据自己的实际及目标追求，进行自主学习，学对自己有用的知识。有了这样的想法，你只要是个对自己负责任的人，就不会后悔。

（6）形成适合自己的教辅资料。考生在形成自己的备考资料的过程中要做到：以考纲为标准，以考题为蓝本，以教材为依托，以模拟试卷为手段，以教辅资料为工具书，不断丰富、完善自己的资料。具体包括：

①要利用好题本，总结典型题及其解题技巧。

②要利用错题本，分析自己的失分原因，并予以有效解决。

③要熟悉和研究最近5年的高考真题，作为自己答题的蓝本和标准。

④要建立知识网络，逐渐整合和加深前面的相关内容。

⑤要系统提升，总结思想方法及解题的通用方法。

⑥要利用好案例本，进行有效的积累。

二、时间安排

高考复习一般采用三轮复习法。三轮复习法把高考复习时间大致分为三段，每段时间里的复习目的各有侧重，时间长短也各不相同。

第一轮复习从前一年8月中旬到第二年的3月初（或广一模前），主要目的是基础能力过关。

第二轮复习从3月（或广一模后）到4月底（或广二模前），主要目的是综合能力突破。

第三轮复习从5月（或广二模后）到高考，主要目的是应用能力提高。

三、复习方法

总的说来，要求做到：全面备考，科学备考。要引导学生构建完整的知识体系，扎实落实每一个考点。

（一）第一轮复习

1. 要全面阅读教材，彻底扫除知识结构中理解上的障碍

在这一基础上，对语文知识进行梳理和归纳，建立完整的知识体系。同时配以相应的考点训练，提高应用能力。

建立完整的语文知识系统，即整理、完善语文知识的各个系统。语文知识的大系统包括语音知识系统、文字知识系统、词及短语系统、单复句知识系统、修辞知识系统、标点知识系统、现代文体知识系统、古诗文知识系统、古今文学常识系统、写作知识系统等。还要适当了解语文知识的小知识系统，如"词"这个系统，就包括词义、色彩轻重、范围、搭配、语体等。同时要进行解题训练，提高应考能力。

2. 语言表达的备考

语言表达的备考要做到以下方面：

（1）全面备考，重点突破。

（2）突出审题训练，按要求进行语言训练。

（3）要特别注意学生往往对题干要求落实不到位，或粗心大意，或理解不准确。

3. 现代文的复习

现代文的复习要做到以下方面：

（1）思想认识要到位。不要被参考答案所吓倒，要强化从整体上思考，不要断章取义。

（2）文本（原文）意识。要充分利用原文中的语句来作答。

（3）迁移意识。

（4）规范意识。语言精练、要点全面、书写整洁。

4. 作文复习

作文复习要突出以下方面：

（1）文体的规范训练。

（2）审题训练。

（3）时间训练。

（4）书写训练。

（5）有意识地要求学生在平时多搜集报纸杂志中的时评等，看看别人是怎

样一步步分析材料和多角度运用材料证明观点的。

（6）写作的模式训练。

（二）第二轮复习

要明确重点、难点，查漏补缺。

高考复习要防止两种偏向：一是拼命做题目，自以为做得越多越好；二是不认真复习，自以为复习未必有用，指望临场发挥。

广州一模后正确的做法总的说来是详计划、精主题、减课时、多分层、调心态、抓细节。

要引导学生构建完整的知识体系，扎实落实每一个考点。要进一步强化应试技巧的训练。通过第二轮复习，使学生的综合能力得到突破。通过第三轮复习，使学生的应用能力得到提高。

师生备考要特别注意的七大点：

（1）审题、答题要规范。

（2）立足效率，有效训练。

（3）要学会分析材料和用材料阐释道理。

（4）后阶段的作文审题训练。（要注意各种题型）

（5）答题的速度训练。

（6）注意研究考生：

①一定要根据学习心理和复习的规律来控制备考复习的节奏和强度。

②从实际出发，分类指导，使各类学生各得其所。

③立足基础，根据高考能力要求和学生潜在能力来重组复习内容。

④通过提高复习课的效率来提高教学质量。

⑤通过反思、讲评，提升学生的得分能力。

⑥全程关注学生的学习心理，做好学生的心理调节。

（7）要强调打团体战。大家要团结一条心，劲往一处使，要摒弃不良因素的干扰。

要充满信心，要多鼓励考生。

近年，语言知识题的比例降低；文学常识题增加，但分值不高，测试的重点在阅读能力、语言表达和作文三大块。从考生个人语文知识掌握和语言能力的实际状况来看，除作文外，失分较多的是现代文阅读和语言表达。因此在前两轮复习中，要重点复习以下内容。

第一，现代文阅读着重考查筛选和提取信息的能力、理解和分析能力、鉴赏和评价能力。阅读能力的培养重点包括两方面：一是筛选信息的能力，二是理解和分析阅读材料的能力。第二点又是高考考查的重点，在阅读复习中考生应该注意句与句、段与段之间的联系，了解文章作者的观点和文章的中心思想，做到从整体上把握文章。

学生存在的问题主要包括以下方面：

（1）缺乏文本意识。完全脱离文本去空想，无中生有。

（2）审题不仔细。"舍得花时间审题的人不吃亏。"（北京高考专家语）

（3）作答不规范。答题要注意顺序，不要超过字数。

（4）缺乏文体意识。例如，对小说的基本常识不理解，细节描写的作用一般是使文章具体、生动等。

第二，语言表达题，近几年主要考查扩展语句、压缩语段和选用、仿用、句式变换、图文转换、提供情境按要求进行表述等能力。这类试题多是综合性的，一般考查多个能力点；多呈开放性，答题需要一定程度的想象和联系能力。引用有些高考专家的话说：做好了此类题，尽管素质不一定能提高，但是分数能提高。

语言表达要注意训练以下方面：

（1）最常见的，如压缩概括题、仿写、图文转换、根据情境进行表述等。

（2）学生最薄弱的环节。

第三，写作重点是要在写中提高审题能力和思维能力，提高运用来自生活中的材料表达真情实感的能力。同时要关注当前社会在政治、经济、科学、文化等方面发生的重大事件，积累写作材料。要注意写作技巧的训练。

写作要注意以下方面：

（1）从全面备考的角度，考虑话题的形式和其他作文形式。

（2）从能写的角度考虑。一般有比较明了的提示语，一般不要"反其道而行之"，即否定命题。

（3）要引导学生关注社会，关注现实生活。要学会正面思辨。

第四，古诗文的复习要坚持两条原则：

（1）课本第一。

① 吃透、弄熟。吃透、弄熟课本知识的网络结构和深层含义。

② 抓好重点。考纲涉及的实词和18个常见虚词要重点过关，还有常见的文言固定句式，如"若（如、奈）何""何（奚、恶、安）以……为""何……为""何……之有""不亦……乎""无（毋）乃……乎""得无（毋、微）……乎（邪、欤）""庶几……乎（与）""孰与……"等。前期的内容面广量大，后期复习要根据自身的情况，抓住每一个考查范围中的重点知识。

（2）效率至上。

① 计划性强。对复习内容要做全盘考虑和分解，针对各知识点制订短期计划。

② 方法灵活。例如，利用零碎时间复习文言虚词，因分散则容易掌握。

③ 精选试题。概括说，就是"选、读、译"。"选"的关键是精。选好后，不凭借辅助读物自己去读它，读不懂的地方要善于"推导"和"借助"，就是"词不离句，句不离篇，前后推敲，整体把握"。"译"的关键是准确，要以直译为主，意译为辅。

总之，学习文言文，要了解文章的背景、写作意图、作者的观点倾向以及布局谋篇的特点等。

第五，要继续利用滚动练习和综合练习来进行查漏补缺和调整心态。每个教师要按备课组要求认真准备好相关资料。

第六，既要做到充分利用好一切时间，又要做到精讲精练。要保证学生有充足的时间来"消化"。

【补充】

广州一模后教师的备考要特别注意以下方面：

十条值得借鉴的经验：

（1）根据上述思路和价值观来选择高考的备考策略。

①系统思想；②优化的思想；③一切从实际出发。

过"六关"：系统关、基础关、学生关（教师要把自己的知识和能力转化给学生）、效率关、质量关、信息关。

（2）全面运用备考信息。

（3）优先选择本地的复习资料。

（4）一定要根据学习心理和复习的规律来控制备考复习的节奏和强度。

（5）从实际出发，分类指导，使各类学生各得其所。

（6）立足基础，根据高考能力要求和学生潜在能力来重组复习内容。

（7）通过提高复习课的效率来提高教学质量。

（8）立足效率，有效训练。

（9）通过反思、讲评，提升学生的得分能力。

（10）全程关注学生的学习心理，做好学生的心理调节。

（三）第三轮复习

这是冲刺复习阶段，因为时间有限，有以下建议。

1. 研读考纲

解读考试大纲时，除要关注考试范围、新增内容外，更要应该关注题型示例及样卷。

2. 回归课本

高考题目年年有变化，但考查学生"运用学过的知识灵活地分析和解决问题"的思想一直都没有变化。这就需要我们将散落在课本中的知识整理清楚。

3. 看纠错本

把纠错本中的错误按基础、文言、阅读、语言运用等分别归类，把错误集中的点作为训练重点，有目的地精选一些材料进行训练，不让同样的错误在高考中重现。

4. 重温部分考点的重要内容

例如，基础类和识记类内容的复习要落实以下几个方面：

（1）音字和字形。字形要侧重形似字和同音字。

（2）常见虚词。例如，"不管""尽管""即使""虽然""和""或""既""以""以及""除非""关于""对于""抑或""无论"等连词、介词要特别重视。

（3）文学常识和名句名篇。在复习时，注意：连线复习，分块掌握；理清文学史（包括文学流派、文学体裁）；非入选课文的重要作家作品应加以重视。

（4）再熟悉一下文言实词、18个虚词和固定句式。

（5）古诗词中的"直接抒情""情景交融""乐景写哀""以动写静"等常见写法。

5. 准备作文

作文在语文试卷中占了相当的比重，如何才能在作文时扬长避短，写出自己的个性？在复习的冲刺阶段，要有意识地进行以下几个方面的训练：

（1）梳理思想和生活积累，从内容、语言、体裁上寻找自己的特色。要把积累起来的材料按道德、亲情、成长等分类。

（2）做一些用相同材料写不同类型文章的训练，力求在任何文题下都能写出自己的闪光点。

（3）锤炼几篇成功的范文。在备考的最后阶段，从题材、内容、结构、语言等方面，仔细推敲分析近几年的高考满分作文，做好迎考的准备。

（4）注意对审题能力的培养。在高考作文题目开放的时候，考生尤其要注意仔细审题。

6. 做真题

再选做近几年的高考仿真题，以便进一步明确高考题目的命题思路和方式，也可以检测一下自己对知识的掌握程度和在审题、解题的能力方面是否还有欠缺，方便最后的复习巩固。

7. 调整状态，进入考试时间

可以把做真题的时间放在上午9：00—11：30。这样除了可以保持高考复习所需的训练量，还可以调节自己的生物钟，保证高考时良好的精神状态。看纠错本的时候，也要注意不仅仅是用眼睛去看，必须随时记录一些感想、体会，思考自己当初出现问题的原因，必要时还要回归课本，澄清一些概念。

浅论语文高考与语文素质教育

高考属于选拔性考试，其目的就是在具有高中毕业文化水平的全体考生中，选拔出基础知识扎实、有培养前途的人到高校继续深造。因而，高考最为人们所关注。

根据广大语文阅卷教师的具体感受和大部分考生试卷中反馈的信息，我们不难发现：五年前，高考语文学科的总成绩不高，或有时下降，甚或大面积不及格的原因在于学生语文基础知识和阅读部分功底较差，至于写作就更不妙了。就算是一时考得好一点，总分又上了录取线的学生，有的在日后的学习中也明显地表现出分析理解能力不强、逻辑思维混乱和表述不清楚等一些问题，这说明这部分学生的语文素质确实比较低。

造成上面这种局面的根源在哪里呢？主要还是没有形成语文教学的整体观点。中学语文教学无疑承担着为上一级学校培养合格学生的任务，但是这并不是唯一的。从我国今后很长一段时间内可能达到的办学水平来看，绝大多数高中毕业生毕业后所面临的是直接走向社会，从事工农业生产劳动或其他工作。这是由社会主义初级阶段的经济基础所决定的。但是，绝大部分人是用升学率的高低去衡量一所学校教学质量的好坏和一个教师教学水平的高低的。广大语文教师迫于学校、家长乃至整个社会的巨大压力走上了"片面追求升学率""一切为了考试"的不正确的教学轨道。这种做法，尽管是有失偏颇的，但也确实表现出了教师对教学改革所持的态度。

知识、能力和智力三者是辩证统一的，孤立地抓住任何一个方面，都会降低教学质量，甚至彻底失败！多年的教学事实已证明了这一点。试想，一个人连最基本的遣词造句的知识都没有，连一般的理解、分析和综合的能力都不具备，又怎能做到下笔成文、出口成章和进行鉴赏评价呢？更何况要真正学好语文，除了掌握必要的语文基础知识外，还必须具有一定的社会知识和自然知识。无知必无能，语文能力的真正培养必须依赖语文知识。

近几年来，语文教育战线上一批有识之士，从美国著名教育家布卢姆的教育目标分类学理论中得到了启发和借鉴，并在自己的教学中做出了成功的尝试。此后，他们响亮地喊出了"狠抓素质教育"的口号。他们着眼于学生德、智、体、美、劳的全面发展和全民族文化素质的提高，面向全体学生。这带来了中国语文教育观的巨大转变。

在我们实施素质教育的过程中，有两点需要明确：一是素质教育并不忽视使用考试手段，也绝不忽视科学文化知识；二是素质教育不是低水平教育，而是一种高标准教育。语文素质教育是一切素质教育的基础，它更着眼于教育的整体设计和远期目标，旨在全方位、立体式综合开发人的潜能，以适应未来社会的需要。我们在语文教育教学中，单就"智"的方面来说，不仅要求准确地、系统地传授文化科学知识，更要求注重对智力因素（注意力、观察力、想象力、思维力、记忆力）的开发和培养，与此同时，还要强调非智力因素，诸如远大的动机、坚强的意志、热烈的感情、浓厚的兴趣和独立的人格等对智力发展的动力、定向、引导、维持、调节和强化作用，使得传授知识、培养能力和发展智力融为一体，使其思想素质、文化素质、身体素质、审美素质、心理素质等全面发展。这应该说是教育教学改革的深化和优化。教学难度是相应地提高而不是降低，教学内容是更加广阔具体而不是狭隘抽象。事实证明，素质教育彻底改变了"中学毕业生语文成绩合格者不足百分之六十"（有人曾对考风较好的地方做过这样的统计）的惨状。

语文教育又是提高我们民族素质的一项奠基性工程。素质教育是涉及政府、社会、教育部门、教师、家长、学生等方面的行为，而不是少数学校、少数人的行为；它是涉及培养目标、教育观念、教育结构、课程设置、教学课本、教学方法、考试制度、教育评价和管理等方面的综合改革。我们要想让素质教育具体落实到高考这一整个过程中去，最关键的是考试题目的设计要注重素质、能力，要有科学性，要努力加快升学考试制度的改革。在这些方面，上海市的高校招生和考试改革，可以说是迈出了成功的步子，其经验值得我们总结。当然，还需要我们有勇气去做出新的探索和尝试。

总之，实施语文素质教育，有利于更快地提高语文教育教学质量，为高校输送合格人才；有利于整个基础教育的改革和发展，提高全民族的素质。

注：本文收录在1999年4月由中国经济出版社公开出版发行的《现代教育文集》一书中。

2015届高三语文学科备考工作总结及质量分析

本学期自3月份开学以来，高三全体语文教师在教务处和科组的统一领导下，认真执行学校计划和科组计划，不断深化课堂教学改革，狠抓高考第二、三轮复习各项工作的落实，努力培养学生的各种语文能力和应试技能，较好地完成了期初所制定的各项教学目标。主要表现在以下几个方面。

一、目标完成情况

我们在教学过程中努力培养学生热爱祖国语言的思想感情和民族共同语的规范意识，不断提高学生的道德修养、审美情趣、思维品质和文化品位，使学生逐步养成了良好的学习语文的习惯，并具有较强的语文应用能力和一定的审美能力、探究能力，发展健康个性，形成健全人格。我们顺利完成了高考第二、三轮的复习；顺利完成了广一模、佛二模和高考等大型考试，取得了比较理想的成绩。

在今年的高考当中，我校高三文科级语文平均分101.22分，理科级语文平均分99.61分。全校687人参加高考，其中语文120分以上26人，110分以上166人，100分以上422人，90分以上561人。语文上重本线64人，上本A线127人，上本B线187人，上专A线236人，上专B线369人。

二、高考成绩分析

1. 全校语文单科平均分及优势率横向比较（表1）

表1　杏坛中学2015届高三语文单科优势率比较

语文							
级	班	基础	基础优势率	现在	优势率	优势率变化	科任
A	1	104.4	1.9	110.7	1.0	−0.9	胡平贵
	2	101.8	−0.7	110.0	0.4	1.1	陈康水
	3	101.3	−1.2	108.1	−1.4	−0.2	杨彩梅
	4	95.4	1.9	100.8	4.0	2.1	杨彩梅
	5	93.2	−0.4	95.0	−2.1	−1.6	夏永兰
	6	93.2	−0.5	96.9	−0.1	0.4	胡平贵
	7	92.8	−0.9	95.2	−1.8	−0.9	夏永兰
重平		102.5	—	109.6	—	—	—
普平		93.6	—	97.0	—	—	—
B	9	103.0	2.6	112.4	4.6	1.9	陈燕飞
	10	99.0	−1.3	106.3	−1.1	0.2	蔡茹平
	11	99.1	−1.3	103.8	−3.5	−2.2	马来善
	12	91.9	0.7	95.8	1.0	0.3	吴争艳
	13	90.9	−0.3	93.7	−1.3	−1.0	吴争艳
	14	90.8	−0.4	97.0	2.2	2.6	陈燕飞
	15	91.6	0.4	93.0	−2.0	−2.5	蔡茹平
	16	90.8	−0.5	94.9	0.1	0.5	马来善
重平		100.4	—	107.5	—	—	—
普平		91.2	—	94.9	—	—	—

2. 班级语文单科上线人数比较（表2）

表2 杏坛中学2015届高三语文单科上线人数

语文上线人数					
班级	重点	本A	本B	专A	专B
1	2	22	42	46	46
2	2	20	40	46	47
3	1	14	36	43	43
4	0	8	20	35	40
5	0	2	13	34	41
6	0	5	14	35	42
7	0	0	9	30	37
8	0	1	11	25	35
合计	5	72	185	294	331
9	16	32	39	43	43
10	7	24	34	42	44
11	5	15	28	43	46
12	0	3	13	39	49
13	1	7	12	33	45
14	2	10	22	34	48
15	2	7	9	31	45
16	2	5	8	31	49
合计	35	103	165	296	369

3. 优秀学生与后进学生对比分明

今年我校687人参加高考，全校语文最高分126分，全校有3人。120分以上的共26人，其中重点班25人，普通班1人；90分以上的共126人，最低分50分。

三、主要工作及经验

本学期，为了更有效地应对广一模、佛二模、高考等大规模考试，我们扎扎实实做好语文基础知识和语言运用的滚动训练、现代文的阅读训练以及多种材料作文的审题训练，加强了答题速度的训练，狠抓了默写和议论性文体的规范训练，切实做好月考、周测和专题组合的综合检测训练，形式多样，训练到位。充分利用各种渠道收集来自广州市教育研究院和佛山市教研室的各种备考信息和资料，认真参考和分析华师高考语文评卷组组长考前答38问，丰富了备考的内容，真正做到全面备考，提高了备考的效率。具体表现在以下方面。

（一）常规工作方面

1. 前阶段的备考工作

本学期最突出的特点是时间短、任务重。

（1）按考点要求扎实推进现代文阅读专题的第一轮复习，并能在广一模前顺利完成。

（2）在重点班和部分普通班做到了每周一次大综合测试。每一天的练习都能得到保证。坚持狠抓了专题训练、基础题的小滚动和部分专题组合的滚动训练。默写和作文审题得到了进一步强化。

（3）时刻关注学生的学习状态。及时与学生沟通，学生语文学习的状态总体上是平稳的，学生与教师的关系也是良好的。

（4）加大"培优扶临"的力度，充分利用第9节和语文晚修的时间对优生、"问题学生"、临界生等进行辅导，力求使他们的潜力得到充分的发挥。

2. 后阶段的备考工作

广州一模后的做法总的说来是详计划、精主题、减课时、多分层、调心态、抓细节。特别注意审题的准确性、答题的规范性。

在第二轮复习当中，我着力做好以下几方面的工作：

（1）进一步消除学生的"学科麻木"现象。

"学科麻木"现象对语文复习备考是具有破坏性作用的，教师一定要反复提醒学生：绝不能掉以轻心，绝不能有偏科现象。对语文学习要充满信心，有学必有得，小学小得，大学大得。如果不学好语文，就有可能彻底败下阵来。

（2）反复研读新考纲，认真做好查漏补缺的工作。

第二轮复习的重点放在查漏补缺上，针对学生存在的突出问题进行补救。通过广一模的考试，我及时发现了学生的基础不牢固，作文在新鲜素材的积累、审题立意、文体规范、整个卷面的书写以及答题的速度等方面仍需要狠下功夫。在广二模前，我们每周进行一次大综合训练，同时保留专题训练、基础题的小滚动训练和部分专题组合的滚动训练等，做到及时发现漏洞就及时修补。

① 重点抓好基础题（主要涉及选择题）、默写。

前32分的基础题（或选择题）和默写需要反复进行滚动训练，让学生不断积累，并且要加以巩固。

② 加强现代文阅读的专题训练。

不断加强学生的文体意识和文本意识，加强学生的审题训练，加强学生作答规范的训练等。

③ 加强学生语言表达题的训练。

例如，最常见的，如压缩概括题、仿写、图文转换、根据情境进行表述等。

④ 强化作文的审题训练和议论性文体的规范训练。

一模后，重点进行了审题训练、速度训练等。从全面备考的角度，对新材料作文的各种类型等进行了系统的训练；引导学生关注社会，关注现实生活，培养学生正面思辨的能力。

（3）加大研究学生的力度，做了大量"培优辅临"的工作。

我们的学生和其他学校的学生学习情况不一定相同，我这个班的学生与其他班级的学生学习情况也不一定相同。要知道学生的得分点到底在哪里，就要抓住小测和大测进行认真分析。既要分析他们中哪些人语文是弱势科目，哪些人语文是强势科目；又要研究他们每一个人语文科哪些是必得的，哪些是要力争得到的，哪些是通过努力可以多得的。特别是那些尖子生和本科临界生。不同的学生，练习可适当有所不同。要力求让平时的训练符合高考这一"游戏规则"，真正做到有的放矢，使尖子学生能表现得更加突出，使临界生能真正向前迈进，使差生也能不断进步。

（4）掌握科学有效的复习技巧。

① 在后阶段的复习中，对复习内容、复习时间、测试的时间和次数进行

了科学有序的安排；对未复习完的专题在知识内容方面进行了系统的归纳、梳理；强化了各类题型审察与作答的技巧和方法；强化了在训练中与测试之后自我反馈、及时矫正；要不断进行心理的自我调适和答题的速度训练。总体上，体现了"六化"：

A. "序化"——即掌握了知识的主次、先后、纵横、上下等关系，使原有的知识形成一个很好的系列化结构组块，牢牢地储存在记忆的仓库中。

B. "类化"——就是将复习的知识采用类聚法归类，达到"一道题，一组题，一类题"的效果。

C. "细化"——就是将复习知识细分，做到全面、不遗漏。

D. "深化"——即合理适度地进行知识的纵向拓展，把握知识的来龙去脉，知其所以然。

E. "活化"——就是将知识应用到实践中，增强情境性，教师会精选鲜活的例题进行讲解，增强学生对知识的迁移运用能力。

F. "精化"——一是指复习内容要精，二是指善于梳理归纳知识，做到"纲举目张"，以便"厚积"能"薄发"。

② 尽可能多地用归纳法，少用演绎法。

③ 真正将课堂的时间还给学生。课堂不再以教师讲解为主，让学生自己根据自己的情况进行"点对点"的复习，教师重在个别辅导，做到"人盯人"。加大课堂训练的力度，让学生尽可能多地暴露自己的问题。

（5）考试评卷严格，评讲到位。

在后面的每一次小考中，我们对学生都从严要求。按高考要求操作，让学生进一步养成良好的习惯。例如，答题不规范、书写潦草、作文结构不完整、喜欢用蓝色圆珠笔作答等，该重扣的就重扣，该计零分的就按零分处理。评讲抓重点和难点，对重点和难点一定要讲深、讲透。

（6）广泛吸收外面的考试信息。

在认真解读新的考试大纲的前提下，设法与外面多交流，不断获取新的考试信息，努力查找复习当中还存在的漏洞，不断优化课堂，提高复习的效率。

（7）进一步加强与学生的沟通，让学生树立足够的信心。

利用课余时间，与学生多交流，要亲其师，才能信其道。通过广一模和广二模，深入分析学生暴露出来的问题，共同寻找解决的办法。通过横向比较，让学生们对自己树立足够的信心，不断鼓励学生，消除学生因考试而产生的不适应或恐惧心理，使其以饱满的学习热情投入到后面的复习当中去。

第三轮复习属于冲刺复习阶段，我在备考过程中重点注意到了以下几方面：

（1）回归课本。

无论高考题目怎么变化，最终还是落在"运用学过的知识灵活地分析和解决问题"这个点上。所以，我们必须重新整理课本中的零碎知识。

（2）看纠错本。

学生不能只是看已纠错的题目，而是要把纠错本中的错误按照语言基础题、现代文阅读、文言文知识与阅读、语言运用及作文审题等重新归类，把错误出现频率高的点作为训练的重点，有针对性地精选一些试题进行集中训练，以免同样的错误在高考中再现。

（3）重温部分考点的重要内容。

例如，在基础类和识记类内容的复习上落实了以下几个方面的工作：

① 重点关注多音字、形似字和同音字。

② 常见虚词，如"不管""尽管""即使""虽然""和""或""既""以""以及""除非""关于""对于""抑或""无论"等连词，特别重视对介词的把握。

③ 对于名句名篇，在复习时采用了连线复习、分块掌握的策略；重视名篇中的非名句背诵和检测。

④ 进一步熟悉文言实词、18个虚词和固定句式。

⑤ 强化了古诗词——重感情、抓意象的鉴赏特点，也强化了对"衬托""对比""直接抒情""情景交融""乐景写哀""以动写静""虚实结合"等常见写法的理解和把握。

（4）加强作文的个性化训练。

作文训练是语文教学的重中之重，一题60分，在语文试卷中所占的比重很大。学生在考场作文中该如何扬长避短，写出自己的个性呢？这就需要学生有意识地进行以下几方面的训练：

① 理思想和生活积累。把积累起来的材料按道德、亲情、成长等分类。

② 做一些用相同材料写不同类型文章的训练，要尽量写出自己的亮点。

③ 在高三这一年里，将时评阅读引入课堂，进一步激发学生的阅读兴趣，

培养学生的思辨能力。学生的作文要上档次，就必须在文章里体现出较强的思辨能力，对问题要有自己独到的思考和见解，文笔要有文采，这样才能赢得评卷教师的青睐。

④ 精选一些成功的范文。我们把最近几年高考的一些满分作文印发给学生，让学生从题材、内容、结构、语言等方面进行归类，利用早读或午读，反复读，不断优化自己的写作语言。

⑤ 重视审题能力的培养。审题非常重要，俗话说：一着不慎，满盘皆输。我们花了不少时间，进行了多次审题专项训练，题型覆盖近几年出现的各种新类型。

（5）做真题。

我们大量选做了近几年的高考仿真题，这样既可以让学生进一步明确高考题目命题的思路和方式，也可以检测学生对知识的掌握程度和在能力方面的欠缺。

（6）积极借鉴科学的备考策略。

我们及时印发了高考语文评卷组组长考前答38问，以及广州市高考备考冲刺阶段语文学科训练的部分材料，真正做到科学备考和全面备考。

（7）继续保持良好的考试状态。

在临近高考的时候，我们仍然要求学生每天要做适量的题目，保持手感，看和做交替使用，这样除了可以保持高考复习所需的训练量，还可以调节自己的生物钟，保证高考时所应有的良好的精神状态。

（二）教研工作方面

在教研工作方面我们加大了高考研究的力度。备课组每周2节进行集体备课，针对2015年高考的特点，高三教师集思广益，充分利用各种渠道收集来自广州市教育研究院和佛山市教研室的各种备考信息和资料，认真参考华师高考语文评卷组组长考前答38问。我们针对学生复习当中存在的重点问题或疑难问题，反复进行研讨，力求复习更加有效。例如，作文教学就重点突出材料作文的审题训练、立意训练、拟题训练、构思布局、析事明理、思维训练等。

四、反思与建议

1. 我校高考语文单科没有130分以上的，是非常遗憾的事情

不及格的人数偏多，有126人。尽管狠抓了多层次学生语文素养的提高，

但效果不理想。究其根源是学生对语文学习的认识不足，学习方法不科学。此外，学生的阅读量不足，阅读面还不太广。分析理解能力、归纳概括能力、应变能力、思辨能力等有所欠缺，下届的高三教学对这些问题必须加以高度重视。

2. 应当消除学科歧视现象

学校和学生对数学和综合科的重视程度与以前相比不可同日而语，客观上对语文这样的软性学科造成了巨大的冲击，学生也觉得语文学不学都差不多。例如，学校分配给语文的时间是一周3个早读，由于学生早上6：30开始综合科的学习，到7：00后有所疲惫；晚修一直是第3节与英语共用，所以作业时间每天在25分钟左右，但数次教学调查都表明，大部分班级语文作业的时间都被挤压到只有20分钟左右，有的甚至更少，学生要把其他作业完成，才考虑语文作业。语文是个需要积累的学科，而知识的积累是一个循序渐进的过程，现在学生的自主学习时间越来越少，对语文学习的伤害最大，长此以往，我们在高考中语文的优势将很难保持。这一点，亟待学校统一部署，尽快解决。

课题研究

第五章

中学德育教育与素质教育关系的研究

——广东省教育科研"九五"规划重点课题"中小学素质 教育操作性策略研究"二级子课题

德育教育从广义的角度来说，指的是对学生进行的思想、政治和道德品质的教育；从狭义的角度来说，专指道德品质教育。思想、道德作为调整人们行为的准则和规范，无论是对社会，还是对社会生活中的每一个人，都有着十分重要的作用。人的良好思想道德素质的形成不是完全自觉的，而是在社会生活和学校教育的影响下形成的。因此，在中学阶段，必须重视开展对学生的政治、思想和道德品质教育。那么，这样是否有悖于今天大力提倡的素质教育呢？它们之间到底是一种什么样的关系？下面谈几点看法。

一、素质教育中包含了中学德育教育

素质教育，是20世纪80年代中提出的一种新的教育思想，90年代才得到全社会的认同，是强调全面实施的一项宏大的人才工程，它体现了90年代中国教育和世界教育的新目标和新观念。它也是21世纪我国社会主义现代化建设对中小学教育发展的战略要求。素质教育应当"是以面向全体学生，全面提高学生的基本素质为根本宗旨，以注重开发教育者的潜能，促进受教育者全面、生动活泼地发展为基本特征的教育"。它包括了思想道德素质、文化素质、审美素质及个性心理素质等方面的教育。而在具体实施政治思想、道德素质教育的过程中，除了要注重政治思想道德知识的掌握外，更重要的是要指导学生树立正确的思想、人生观和价值观，努力实践道德行为，同时在激发学生的道德情感和道德意志上狠下功夫，使其政治思想、道德品质日趋形成、完善和巩固，并成为平日的素养、一贯的表现，纳入人的素质构成的有机整体，这就是之所以要在中学素质教育阶段进行并强调德育教育的目的和关键所在。

二、中学德育教育是素质教育整体结构中的灵魂

《中共中央关于进一步加强和改进学校德育工作的若干意见》明确指出："现在和今后一二十年学校培养出来的学生，他们的思想道德和科学文化素质如何，直接关系到21世纪中国的面貌，关系到我国社会主义现代化建设战略目标能否实现，关系到能否坚持党的基本路线一百年不动摇。必须站在历史的高度，以战略的眼光来认识新时期学校德育工作的重要性。"因此，中学德育教育在整个素质教育过程中处于极其重要的地位。而要进行德育教育，首先要确定阶段性的德育目标，并使之具有层递性。

1. 爱国主义教育是政治思想教育的一个重要组成部分

爱国主义历来是动员和鼓舞中国人民团结奋斗的一面旗帜，是推动我国社会前进的巨大力量，是各族人民的共同精神支柱。爱国主义是维护民族独立、生存和发展，推动祖国发展的必不可少的高尚品德，爱国主义的情感，是人类最崇高的感情。如果一个人不爱自己的国家，那还谈什么报效祖国？因此，加强对中学生的爱国主义教育，培养他们对祖国的深厚感情，对祖国的无限忠诚和献身精神是非常重要的。培养学生爱国的道德素质，必须以邓小平同志建设中国特色社会主义的理论和党的基本路线为指导，必须有利于促进改革开放，必须有利于维护国家和民族的声誉、尊严、团结和利益，必须有利于促进祖国统一的大业。在这一基本指导思想的指引下，根据中学生不同年龄阶段的特征再确定不同层次水平的爱国主义教育目标。

2. 诚实谦逊、勤劳勇敢是一个人成才必备的素质

新时期培养学生诚实谦逊的品德，特别需要走出老实人吃亏、谦虚是自卑、市场经济需要有开创精神而不要老实精神、需要善于表现自我而不需要谦逊品德的误区。要紧密结合学生的学习和生活实际，循序渐进，增强其辨别能力。要通过介绍传统美德故事及一些当代楷模的事迹激发学生的正义感，培养学生不怕邪恶、见义勇为的精神。这些，无论是对学生的成长发展，还是对他们以后走向社会立身处世，都是十分必要的。

3. 乐学敬业、修身养性是素质提高的有力保证

知识经济时代同样要求每个从业人员必须具有爱岗敬业的品德，这也是社会主义国家对每个从业人员最起码的要求，同时也是从业人员在工作中充分发挥自己的才智，做出成绩的先决条件。而每个学生最终都将走上各种岗位，因此，教育他们克服职业偏见，树立正确的择业观，培养事业心、责任感、使命感和主人翁态度等敬业品德是非常必要的。中学教育阶段，同样需要从培养学生的乐学品质开始。因为一方面学习是学生的本职，是成才的前提；另一方面，知识迅猛更替的时代需要人们干到老，学到老。再者，也只有拥有勤奋好学的精神，努力钻研业务，才能为干好本职工作奠定扎实的基础。有德有才，才能真正成为国家的栋梁。

此外，还要有计划地加强对学生的辩证唯物主义和历史唯物主义的教育，对他们进行共产主义品质和文明行为的教育，培养他们的民主意识和组织观念，使他们正确处理个人与国家、社会、集体、他人的关系，坚持实事求是的科学态度，从而塑造他们遵纪守法，尊敬师长，互相合作，勇于改过的完美人格。

三、忽视中学德育教育，就难以真正落实素质教育

长期以来，我国中学教育在"应试教育"的轨道上运转，从教育内容、教育方法以及各种竞争机制、政策导向上看，绝大多数都是为了升学，而升学主要以分数的高低来衡量，因而严重忽视了对学生思想政治及道德素质的教育，直接影响了中学生的身心健康。

中学德育教育是青少年个体发展的主导因素，它对智力素质和身心素质等方面的发展有着重要的动力和保证作用。

我曾带过一个从高二接手的班级，知识基础较差，经过仔细的调查、分析、研究，我发现学生本身的智力素质较好，但思想状况有些落差，无动力，竞争意识不强，生活懒散，课堂积极性差，自习课纪律不好，学习效率低。针对这些情况，作为班主任，我找了一些学习基础中上、思想意识较好、在同学中又有一定影响力的学生，就社会、家庭、未来等方面一起探讨人生的真谛，激起他们的竞争意识、责任心和危机感，投入到树立短期与长期目标，并成为他们学习的动力。他们的好转又带动了大批学生紧张学习中，从而使班级的学

习风气大有好转。对一些无改变的学生与其促膝谈心，触动其能激起学习兴趣、学习动力的神经，使之随着班级整体实力的上升而上升，从而使班级成绩在年级稳居第一。

综上所述，在中学教育过程中，只有通过对学生进行思想政治及道德品质的教育，才能使学生的能力加强，互相约束，互相监督，自我管理，心胸开阔，乐于助人，团结友爱，树立坚定的信心和目标，从而将全部的精力投入到紧张的学习生活中去，也只有这样，学生的综合素质才能真正得到提高。

关于"高中语文高效阅读训练"的研究报告

"高中语文高效阅读训练"（以下简称"训练"）是从审视高中语文教育的现状，从提高高中语文阅读教学的效率，培养学生的语文素质的角度提出来的。该课题于2003年9月成立课题组，并向学校申报，2003年11月进入实验阶段，该阶段到2004年底结束。在短短的一年里，我们对课题的方案进行了反复认真的研究，进行了具体的实施，在全校高中各年级共49个班中进行实验，取得了较好的成效。以下仅就这一年来的有关情况做一些总结。

一、理论依据

（一）系统论原理

"训练"根据系统论原理，以高中阶段教材中几种不同体裁的文章并结合高考重点考查的有关文体（文言文、戏剧和实用类文体除外）作为子系统，又把它们"结合"起来，作为一个整体来看待，按文体归纳出了30个"点"，再把每一个点放在一定的序列之中形成系统，从整体上把握，循序训练达成目标。

（二）优化原理

1."点"与教材的优化组合

"训练"紧扣并以"点"去统摄教材。"统摄"就是抽取教材与"点"共同或相近的因素进行优化组合。这可以说是对新教材实施新课标的一种大胆的尝试。

2. 主导与主体的优化组合

高效阅读训练重在"训练"，"训"是指教师的"导"，"练"是指学生的"学"（能快速筛选、归类、判断、推理和整合，能较为完整准确地复述文章的内容等），先训后练，练而训之，边训边练，将主导与主体紧密相连，从而实现教学过程的优化。

二、内容与目标

高效阅读训练主要面向高中学生。它虽也探讨阅读的一些理论，但更着眼于具体解决高效阅读训练的操作问题。它是强调实践性（靠学生自己读）、适应性（因人而异、适应高考的需要）、可操作性的应用型训练。它不是单纯地研究阅读教学理论来提高阅读能力，而是把阅读与能力的提高作为一个研究对象，根据教学大纲和教材，紧扣考试大纲，分古诗词、中国现当代诗歌、散文、科技小品和社科类文章五个大的部分，按30个知识点，以读带练，用练促读，分年级、分阶段进行系列训练，为有效培养学生的语文素质，尽快提高语文教学质量创造一定的条件。

三、主要特点

（一）具体性

高效阅读训练重"实"避"虚"，它不是抽象的，而应当是具体的。"读"可体现在某些具体的方面，如读了《胡同文化》这个标题后，就要分析，什么是胡同文化？课文中有没有解释胡同文化的句子？自己在阅读时，有没有注意到这一解释？北京的胡同文化有什么特色？要把读懂题目当作理解文章的一把钥匙。

（二）序列性

"训练"从整体出发，把"训练"的30个知识点放在一个系列中，构成序列，使之结构化、层次化。"训练"共列出30个知识点，也可以说是30个阅读的训练目标。每个训练目标又由"课内阅读指导""阅读示例简析""检测与反馈""选择性评讲"构成训练系统，以训练的知识点为小目标，以过去的高考试题或某些课文为例子，以训练为途径，以提高阅读能力为大目标，以提高高中语文阅读教学的质量和学生的语文素质为归宿。训练时能从整体上把握序列，明确各个"点"属于序列中的哪个部分，它与前后内容的联系，并按一个一个的"点"循序渐进地进行系列训练，使之前后连贯，由点到线，由少到多，由小到大，最后达成总目标。由上述的目标系统和训练系统所构成的系列训练，体现了序列性，这是"训练"的又一特点。

附：

总目标：提高高中语文阅读教学的质量，提高学生的语文素质

大目标：提高阅读古诗词、中国现当代诗歌、散文、科技小品、社会科学类文章的能力。

小目标：（共30个）

（一）阅读古诗词

1.会读题目。

2.把握形象（意象）：人物形象（包括英雄、名流、亲属、朋友等）、自然形象（包括山川草木、花鸟虫鱼等）、诗人自我形象（往往与写景结合在一起）。

3.领会意境。

4.了解鉴赏常用的词语。

5.品味语言。

6.欣赏表达技巧：主要欣赏表达方式、修辞、写作手法等。

（二）阅读中国现当代诗歌

1.读懂题目。

2.把握旨趣，领会情感美。

3.展开想象，感受形象美。

4.物意契合，赏析意境美。

5.咀嚼涵咏，品味语言美。

6.解析透视，品评章法美。

（三）阅读小说、散文

1.理清题意。

2.会鉴赏小说的人物、情节和环境，会鉴赏散文的意境。

3.会鉴赏小说、散文的语言（抓住关键词语和句子品味）。

4.学会鉴赏小说、散文的艺术构思（①大处着眼，整体把握；②根据文体特点，抓住鉴赏的切入点）。

5.学会鉴赏小说、散文的表现技巧。

（四）阅读科技小品

1. 领会题目。

2. 了解说明对象。

3. 把握特征。

4. 弄清顺序。

5. 准确把握词语的含义。

A. 关联词

B. 副词

C. 否定词

D. 表示相反的词语

E. 比喻词

6. 准确理解长句。

（五）阅读社科类文章

1. 明晰题目。

2. 明确论题。

3. 把握论点。

4. 找出论据。

5. 了解论证方法。

6. 理清思路。

7. 品味严密的语言。

（三）灵活性

阅读能力的提高需要长时间的培养，并要反复用心去感悟，就"训练"而言，完整的一轮实验应当用三年的时间，所以，在高中三年里，结合目前的高中语文新教材，高一重在阅读古诗词及中国现当代诗歌，高二重在阅读散文，高三重在阅读科技小品及社科类文章。也可以在高三这一年中集中进行训练。除此之外，考虑到与教材的一致，也可以适当安排"训练"中的某些"点"来与之配合。

（四）操作性

"训练"重在"实"。它不仅在宏观上提出了训练的原则、内容、目标、序列和思路，而且在微观上也提出了具体目标、步骤、方法、载体及课堂教学的参考模式：

（1）对前期"训练"的情况做了研究、归纳、提升等，撰写了《古诗词鉴赏与备考探微》等一系列论文。按文体共拟出了30个阅读训练点（训练的目标内容），提出了"训练"实施的要求，提供了"训练"的载体——阅读资料和训练题。

（2）在"训练"的过程中，不断提炼，不断总结出了导—析（评）—练—结—测的基本步骤。其中，后一步要以前一步作为基础。第一步是"导"，就是给点子，讲道理。学生初步掌握一些阅读的技巧。第二步是"析"，就是结合课文或一些典型的例题，进行分析评讲。第三步是"练"，就是要求学生用所掌握的"钥匙"去阅读文章（或文段，具体方法见"四"）或做相应的练习，并不是单纯意义上的只做练习题。第四步是"结"，就是针对这一个"训练"点，进一步进行归纳总结，使之更加系统化。第五步是"测"，就是对学生进行该"训练"点的检测，以便及时进行查漏补缺。目前实验阶段已告一段落，需要认真总结。但与"训练"有关的工作还有待于进一步探索。

（3）从基本步骤中，总结出了"点（明确"训练"的知识点）—例（课文或其他典型文段）—导（讲点子，指路子）—学（让学生明道理、知方法）—用（析例子，做练习）"相结合等训练方法。

（4）还总结出了阅读训练的课堂教学模式"，如"导—读—评""读—评—练""评—练—结"等。按一定的目标、原则、步骤、方法、模式进行训练，使得"训练"实实在在，便于操作。

四、阅读训练的具体方法

要取得良好的阅读效果，方法可以是多种多样的。这里主要推广的是华南师范大学陈佳民教授的经验。

1. 诵读法

最新的研究资料表明，诵读法自公元前124年开始至公元713年，总计837年的历史，可以说是中国的主流阅读方法之一。运用这种方法，不强调对文本进行深层的理解。但它既能快速培养学生的语感，又能提高学生的语言表达能力。

2. 熟读法

研究资料表明，熟读法是中国历史上宋、元、明、清（公元960—1903年，共943年）时期的主要阅读方法。它强调对文本的理解，是世上最刻意追求原意的阅读法。有苏轼的名言为证："旧书不厌百回读，熟读深思子自知。"

3. 分析法

分析法是20世纪最主要的阅读方法，也是现行分析课文的最基本、最常用的方法。从总的角度来看是整体把握，局部品味；从小的方面来看，应当抓住题目、句意、句间关系、段意、段间关系、概括文意等。具体的分析方法诸如结构分析法、因素分析法（对题材、主题、结构、语言、写作技巧等的分析）、思想分析法、审美分析法、文体分析法等。这种方法强调的是对文本作全面、深刻的理解。

4. 信息法

信息法源于20世纪40年代有人提出的信息论［信息论的创始人是美贝尔电话研究所的数学家香农，他为解决通信技术中的信息编码问题，把发射信息和接收信息作为一个整体的通讯过程来研究，提出通讯系统的一般模型；同时建立了信息量的统计公式，奠定了信息论的理论基础。1948年香农发表的《通讯的数学理论》一文，成为信息论诞生的标志］将这种理论运用到语文阅读教学中，强调读得快、读得多，不求全面理解，一般要求用最少的时间，通过筛选主要信息来获取尽可能多和最有用的信息，如通过目录、标题、序言的快速阅读，通过重点、关键词句的快速浏览阅读，选择性的快速浏览阅读等。

5. 解释法

20世纪80年代后，解释法在中国得到了许多人的认同。它有两个突出的特点：①文本的原意，应该是作者和读者共创的，不是作者个人的；②正确的读者可以不止一个，强调后来的人可以超越前面的人，强调阅读的创造性。

五、实验过程

（略）

中学语文教学艺术研究实验

——"文学作品的教学设计艺术"实验总结报告

本课题2006年2月申报，同年3月被正式批准立项（批复号：062013），到2008年7月止，历时两年半的一轮实验已全部结束。现将该实验总结如下。

一、实验课题简介

"文学作品的教学设计艺术"这一实验课题是被中国教育学会中学语文教学专业委员会批准立项的中学语文教学艺术实验课题，由本人独自承担。2006年3月—8月为准备阶段，2006年9月—2008年6月为实验阶段，2008年7月—2008年9月为总结阶段。整个实验主要从文体的角度对中学阶段尤其是高中阶段的小说、诗歌（或诗词）、散文和戏剧的教学做了认真、深入的分析、研究，并在高一和高二进行了具体的实验。

二、理论指导

著名语文教育家吕叔湘先生在中学语文教学研究会第四次年会上指出："语文教学既是一门科学，也是一种艺术。"他认为："把教学法运用得很好，取得很理想的效果，需要有很好的技巧，也就是要掌握教学的艺术。"长期战斗在语文教育第一线的我，自然明白其中的道理。

对"文学作品的教学设计艺术"的研究是建立在对阅读教学或文体教学个性更准确地把握，对阅读教学或文体教学功能更深刻的认识，对阅读教学艺术或文体教学艺术实践经验更科学的总结的基础上的，并以杨九俊先生的《语文教学艺术论》、韦志成先生的《语文教育原理》等作为理论指导。因为，熟练运用阅读教学（或文体教学）方法并达到艺术境界应具备如下四个特征。

（一）审美特征

杨九俊先生认为，可以从教师多重角色的身份变化与教学美具体内容的对应关系来观照阅读教学（或文体教学）艺术的审美特征。

1. 教师：审美主体——教学美：教学内容的美

翻开语文课本，催人奋发的社会美、赏心悦目的自然美、启迪才智的科学美、匠心独运的艺术美，令人如行走在山道上，目不暇接，美不胜收。众所周知，在教学过程中教师的教授活动规定、制约、左右着学生的学习活动，其审美能力也必然制约着学生的审美质量。如果教师尚未识透教学内容的美，并产生较为深刻的审美感受，却要学生深入宝山，寻幽探胜，不仅不可能满载而归，或许还会因无人问津以致空手而返。当然，还应该注意的是，教师作为审美主体时，他的审美对象不仅仅是课文，还有相关的课外阅读、语文活动以至一些社会实践，都包含了教学内容美；作为教学对象的学生，在教师的审美视野中，也应该是审美的客体。

2. 教师：审美客体——教学美：教学劳动形态的美

罗伯特·特拉弗斯曾说："教学是一种独具特色的表演艺术，它区别于其他任何表演艺术，这是由教师与那些观看表演的人的关系所决定的。"（《教师——艺术表演家》）作为一个表演家，教师就演变为学生的审美客体。这种审美客体的特殊性就在于他不仅是学生的审美对象，而且具有很强的教育性和示范性。这就要求教师特别注意劳动形态的美。这种美从内蕴的角度说，应包括较好的道德品质、知识修养、能力结构和心理品质等；从外在的角度说，则包括语言美、体态美等。

3. 教师：审美中介——教学美：教学技巧的美

教是为了学。因此，在文学作品的教学过程中，关键并不在于教师自己有所知，而在于引导学生从不知到知，从已知到新知；不在于教师自己有所感，而在于引导学生能够感知、感受、感动，渐入审美佳境。这样，在审美化的教学过程中，教师就必须充当审美中介，从美学意义上来注意教学技巧的运用。

教学美中的技巧之美，涉及教学审美化实践的各个方面，其共性的要求主要是三点：

（1）教学技巧的合适美。

（2）教学技巧的娴熟美。

（3）教学技巧的人格美。

（二）情感特征

审美化这一教学艺术的内核，决定了教学艺术的情感性特征。恰如蔡元培先生所说："美育者，应用美学之理论于教育，以陶冶感情为目的者也。"文章不是无情物，师生俱为有情人。在这方面，语文学科具有得天独厚的优势。

在语文教学中，情感培育的基本途径是情感体验。与一般的文学欣赏不同的是：语文教学过程中主要的读者——学生产生审美共鸣，离不开教师这一中介因素。因此，教师首先要充当好审美主体，深刻体会作者和课文中人物的思想感情，以使自己在与作者和课文中人物形成情感的感应交流的基础上，去有效地激发学生的思想感情。

当然，要将学生引向情感体验的高潮，仅仅是自己"动情"还是不够的，教师的中介作用还在于通过一定的教学技巧把学生引入课文特定的情境，与那里人物的情感波涛形成冲撞对流。要做到这一点，教师就应在教学过程中，注意学生情感的激发和定向、强化和深化。有时可以通过一个个小高潮逐层铺垫，以求条条涓涓溪流汇聚成白浪滔滔的江河；有时甚至还筑起道道"堤坝"，来实施情感的蓄势和积累，以造出感情波涛涌动翻腾、奔泻直下的胜景。同时，在掀动波峰，开掘"堤坝"的那个关键时刻，又要有精心的设计，适时适势地奏出琴弦中最强烈的音符。

（三）创造特征

"创造是艺术的生命"，这一文学艺术特有范畴内的至理，对于文学作品教学艺术同样适用。不过，文学作品教学艺术的创造性有其独有的特征，它在形态上是新颖性和美感性的统一。新颖别致是教学艺术创造特征的鲜明标志，另外，教学艺术就是要让审美成为学生获取真理和发展智力的有效方式，它"天然"地应该具有美感。因而，可以说，任何教学艺术的创造都应当是美的创造，任何教学艺术创造性的外部形态都应当是新颖性和美感性的统一。这里的"美"包含形象美、情感美、科学美、智慧美。

（四）功能特征

文学作品的教学艺术之所以被当作衡量语文教师学识、能力以及教学品位的重要标志，之所以成为广大语文教师孜孜以求、奋力登攀的理想境界，根本的原因就在于它具有非同一般的功能。这种功能的特征，简而言之就是：在效果的实现上，文学作品教学艺术是手段和目的的统一。

1. 教学手段与教学目的的一致性

教学艺术在更多的场合，是作为教学手段存在的。由于它常常将学生引入乐学的境界，因而导致了功利色彩的淡化，但达到目的的功能实际上则被强化。具体说来，这种功能又有显性和隐性之分。

显性功能是指着眼于某一个教学任务而体现出来的直接的即时的功能。那些教艺娴熟的语文教师教学效益好，甚至能取得一般教师难以想象、不敢企盼的教学成绩，重要的原因就在于这些教师已经实现了教学的艺术化，并且实现了教学手段与教学目的的高度一致，步入语文教学的自由王国了。

但是，教学艺术并不仅仅具有显性功能，它还可能在教师未必完全意识、学生完全不能意识的情况下发挥教育效益，这就是教学艺术的隐性功能。这种功能主要来源于学生对教师形成印象过程中的"晕轮效应"（所谓晕轮效应，是指学生对教师某一方面品质做出或好或坏的判断之后，往往随之对其他方面的品质形成或肯定或否定的判断）。同时，这种效应所引起的对一个人的整体态度，还会连带影响到跟这个人有关的具体事物，即所谓"爱屋及乌"。教学艺术使教师作为一个审美客体出现在学生的审美视野里，教学活动中美的创造也包括教师自我形象的塑造，他深邃的思想、渊博的学识、睿智的谈吐、真诚的抚爱、启迪心智的提示、恰到好处的点拨、激情如火的鼓动、行止自如的调控，使学生处于如坐春风、低首心折的学习情境中，自然而然地生成对教师的崇敬感，进而造成"晕轮效应"，转化为对语文学习的兴趣和热情。尽管师生都不会把这种效应与教学效果挂起钩来，但"晕轮效应"形成的推动力往往可以使学生的成绩得到稳步的提高，使学生的情感得到健康的陶冶，恰如苏霍姆林斯基所说："任何一种教育现象，孩子在其中越少感觉到教育的意图，它的教育效果就越大。我们把这条规律看成是教育技巧的核心，是能够找到通向心灵之路的基础。"教学艺术的隐性功能完全是这一规律作用于教学过程的结果。

2. 教学手段与教学目的的一体化

教学艺术不仅是手段，而且也包含了目的，在某种程度上体现了教学手段与教学目的的一体化。这个特征在语文学科中表现得尤为明显。这是因为语文学科文道统一、言为情表，每一篇课文的教学都有着具体的情感目标，作为教学艺术的情感手段或多或少，或直接或间接地联系着课文的情感目标。

此外，从教育的整体目标看，教学艺术也同样体现着手段和目的的一体化。我们的教育目标，是要塑造完美的人格，而人格的心理结构不外乎认知结构、伦理结构和审美结构三种，智育、德育、美育与之形成对应关系。可见，塑造完美人格的中心环节是建构完善的审美心理结构，只有美育才能最有效地实现塑造完美人格的目标。从这个意义上看，教学设计艺术作为教学手段的内涵也就更加丰富、更为重要了。

三、实验目的

本实验的目的主要有以下几个：

（1）充分调动学生学语文的兴趣，让课堂真正成为学生获取知识、活跃思维的天堂，更好地提高课堂教学的质量。

（2）更好地培养学生阅读古今中外各类小说、戏剧作品（包括影视剧本）和鉴赏诗歌、散文作品的浓厚兴趣，让学生从中汲取思想、感情和艺术的营养，不断丰富学生的情感世界，使学生养成健康高尚的审美情趣，深化对历史、社会和人生的认识，提高文学修养。

（3）让学生更准确地理解作品的思想内涵以及作品所表现出来的价值判断和审美取向，能主动探索作品的丰富意蕴，能更好地领悟作品的艺术魅力，从而形成良好的文化心态。

（4）更好地培养学生能用历史眼光和现代观念审视古今中外作品的思想内容，并能做出恰当的评价。

（5）让学生学会从不同的角度和层面去解读作品，更好地获得新的阅读体验。

（6）初步培养学生进行比较研究或专题研究的能力。

（7）让学生尝试进行各种文学创作，尤其是小说、诗歌和散文。

四、实验意义

开展这项实验，是为了尝试让中学的文学教学能更多地担负起陶冶学生性情，帮助学生树立积极的生活态度和信念的责任。同时，这种教学艺术设计更有利于科学思维习惯和能力的培养，有利于教学工作的科学化，有利于理论与教

学实践的结合，有利于多媒体教学的开展，有利于教师自身综合素质的提高。

此外，通过实验，学生的学习积极性有了显著提高，阅读能力得到了很好的培养，参与意识明显增强，个性得到了最大的张扬，师生关系更趋和谐。

五、操作过程

2006年3月—6月，拟定课题实验的初步构想，并进行反复修改。2006年9月与高一新生坦诚交流，并公布自己的实验计划。从学生的兴趣入手，分别在高一、高二的四个学期中穿插"小说教学艺术实验""诗词教学艺术实验""散文教学艺术实验""戏剧（剧本）教学艺术实验"，边实践，边总结。在具体实施的过程当中，先初步征求学生的意见，然后修改自己的实验预案（或教学预案），课后再与学生交流，不断尝试新的教学方法，再在教案上写好教学反思，最后将课堂实践上升为理论。

在开展各种文体教学前，初步拟定了开展专题教学的各种模式（大致流程）。

1. 小说的教学

基础知识—感悟理解—鉴赏品味—主动探究。

2. 诗词的教学

（1）诵读指导—背景提示—字词品味（或文本解读）—思路分析—意象解读—景物描写—情感体味—意境探求—音韵感受—手法鉴赏—特色概述—全诗概说。

（2）比较赏析。

（3）风格评说。

在具体赏析诗词的时候，不刻意追求流程的完整，或多角度，或突出某一种，或将其中某几种有机地组合。

3. 散文的教学

（1）读—译。

（2）细读—品味—探究。

4. 剧本（戏剧文学）教学

角色朗读—剧情复述—活动表演—主题辩论—学写剧评。

六、取得的成绩与经验

在两年的实验当中，本人大胆探索，勇于实践。文学作品赏析课，既有师生的共同赏析探讨，也有学生的自读自析；既有面向全校的公开课，也有面向广东省普通高中教学水平评估省专家组的公开课，都赢得了大家的高度好评。同时，还探索出了不少文体教学的新方法，总结出了一套行之有效的教学模式。

通过对本课题的具体实验，本人所任班级学生在阅读能力、审美能力和写作能力等方面都明显高于全校同类班级的学生。在各类考试当中，所任班级的平均分、及格率和优秀率在全校16个班中都名列前茅。

本人就这一课题所撰写的研究报告（初稿）于2007年3月被中国教育学会中学语文教学专业委员会评定为"2007年全国中学语文优秀教育教学艺术成果一等奖"。

……

总之，风风雨雨两年多，本人切身感受到，一堂成功的文学作品赏析课，实在不亚于一次精美的艺术创作。语文课尤其是文学作品赏析课的感情色彩非常强烈，艺术因素也最为丰富。要让每一个学生都在每一堂课上真正有所收获，而且学得饶有兴趣，正如古人所说的"如坐春风，如沾化雨"，那么语文教师须得下一番苦功夫不可。也只有这样，我们才能真正迎来语文教学的春天。

顺德区教育科研"十二五"规划课题
立项课题开题报告

一、开题活动简况（开题时间、地点、评议专家、参与人员等）

2015年4月2日在杏坛中学会议室召开课题开题报告会。出席报告会的专家和领导有：顺德区教育发展研究中心的领导和专家、杏坛教育局教研室的领导、杏坛中学的领导、课题组全体成员等。

二、开题报告要点（题目、内容、方法、组织、进度、经费分配、预期成果等）

（一）课题研究提出的背景

《普通高中语文课程标准（实验）》明确指出："必须顺应时代的需要，调整课程目标和学习内容，变革学习方式和评价方式，构建具有时代性、基础性和选择性的高中语文课程。高中语文课程要充分发挥其促进学生发展的独特功能，使全体高中学生获得应该具备的语文素养，并为学生的不同发展倾向提供更大的学习空间。

"高中语文课程应遵循共同基础与多样选择相统一的原则，精选学习内容，变革学习方式，使全体学生都获得必需的语文素养；同时，必须顾及学生在原有基础、自我发展方向和学习需求等方面的差异，激发学生的兴趣和潜能，增强课程的选择性，为每一个学生创设更好的学习条件和更广阔的成长空间，促进学生特长和个性的发展。高中语文课程应该具有相对稳定的结构，并形成富有弹性的实施机制。

"教师既是与学生平等的对话者之一，又是课堂阅读活动的组织者、学生阅读的促进者。教师要为学生的阅读实践创设良好环境，提供有利条件，充分关注学生阅读态度的主动性、阅读需求的多样性、阅读心理的独特性，尊重学生个人的见解，应鼓励学生批判质疑，发表不同意见。"

新课改的基本价值取向定位在"为了每一个学生的发展，为了学生的全面发展"，认真学习课程标准，深刻反思传统的语文教学，并对传统的阅读教学模式进行大胆改革，全面推进新课改，全面实施素质教育，努力探究新课程背景下语文课堂阅读教学的新模式已经成为当务之急。

尽管教学方法是灵活多样的，教学样式也是丰富多彩的，但是教学一定是有规律可循的，只有不断突破旧的阅读教学框架，努力探索并构建新的阅读教学模式，才能将阅读教学改革不断引向深入。

（二）课题主要概念的界定及国内研究现状

1. 课题主要概念的界定

（1）"课堂"的内涵。

课堂是学生学习的场所，给学生提供了课内实践的机会，让学生在特定的情境中进行实践体验，使他们在活动中感悟道理，体验情感，反思自己的所为，规范行为。

（2）"阅读"的内涵。

阅读是由阅读者根据不同的目的加以调控、陶冶情操并提升自我修养的一种主动的过程。它是一种理解、领悟、吸收、鉴赏、评价和探究文章的思维过程。

（3）"教学"的内涵。

教学是指教师引起、维持或促进学生学习的所有行为，是教师的教和学生的学所组成的一种人类特有的人才培养活动。通过这种活动，教师有目的、有计划、有组织地引导学生积极自觉地学习和加速掌握文化科学基础知识和基本技能，促进学生多方面素质全面提高，使他们成为社会所需要的人。

教学也是一种教师与学生、学生与学生之间的交往活动。教学≠教师教+学生学

（4）"模式"的内涵。

模式是指在一定的思想或理论的指导下建立起来的较为稳定的活动结构框

架和活动程序。作为结构框架，模式突出了从宏观上把握活动整体及各要素之间的关系和功能；作为活动程序，模式则突出了有序性和可操作性。模式都有一套操作程序，便于把握和运用。每一种模式都有特定的指导思想、特定的教学目标、特定的进程、特定的适用范围，它不是一成不变的，而是随着条件的变化而发生相应的变化。

2. 国内外研究现状

（1）有效教学的相关理论。

有效教学理论的主要代表人物是（美）布卢姆（Benjamin S. Bloom）。1956年，他出版了《教育目标分类学·认知领域》，成为教育评价方面的第一本影响极大的著作。他坚信有效的教学始于准确地知道希望达到的目标是什么。布卢姆从20世纪60年代末开始，对改进教学过程与方法，发挥学生的学习主动性和学习能力，全面提高教学质量，进行了深入研究，提出了一套完整的"掌握学习"理论。这是他的有效教学理论的核心观点。

（2）建构主义教学理论。

建构主义理论的主要代表人物有皮亚杰（J. Piaget）、科恩伯格（O. Kernberg）等。建构主义理论的内容很丰富，但其核心只用一句话就可以概括：以学生为中心，强调学生对知识的主动探索、主动发现和对所学知识意义的主动建构（而不是像传统教学那样，只是把知识从教师头脑中传送到学生的笔记本上）。建构主义倡导读者是阅读的主体。在建构主义教学模式下，教师应该是教学环境的设计者，知识的管理者，学生学习的组织者、指导者和促进者，课程的开发者。建构主义强调学习过程应以学生为中心，注重互动的学习方式，师生是建构知识过程的合作者，从这些新的视角出发，开发新的阅读教学模式。

（3）加德纳的多元智力理论。

加德纳认为，人的智力是多元的，除言语、语言智力和逻辑、数理智力外还有其他6种智力，每个人都是具有多元智力的个体。其观念的核心在于认真地对待个别差异，教师在教学中对具有不同智力特点的学生采用不同的教学方式和要求，那么每个学生都可以得到最大限度的发展。

（4）系统整体性原理。

系统整体性原理指的是，系统是由若干要素组成的具有一定新功能的有机整体，各个作为系统子单元的要素一旦组成系统整体，就具有独立要素所不具有的性质和功能，形成了新的系统的质的规定性，从而表现出整体的性质和功能不等于各个要素的性质和功能的简单之和。

根据系统论原理，我们把高中阶段阅读教学涉及的几种主要文体作为子系统，细分出6个"点"，进行系统的研究和训练。它们有一个共同点：先从整体上把握，再各自循模式进行训练，以达成目标。

（5）优化原理。

优化原理就是按照特定的目标，在一定的限制条件下，以科学、技术和实践经验的综合成果为基础，对标准系统的构成因素及其关系进行选择、设计或调整，使之达到最理想的效果。

结合高中各年级学生的具体情况，针对不同文体实施某种模式教学，以便达到课堂阅读教学最优的教学效果。为此，需要就教学设计（导学案）的优化、教学过程的优化、教学互动行为的优化、教学方法的优化、思维训练的优化、创新能力的培养等进行探讨。

（三）课题研究的主要目标

通过对高中六种文体课堂阅读有效教学的模式进行研究，寻找能满足学生学习需要的较为理想的教学模式，使学生能真正自主阅读，让高中语文课堂阅读教学的质量得到有效提高。

（四）课题研究的主要内容

关于高中语文课堂阅读教学模式的研究主要包括：

（1）关于高中诗歌阅读教学模式的研究。

（2）关于高中小说阅读教学模式的研究。

（3）关于高中散文阅读教学模式的研究。

（4）关于高中戏剧阅读教学模式的研究。

（5）关于应用类文本中科技文阅读教学模式的研究。

（6）关于应用类文本中杂文（文化随笔）阅读教学模式的研究。

（五）课题研究的方法

本课题研究主要以行动研究法为主，辅之以文献研究法、逻辑归纳法等。

1. 行动研究法

根据现有学生的状况，我们在实际的教学工作中主要可以从以下几个方面入手：

（1）注重阅读兴趣的培养。

要在精心设计教学方案（或导学案）和阅读教学过程等环节多下功夫，设置悬念，让学生在"阅读—质疑—交流—感悟—探究"中获得新的阅读体验，感受人物美、环境美、语言美、情节美。"在阅读中，体味大自然和人生的多姿多彩，激发热爱生活、珍爱自然的感情；感受艺术和科学中的美，提升审美境界。""通过阅读和鉴赏，深化热爱祖国语文的感情，体会中华文化的博大精深、源远流长，陶冶性情，追求高尚情趣，提高道德修养。"

（2）进行情感教育，建立民主和谐的师生关系。

在阅读教学过程中进行情感教育最根本的途径是教师用爱心和真诚感人、育情，"情之感人往往超过理之化人"。教师应该善于将深厚的情感传递给每一个学生。

首先，要建立民主和谐的师生关系。其次，在课堂上，教师要以富有情感、生动形象的语言，点燃学生兴趣的火花，激起学生的学习热情，让学生感到教学内容生动有趣。再次，在课间教师要多和学生接触谈心（特别是那些有问题的学生），谈心的内容包括思想状况、学习状况、生活状况等。尤其是那些问题学生的生活状况，要使他们感受到老师是在真正关心他。

总之，要用真情去感染学生，激起学生以积极的情感投入到学习实践活动中去，为阅读教学的有效性打好情感基础。

（3）精心设计教学内容，为提高课堂阅读教学的效率提供有力保障。

集体备课是精心准备课堂教学方案的重要途径。①引领：由备课中心发言人在教研活动会上以"说课"的形式发言。教材、课标、教学目标、重难点、教学方法、教学过程、课件准备、习题精选、教学理论等都是说课可以涉及的内容。②合作：讨论发言人的内容。③交流：由个人代表或小组代表发言交流。④整合：由备课组长整合大家意见，小结备课情况。做好整个过程必要的发言记录。

（4）加强现代教学技术与阅读教学的整合，提高课堂阅读教学的有效性。

2. 文献研究法

采用文献检索手段，从有关书籍、报刊、文献中收集相关资料，借鉴他人的经验教训，结合本校实际找到新的生长点。避免重复和走弯路，为课题研究保驾护航。廓清理论，明确概念；掌握动态，探求新路。

3. 逻辑归纳法

在实践过程中总结、探讨本课题的一般教育理论与实践模式等。

4. 调查研究法

调查学生每天的阅读量以及学生的阅读习惯，为本课题实施提供依据。

5. 个案研究法

在研究中对不同阅读水平的学生做追踪调查，研究分析学生个性化阅读的实施变化。

6. 经验总结法

从活动中归纳提升学生个性化阅读的实施策略。

（六）课题研究的原则

1. 科学性原则

科学性原则是指选题要有事实依据和理论依据；要符合科学原理和客观现实；要符合人类认识问题和事物发展的基本规律。

2. 可行性原则

可行性原则是指从人力（主要是研究者是否具备最基本的知识和能力基础）、物力（是否能够获得必要的资源条件，如研究对象、资料收集渠道等）、财力、时间（收集资料的时间、撰写报告的时间、表达和交流的时间）等方面考虑，完成研究课题的可行性。

3. 新颖性原则

新颖性原则是指所确定的研究课题，最好是我们未知的或未做过的，如果周围的教师做过了且其研究成果和研究过程已被大家所熟悉，也就没有必要再去重复研究了；即使需要研究，也要转换问题角度进行。因为小范围内的重复不仅浪费时间，而且容易让人失去研究的兴趣。换言之，问题一旦上升为课题，至少对研究小组成员而言，应该是新颖的、有创意的。

4. 价值性原则

价值性原则是指课题研究本身所具有的价值。一般来说，研究价值包括理论价值和实践价值，这是研究所要达成的目标，也是研究的意义所在。课题研究应该重点突出实践价值，其基本要求是重结果更重过程。研究活动本身是一个实践探究的过程，只要教师和学生积极参与了这一过程，就会有一种实践的经历、体验与感悟，这本身也是教师和学生开展研究活动的一种价值所在。

5. 实用性原则

问题就是课题，当前，我校语文课堂阅读教学效率低的问题仍然表现突出，通过这一课题研究，可以找到一些解决问题的办法。

6. 个性化原则

在研究活动中，研究的主要个体是教师，研究的主要对象是学生。同时，教师和学生都是作为具有个性的全体呈现的，因而不可能真正有千篇一律的固定模式，所以，我们倡导个性的思考、个性的研究、个性的实践、个性的反思。

7. 合作性原则

合作性原则强调课题工作成员之间以合作的态度和方法，充分调动各个工作成员的积极性，并建立亲密的合作关系，齐心协力完成课题提出的各项任务。

8. 过程性原则

过程性原则通过观察、倾听、思索、发现和研讨，不断改进研究方法，在实践研究的过程中不断实验、总结，再实验、再总结，得出结论。在实践的过程中还必须考虑到可操作性，不然研究就脱离了教学工作的实际，研究也就不能奏效。

9. 反思性原则

研究不是目的，而是要通过研究提高实施教育教学的能力，有关阅读教学的问题也不是通过一次研究就可以解决的。反思时，不但要反思案例本身，还要反思研究过程，更要反思研究的结果。只有通过"研究—实践—反思—再研究—再实践—再反思"这一过程，才能使课题研究取得实质性的效果。

（七）课题研究的实施计划

1. 研究的思路

从总体来看，以高中语文教材中各类文体的阅读教学为依托，通过不断优化教学方案（导学案）和教学过程，探讨出适合我校学生的更为生动有趣的课堂阅读教学模式。整个课题研究大体上分为三个阶段：

第一阶段：准备阶段。主要是思想准备和相关资料准备。

第二阶段：实施阶段。主要是教师个体所进行的阅读教学实践，重点探讨哪一种模式的教学会更为有效。主要包括两部分：

第一部分：

（1）构建灵活新颖的教学方案（导学案）。

① 备深教材——尊重教材，源于教材，质疑教材，重组内容，超越教材。

② 备透学生——了解学生，分层要求（分组要求），尊重差异，据学而教，以学定教。

③ 备好教法和学法——活用教法，注重生本。

（2）建构丰富多彩的教学过程。

总体来说，学习过程必须体现"自主与合作共存"的原则。自主探究，合作交流，尽享愉悦。所有的活动都能围绕"有效教学"来展开，而不是只追求形式。

① 教学目标：层级化、任务化和问题化。

② 教学流程：目标定向—自主学习—讨论交流—教师点拨—拓展延伸—评价反馈。

③ 教师的主导性——应为学生提供各种学习的资源，提供促进学习的气氛，指导学生明白如何学习，组织学生进行有效学习；在课堂上努力构建与学生对话、沟通、合作的渠道；关注学生思考问题的深度与广度，关注学生探究意识兴趣与能力的培养

④ 学生的主体性——让学生自主阅读、深入思考、主动探究。积极参与丰富生动的思维活动，实践富有建构意义的阅读过程，努力培养独立阅读、个性化阅读与多种文本阅读的能力，真正走进作品，接触作者的灵魂。在探究活动中，勇于提出自己的见解，尊重他人的成果，逐步养成严谨、求实的学风。

第二部分：将各自的实践上升为经验和理论，整理出相应的文章或体会。要结合自己的研究重点构建出高中相应文体课堂阅读教学的模式。

第三阶段：总结评估阶段。主要是总结反思，并完成课题验收的各项工作。

2. 研究的方法及周期安排

（1）研究的方法主要有行动研究法、文献研究法、逻辑归纳法、调查研究法、个案研究法、经验总结法等。

（2）周期安排。

① 准备阶段（2012年12月--2014年7月）。

课题组设计《关于高中生语文课堂阅读状况的问卷调查》，进行抽样调

查，主要是想了解学生对语文学科的喜欢程度。学习相关理论；利用网络搜索积累各种与课题相关的理论素材，尽量寻找相关的书籍与杂志。

② 实施阶段（2014年9月—2015年12月）。

A. 整个过程都围绕语文阅读资源的开发及课堂阅读教学模式的主题进行，积累资料，严谨治学，勤做总结。

B. 通过课堂教学和语文学科常规管理的途径，重点进行语文阅读方法的指导、训练和阅读习惯的培养。尝试个性化阅读和整体阅读，提高学生的阅读速度，培养学生快速捕捉文章信息的能力和理解的能力。

C. 探讨适合我校学生的最有效的阅读教学模式，能重点构建高中文学作品课堂阅读教学的模式。

③ 总结评估阶段（2016年1月—2016年6月）。

对研究中的经验总结进行筛选，优化整合，形成较完备的理论框架，写出研究报告、研究论文、教学案例等。

（八）课题研究的预期成果

1. 形成以课例研究为载体的"学习共同体"

由多位教师执教，开设不同教材、不同模式研究课，提供生动的教学素材，让组内教师进行案例分析，探讨新课标理念下的语文课堂教学，形成深入探究教学的氛围。能在学校进行公开课展示活动。在学生与经典作品的交流过程中，能建立学生、教师、作品、作家间的新型对话模式：或是自主探究、鼓励发现，或是举三反一、碰撞思维，或是形象启发、倡导体悟，或是个性体验、呼唤多元。

2. 关于高中语文课堂阅读教学模式的研究报告

（1）核心内容是构建高中语文阅读教学的新模式。

① 构建高中语文课堂诗歌阅读教学的模式。

② 构建高中语文课堂小说阅读教学的模式。

③ 构建高中语文课堂散文阅读教学的模式。

④ 构建高中语文课堂戏剧阅读教学的模式。

⑤ 构建高中语文课堂应用类文本中科技文阅读教学的模式。

⑥ 构建高中语文课堂应用类文本中杂文（文化随笔）阅读教学的模式。

（2）教学案例。

（九）课题研究的人员分工

1. 课题研究人员

胡平贵、李海清、陈春林、陈志昌、向东燕五位老师。

2. 课题研究简要分工

胡平贵老师主要负责撰写申报书、高中语文课堂戏剧阅读教学模式的研究、形成详细的研究报告。

李海清老师主要负责收集和整理各项研究资料、高中语文课堂文言文阅读教学模式的研究。

陈春林老师主要负责高中语文课堂小说阅读教学模式的研究、高中语文课堂散文阅读教学模式的研究。

陈志昌老师主要负责高中语文课堂诗歌阅读教学模式的研究、高中语文课堂应用类文本中杂文（文化随笔）阅读教学模式的研究。

向东燕老师主要负责高中语文课堂应用类文本中科技文阅读教学模式的研究。

（十）课题研究的经费（表1）

表1　课题研究经费明细表

序号	经费开支科目	金额/元	序号	经费开支科目	金额/元
1	资料费	5000	5	咨询费	5000
2	调研差旅费	10000	6	印刷费	15000
3	小型会议费	5000	7	其他	5000
4	—	—	8	劳务费	15000
合计	60000元				
年度预算	2014年	2015年	2016年	201　年	201　年
	—	25000元	35000元	—	—

课题主持人签名：胡平贵

2015年3月23日

三、专家评议要点

1. 黄晓东老师

本报告书中有些地方的提法还不十分严谨，还需要斟酌。

2. 唐信焱主任

本报告书中有些概念的提法不太科学；预期成果应当明确，有哪些具体成果可以呈现。

3. 张俊洪教授

①课题研究的范围偏大，"教学模式"的探讨最好限定在"有效教学模式"的范围之内，使该课题所针对的问题更清晰；②不能说"课题的界定"，应当是"课题主要概念的界定"；③"研究的内容"要更加具体；④成果呈现时不要使用动词，最好采用"形成了……的'学习共同体'"的形式，并集中在"教学模式"的呈现上。

评议专家组签名：张俊洪、唐信焱、黄晓东

2015年4月14日

"高中语文课堂阅读教学模式的研究"结题报告

一、课题研究的背景

新课改是顺应时代的发展需要的，要求构建具有时代性、基础性和选择性的高中语文课程。要为学生的个性发展倾向提供更大的学习空间；高中语文课程应遵循共同基础与多样选择相统一的原则，要形成富有弹性的实施机制；教师既是与学生平等的对话者之一，又是课堂阅读活动的组织者、学生阅读的促进者。

二、课题研究的意义

（1）对高中语文课堂阅读教学模式进行研究，为深化阅读教学的研究提供实践基础和可资借鉴的经验，能丰富和发展阅读教学理念，有助于教师进一步更新教育观念，改革教育方法，有效指导学生自主学习，富于课堂活力，提高课堂教学效益。

（2）有利于充分发挥学生学习的自觉性、主动性、创造性，切实提高学生的自主创新学习能力，提供使学生身心和谐发展、素质全面提高的平台。

（3）与教师课堂阅读教学紧密结合，真正能解决教学实际问题。通过阅读教学模式的探究，推动教师回到研究的状态，促进教师形成反思意识，促进教师学科素质的提高，造就一支具有较高水平的教师队伍。教师参与到教育科研中，有助于以研促教，推动教师的专业成长。

三、课题研究的理论依据

1. 普通高中语文课程标准

新课标明确提出：高中语文课程应具有相对稳定的结构，学校应在课程标准的指导下，有选择地、创造性地实施课程，帮助教师提高水平、发展特长、开发课程资源，积极利用新技术、新手段促进学生语文素养在社会进步新形势下的发展与提升，建设开放、多样、有序的语文课程体系。

2. 建构主义教学理论

建构主义认为，教师不仅是教学环境的设计者和知识的管理者，而且是学生学习的组织者、指导者、促进者和课程的开发者。在学习的活动过程中，应当以学生为主体，要注重师生互动和生生互动。所以，我们要从这些新的视角出发，不断尝试采用新的教学方法，构建新的教学模式。

3. 加德纳的多元智力理论

加德纳认为，人的智力是多元的，除言语、语言智力和逻辑、数理智力外还有其他6种智力，每个人都是具有多元智力的个体。其观念的核心在于认真地对待个别差异，教师在教学中对具有不同智力特点的学生采用不同的教学方式和要求，让每个学生都能充分展现自己的学习个性，找到展示自我的机会。通过运用不同的模式进行教学，满足不同学生的学习和心理需求。

结合高中各年级学生的具体情况，针对不同文体采用某种模式进行教学，能更快达到课堂阅读教学最优的教学效果。为此，需要就教学方案（导学案）的优化、教学过程的优化、教学互动行为的优化、教学方法的优化、思维训练的优化、创新能力的培养等进行探讨。

四、课题研究目标

（1）在宏观上，完善具有鲜明特点的"四主六步"教学模式。

（2）在微观上，通过不断实践，构建出较为理想的高中七种文体的课堂阅读教学模式，使学生能真正自主阅读，让高中语文课堂阅读教学的质量得到有效提高。

五、课题研究主要内容

高中语文课堂阅读教学模式的研究主要包括：

（1）高中诗歌课堂阅读教学模式的研究。

（2）高中小说课堂阅读教学模式的研究。

（3）高中散文课堂阅读教学模式的研究。

（4）高中戏剧课堂阅读教学模式的研究。

（5）应用类文本中科技文课堂阅读教学模式的研究。

（6）应用类文本中杂文（文化随笔）课堂阅读教学模式的研究。

（7）高中文言文课堂阅读教学模式的研究。

六、课题研究方法

在研究的过程中，我们主要是采用了行动研究，辅之以文献研究法、逻辑归纳法等。

1. 行动研究法

行为的改变不是单纯地靠学术研究就能完成的，它往往是在对照新课程理念审视教学行为，边实践、边研究的过程中，逐渐发生、发展的。因此聚焦课堂，以课堂为载体的研究成为我们研究的主要方式。我们将采用课堂实践、活动讨论的形式开展活动，聚焦学生自主创新能力的现状，用现代的理念进行审视，提出培养中学阅读教学有效数学的策略。通过采取行动研究法，更新教师的教学思想，研究课堂教学评价新标准，培养学生良好的阅读习惯，提高学生的个性阅读能力。

（1）要重视审美体验。

在精心设计教学方案（或导学案）和阅读教学过程等环节上下了很多功夫，要努力让学生在"目标定向—自主学习—组内交流—组间交流—教师点拨—拓展延伸"中获得一定的审美体验。

（2）进行情感教育，建立民主和谐的师生关系。

首先，建立民主和谐的师生关系。其次，在教学过程中，教师以富有情感、生动形象的语言，点燃学生的学习激情。再次，在课间，教师多和学生接触谈心（特别是那些有问题的学生），使他们感受到老师是在真正关心他。

（3）积极探索有效教学模式。

核心理念是要体现新课改的精神。

①引领：在备课组活动时，可由主持人（或备课组长）以"说课"的形式发言。说课内容可大致设定为说教材、说单元、说教学目标、说教学重难点、说教法、说教学过程、说板书等。

②合作：备课组成员集体讨论备课组长的发言。

③ 交流：由备课组中一位教师作为代表发言，进行交流。

④ 整合：由主持人（或备课组长）整合大家的意见，小结集体备课情况。

（4）加强现代信息技术与阅读教学的整合，提高课堂阅读教学的有效性和趣味性。

2. 文献研究法

（同前）

3. 逻辑归纳法

（同前"开题报告"中相关内容）

七、课题研究主要过程

（参见前面"开题报告"中相关内容）

在课题研究实施的过程中，我们将课题分为多个子课题，由课题组成员独立承担研究任务，遇到问题集体协商。虽然是分工负责，但是我们交叉上研讨课。具体安排如下（表1）：

表1　具体安排明细表

课题组人员	所承担的任务
胡平贵（主持人）	撰写申报书和结题报告、高中语文课堂戏剧阅读教学模式的研究、收齐和整理各项研究资料、形成详细的研究报告
陈春林	高中语文课堂小说阅读教学模式的研究、高中语文课堂应用类文本中杂文（文化随笔）阅读教学模式的研究
李海清	收齐和整理各项研究资料、高中语文课堂文言文阅读教学模式的研究
陈志昌	高中语文课堂诗歌阅读教学模式的研究、高中语文课堂散文阅读教学模式的研究
向东燕	高中语文课堂应用类文本中科技文阅读教学模式的研究

八、课题研究主要成果

（一）形成了"高中语文课堂阅读教学模式的研究"的研究报告

（另见）

（二）构建出了具有鲜明特点的高中语文阅读教学的"四主六步"教学模式

我们在宏观上构建出了具有鲜明特点的"四主六步"教学模式。

"四主"：以学生为主体、以教师为主导、以思维为主线、以能力为主攻。

"六步"：目标定向—自主学习—组内交流—组间交流—教师点拨—拓展延伸。

（三）在微观上构建出了高中语文课堂阅读教学模式

1. 高中语文课堂诗歌（词）阅读教学模式

自读品味—走近诗人（词人）—解读意象—分析意境—把握情感—探究主题—鉴赏迁移。

2. 高中语文课堂小说阅读教学模式

自读课文—概述情节—理清脉络（情节）—分析人物—品读语言（鉴赏技巧）—探究主题—升华阅读。

3. 高中语文课堂散文阅读教学模式

自读课文—重点点拨（意境、关系、语言、主题等）—专题研读（课后）。

【注意：抒情散文——情与景的关系；记叙散文——事与旨的关系；说理散文——言与理的关系。】

4. 高中语文课堂戏剧阅读教学模式

了解常识—朗诵（或表演）片段（精彩）—解读作品—把握特色—比较研究（或专题研究）。

5. 高中语文课堂应用类文本中科技文阅读教学模式

解读文本—筛选信息—概括要点—分析结构—把握观点—引入拓展。

【筛选信息主要是指筛选关键句，关键句往往是指指示语、情态语、主旨句、过渡句、总起句、总结句以及反复出现的一些句子等。】

6. 高中语文课堂应用类文本中杂文（文化随笔）阅读教学模式

整体阅读（着重对重点词语和句子的理解）—思考质疑—启蒙思想（指导学生看到文章中对未来充满光明、希望的部分）—提升能力（培养学生具有看问题的角度、分析社会现象的能力和勇气）。

7. 高中文言文阅读教学模式

初步感知（借助工具书和注释自读文章，自扫障碍）—常识了解—教师点拨（精讲词句）—自行梳理（梳理常用字、词及句式的意义、用法）—流畅诵读—了解特征（了解文体的基本特征）—把握手法（把握文章主要运用的表现手法）—理性评价。

总的原则：在保证全体学生达到共同的基本目标的前提下，我们开展每一种文体的教学都充分关注到了学生在语文学习中面临的选择，努力满足其学习要求，支持其特长和个性的发展；积极倡导自主、合作、探究的学习方式，让学生能真正自主学习，努力追求把语文知识教学融合在语文学习的活动之中。

我们认为：这样的教学模式既能体现新课程理念，也能让学生更好地应对高考的检测要求。

（四）积累了一些相关的教学案例，出版了专著，发表了一批论文（表2~表5）

表2　课题组成员部分科研成果（一）

序号	时间	题目	等次	主管单位等	备注（发表刊物）
1	2018.7	高中语文教育教学探秘	—	东北师范大学出版社	ISBN978-7-5681-4742-2
2	2014.4	关于高中语文阅读教学时空领域扩展原因的探究	全国一等奖	民进中央教育委员会、叶圣陶研究会等	第21届中华圣陶杯全国中青年教师论文大赛
	2014.6	关于高中语文阅读教学时空领域扩展原因的探究	全国首批中文核心期刊	华南师范大学	《语文月刊》（2014年第6期，总第409期）（CN44-1143/H）
3	2014.11	寻找高中作文教学的突破口	省级三等奖	广东省教育技术中心	第5届"中国移动校讯通杯"全国中小学教师论文大赛广东省赛
	2015.4		全国二等奖	民进中央教育委员会、叶圣陶研究会等	第22届中华圣陶杯全国中青年教师论文大赛
4	2016.4	关于信息技术与语文教学深层融合的思考	全国中文核心期刊	中华人民共和国教育部	《语文教学与研究》（教研天地）（2016年4月上旬刊，总第831期）（CN42-1016/G4）

续　表

序号	时间	题目	等次	主管单位等	备注（发表刊物）
4	2016.6	现代信息技术能更好地优化语文课堂教学——关于信息技术与语文教学的深层融合	全国中文核心期刊	华南师范大学	《语文月刊》（2016年第6期）（CN44-1143/H）
5	2016.10	关于高中学生自我监控能力的培养	华北优秀期刊	山西省教育厅	《中学课程辅导》（2016年第18期，总151期）（CN14-1307/G4）
6	2018.8	两把两重——教学关系变革的着力点	中国核心学术期刊、全国综合教育核心期刊	中央教育科学研究所、教育部教育发展研究中心、教育部基础教育课程教材发展中心等联合主办	《中国校外教育》（CN11-3173/G4）

注：以上为胡平贵老师的成果。

表3　课题组成员部分科研成果（二）

序号	发表时间	题目	主管单位等	发表刊物
1	2015.10	建立机制储备人才	顺德区教育发展研究中心	—
2	2016.6	语文课堂"读"起来	顺德区教育发展研究中心	—

注：以上为李海清老师的成果。

表4　课题组成员部分科研成果（三）

序号	发表时间	题目	主管单位等	发表刊物
1	2014.10	十秒钟之内抓住读者的眼球——记叙文开头之先声夺人法例谈	华南师范大学	《语文月刊》2014年第10期
2	2016.6	一线穿针，作文传神——谈"线索法"在记叙文写作中的运用	郑州大学	《语文知识》2016年第6期
3	2017.5	时评类作文如何写出张力	华南师范大学	《语文月刊》2017年第5期

注：以上为陈志昌老师的成果。

表5　课题组成员部分科研成果（四）

序号	发表时间	题目	主管单位等	发表刊物
1	2015.11	高一文理分科后对学生心理的调适对策	《新教育时代》杂志编辑部	《新教育时代》CN12–92051034/G4
2	2015.12	《将进酒》情感之变化赏析	湖北第二师范学院	《语数外学习》CN42–1356/G4
3	2016.1	变奏下的思考——从《项链》的叙事技巧谈文本主题	湖南教育报刊社	《湖南教育》CN43–1034/G4
4	2016.6	记叙文细节描写四技法	华中师范大学	《语文教学与研究》CN42–1016/G4

注：以上为向东燕老师的成果。

（五）课题研究解决了其他几个主要问题

1. 理清了教学模式的概念、特点、类型和教学建模的程序

教学模式可以定义为在一定的教学思想或教学理论的指导下建立起来的各种类型的教学活动的基本结构或框架，表现教学过程的程序性的策略体系。

一个完整的新教学模式应该包含理论基础、教学目标、操作程序、实现条件（手段和策略）、评价五个因素。它具有指向性、操作性、完整性、稳定性、灵活性的特点。

国内对教学模式的分类也很多。有的研究者把教学模式分成三类：一类是师生系统地传授和学习书本知识的教学模式，一类是教师辅导学生在活动中自己学习的教学模式，还有一类是折中于两者之间的教学模式。

教学建模的一般程序主要包括以下基本环节：明确建模目标、确立指导思想、进行实例分析、抓住主要特征、设计教学程序、确定关键词语、给出简要表达、进行实践检验、开展建模评价等。

2. 明确了教学模式、教学方法与教学策略的关系

从教学理论到教学模式，再到教学策略、教学方法、教学实践，教学策略是对教学模式的进一步具体化，教学模式包含教学策略。教学模式规定教学策略、教学方法，属于较高层次。教学策略比教学模式更详细、更具体，受教学模式的制约。教学方法是更为详细具体的方式、手段和途径，它是教学策略的具体化，介于教学策略与教学实践之间，教学方法要受制于教学策略，教学展

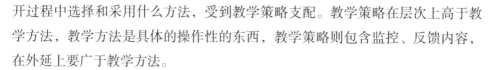

开过程中选择和采用什么方法，受到教学策略支配。教学策略在层次上高于教学方法，教学方法是具体的操作性的东西，教学策略则包含监控、反馈内容，在外延上要广于教学方法。

3. 弄清了语文教学模式发展的大致历程

从古代教学的典型模式"讲—听—读—记—练"，到夸美纽斯以"感知—记忆—理解—判断"为程序结构的教学模式，到赫尔巴特的"明了—联合—系统—方法"的四阶段教学模式，到杜威的"以儿童为中心"（创设情境—确定问题—占有资料—提出假设—检验假设）的实用主义教学模式，到20世纪50年代以后出现的"百花齐放、百家争鸣"。据乔伊斯和韦尔1980年的统计，教学模式有23种之多，其中我国提出的教学模式就有10多种。其中影响特别大的有"红领巾教学模式法"、钱梦龙老师的"三主""四式"导读法、魏书生老师的"语文课堂教学六步教学法"；新时期影响比较大的有江苏省洋思中学的"示标—导标—测标—补标"目标教学法；山东省杜郎口中学的"三三六"自主学习高效教学课堂模式〔三个特点（立体式、大容量、快节奏）；三个模块（预习、展现、反馈）；六个环节（预习交流，认定目标，交流合作，展现启示，交叉巩固，达标测评）等〕；山东省昌乐二中的"271高效课堂模式"〔20%（约10分钟）——（教师）诠释学习目标，组织课堂教学，课堂引领、激励、点拨，70%（约30分钟）——（学生）分组合作，展示点评，质疑拓展，10%（约5分钟）——（学生）总结反刍，当堂检测〕；等等。这些教学模式有一些共同的特点：学生成了真正的学习主体，都产生了广泛而深远的影响。

4. 能科学辩证地看待新课程背景下的语文有效教学模式

我们认为，新课程背景下的语文有效教学模式，改变了过去传统的单向传输课堂教学模式，构建起来的是能体现学生自主、合作和探究精神的新型模式，它能让语文课堂真正成为学生自主学习的主阵地。

（六）以课例研究为载体，形成了相互影响、相互促进、关系和谐的"学习共同体"

课题组5位教师根据不同教材、不同课文，分别上了不同模式的研究课，提供生动的教学素材，让科组内教师进行案例分析，探讨新课标理念下的语文课堂教学，形成深入探究教学的氛围。例如，2014年10月22日，李海清老师的全区公开课《高考专题复习之文言文翻译教学设计》荣获区级一等奖。2014年11

月17日，高二备课组全体教师到乐从中学进行了同课异构教学交流，课题组成员陈春林老师上的是《方山子传》。2014年12月8日下午，顺德区胡平贵教师工作室举办了一场面向全校的古诗词教学专题研讨会。活动分为两个部分：第一部分由区教师工作室主持人胡平贵老师上一节面向全校的公开课；第二部分是由华南师范大学文学院陈建伟教授就"高考诗词鉴赏"这一内容做专题讲座。所开展的这些活动，都收到了非常好的效果。

其一，经典接触，新型对话——语文新课标课堂教学艺术研讨。2014学年上学期，杏中语文科组四位教师（周、方、钟、胡）以其厚实的专业素养、全新的教学理念、鲜明的教学个性、高超的教学水平开课，道出了自己对这一问题的理解。四位老师在深入研究新课程标准的基础上，充分张扬杏中语文"人文养成、学术建组"的教学个性，与时俱进，推陈出新，探讨在学生与经典作品的交流过程中，建立学生、教师、作品、作家间的新型对话模式：或是自主探究、鼓励发现，或是举三反一、碰撞思维，或是形象启发、倡导体悟，或是个性体验、呼唤多元，可谓"百花齐放，百家争鸣"，受到师生广泛好评。

其二，因材施教，异彩纷呈（骨干教师"同课异构"）——语文新课标课堂教学艺术研讨之二。2015年4月，杏中语文科组倾力打造的"语文新课标课堂教学艺术研讨"系列教研交流活动之二（方、钟、卿、向、海）"因材施教，异彩纷呈"圆满落下帷幕。对于这次交流研讨活动，教师们给予了较高的评价。"因材施教"是本次展示课和教研活动的主旨。杏中语文组在深入研究新课程标准的基础上，在充分张扬杏中语文"人文养成、学术建组"教学个性的前提下，因教材内容之体，因教师教法之体，因学生接受习惯之体，精心准备了多堂公开课。"异彩纷呈"是本次教研活动的最大特点。在多堂公开课中，说理散文引导学生进行层层剖析；小说赏析师生互动，理解透辟深刻；文言阅读深究文意，感受传统文化；诗歌欣赏教师以诗讲诗，指导学生以诗解诗；科学小品教师以文比文指导学生从不同侧面了解文章，每种文体都在教师、学生的合力演绎下凸显出各自的特色。同时这样的研究课，为我校的语文教学提供了很好的研究案例。

其三，以备课组研究为载体，建设"学习共同体"。语文科组是大组，现有语文教师28人，每个备课组至少也有8名教师，语文组高度重视备课组的建设，围绕课题研究，形成了常交流、共探讨、教学资源共享的良好氛围，有效促进了组内民主和谐的人际关系及探究思索的组室文化的形式。各备课组活动时，重点围绕课题内容或课题参与者的公开课进行研讨。

课题组成员研讨活动安排（表6）。

表6　课题组成员"高中语文课堂阅读教学模式的研究"研讨活动安排

时间	地点	执教人	课题	班级
上午第三节（2014.10.22）	电教三室	李海清	文言文：《高考专题复习之文言文翻译》	高三（2）班
上午第三节（2014.12.8）	电教二室	陈春林	小说鉴赏：《装在套子里的人》	高二（3）班
上午第四节（2015.3.9）	电教二室	胡平贵	戏剧：《长亭送别》	高二（1）班
下午第二节（2015.5.25）	A11室	胡平贵	散文赏析：《汉家寨》	高二（1）班
下午第一节（2015.11.23）	电教二室	陈志昌	诗词：《沁园春·长沙》	高一（1）班
下午第二节（2016.3.7）	E41室	向东燕	科学小品文阅读：《奇妙的超低温世界》	高一（1）班
下午第一节（2016.10.17）	电教二室	陈春林	散文赏析：《灯下漫笔》	高二（4）班
上午第二节（2016.11.21）	电教二室	胡平贵	文言文：《屈原列传》	高三（1）班
下午第三节（2016.12.19）	二楼会客室	全体成员	会后总结、研讨	—

九、课题研究存在的问题及设想

在开展课题实施的过程中，由于学生基础的原因，在重点班实施的效果较好，在普通班实施有时效果不明显，导致我们的教学设想有时不能顺利进行，必须不断调整。小组合作的形式很受学生欢迎，但是教学任务有时难以在预设的时间内完成。

在研究的过程中，我们重行动和观察，但一些原始数据没有得到及时记录，有些材料没有得到很好的保存。

课题参与者将自己在研究过程中的某些心得体会等以文章（或论文）的形

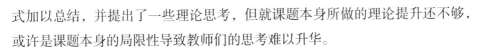

式加以总结，并提出了一些理论思考，但就课题本身所做的理论提升还不够，或许是课题本身的局限性导致教师们的思考难以升华。

由于缺少经费的支持，课题组成员集体外出参观学习的活动无法落实。

······

尽管本课题的研究已经告一段落，但是我们仍将沐浴着教学改革的春风，在如何更有效地开展阅读教学的道路上继续探索下去，力求探索出更加科学、更为有效的课堂阅读教学模式。

（2019年4月11日）

教育部中国智慧教育督导"十三五"规划重点课题

"中学语文阅读教学有效教学策略研究"子课题开题报告

一、研究背景

（1）阅读教学是语文教学的重要组成部分，是高中语文教学的一项重要内容，它培养学生的阅读能力和表达能力，丰富学生的文化积累，提升学生的语文素养。

（2）一直以来，我国的中学语文阅读教学停留在静态分析之中，教师只需专注于文本关系、结构和写作特点，以及中心思想观点的教学和指导内容。而且就阅读鉴赏而言，也仅限于评价内容和表达思想，从而导致高中语文阅读教学呈现出一种走程序的现象。这种教学模式只注重知识的讲解，使美好的文章呈现给学生以零散格局的方面。因此，作为一名中学语文教师，不仅要解决文章微观层面上的问题，还要考虑实际阅读教学的作用，从而达到有效教学的目的。

（3）当前中学语文阅读教学，在新课标的指引下，过去的一些教学内容，教学行为发生了转变，语文课堂出现新的生机。但是，由于人们对新理念把握不透，有教学形式的转变而无教学理念的转变，中学语文阅读教学中还存在着诸多的无效或低效行为。追求阅读教学的有效性，探究适切的有效教学策略，从教师、学生、教学资源等因子入手，建构新课标下的中学语文阅读有效教学，这应该是语文阅读教学追求的一个目标。

（4）徐江先生在《中学语文"无效数学"批判》一文中指出："今日的语

文教学正如'煤的形成'，无论教师和学生付出多少，到头来得到的只是'一小块'。"为什么会出现这种情况？他认为是中学语文教学"该教的教得不太好，不该教的教得又太多"。这主要是当前的语文课堂教学中教了太多的无效知识，或者说是"垃圾性知识"，是这些无效知识干扰了学生思维，浪费了学习时间。徐江认为中学语文阅读教学的无效性仅在于语文知识的迷失。实际上中学语文阅读教学无效的原因应该是多方面的，最起码表现为教学资源开发不深入、教师教学无作为、教学过程程式化、学生学习被动等。

二、概念的界定与目标

1. 概念的界定

（1）阅读教学。

教学以阅读为本，注重阅读教学整体的感悟，突出广泛而自主的大量阅读，体现全方位的阅读技巧和能力的指导、训练和培养，以多种渠道培养良好的阅读习惯，以读带写全面提高，突出语文教育的人文熏陶。

（2）有效教学。

有效教学是指为达成高效教学目标而自觉树立先进的教学思想，并通过综合利用一切教学策略与教学艺术，使这种教学思想转化为能使师生协调发展、不断超越的教学形态的过程。有效教学的核心是教学效益，凡是能够有效地促进学生的发展，有效实现预期教学结果的教学活动，都可称为有效教学。

有效教学策略是在教学目标确定以后，根据已定的教学任务和学生的特征，有针对性地选择与组合相关的教学内容、教学组织形式、教学方法和技术，形成的具有效率意义的特定的教学方案，强调的是教学策略的有效性。有效教学策略具有以下基本特征：第一，综合性。选择或制订教学策略必须对教学内容、媒体、组织形式、方法、步骤和技术等要素加以综合考虑。第二，可操作性。有效教学策略不是抽象的教学原则，也不是在某种教学思想指导下建立起来的教学模式，而是可供教师和学生在教学中参照执行或操作的方案，有其明确具体的内容。第三，灵活性。有效教学策略根据不同的教学目标和任务，并参照学生的初始状态，选择最适宜的教学内容、教学媒体、教学组织形式、教学方法并将其组合起来，保证教学过程的有效进行，以便实现特定的教学目标，完成特定的教学任务。

2. 研究目标

通过课题研究，改变课堂教学模式，体现学生的主体性原则。培养自主探究的阅读能力，全面提高课堂效率，全面提高学生的语文素养。具体目标如下：

（1）大面积调查语文课堂教学现状，分析课堂教学高效或低效的原因，探索出提高我校语文阅读教学实效性的途径、方法和技巧。

（2）优化教学过程，培养学生阅读学习的习惯，切实提高学生阅读学习的有效性。

（3）让学生在学习中体会体验性学习、研究性学习、合作性学习，使学生掌握语文阅读方法，提高语文阅读能力，具有良好的人文素养和合作竞争能力。

（4）在全校语文教师中形成语文课堂阅读教学实效性研究的氛围，努力上好、上实每一节阅读课，提升我校的语文教学质量。

（5）汇编《中学语文阅读教学有效教学策略研究》系列论文、研究报告等书面材料。

3. 研究的思路

本课题立足于培养教师在阅读教学中有效教学的能力，以《全日制义务教育语文课程标准（实验稿）》《普通高中语文课程标准（实验）》、人本主义理论和行为设计理论等相关理论为主要指导思想，以素质教育理论为指导。建立和完善课堂教学模式，将素质教育和新课改的理论内化成日常教学行为。结合行动研究法、逻辑归纳法、文献研究法等研究方法，深入分析反思目前我国中学语文阅读教学中存在的教学无效性问题，积极探索阅读教学有效教学的主要特点。由此，提升教师在阅读教学中进行有效教学的能力，努力构建具有特色的提升阅读教学有效性的教学模式，达到解决当前实际问题的目的。

三、研究的方法

（见前面的《顺德区教育科研"十二五"规划课题立项课题开题报告》的有关表述）

四、研究内容

1. 从阅读主体的角度出发，引导学生阅读体验

学生是阅读的主体，学生阅读的过程就是体验的过程，在教师指导下的阅读体验更有效，能力提升也更明显。整个阅读过程是学生体验的过程，根据"五步阅读"的不同层次，教师参与的程度和发挥的作用不同。初读，立足学生自主，进行知识搜索、整理和识记。通读，主要给方法，然后放手让学生去训练。解读、赏读，教师不仅要给方法，还需要有指导与点拨。悟读，可以让学生独立思考，教师可进行点评。阅读能力培养的过程，如同学开车一样，教师是教练，可以给方法、给方向，但不能越俎代庖。不亲自开车，永远学不会开车。更重要的是，学生的情感、审美的熏陶是心灵感受、体悟的内在过程，教师无法替代。

2. 从阅读教学的角度出发，形成文体教学序列

根据高中学生认和水平与阅读能力的发展梯度，我们按文体分类，划分了高一、高二、高三不同学段阅读教学不同的侧重点。高一侧重现代散文、高二侧重古诗文、高三侧重科学论文。努力从学生实际出发，结合教材内容，进行教材和教学内容的重新整合。做到教学有选择，教学有重点，教学有突破。避免面面俱到、流于表面、不得要领、没有方法的低效、无效教学。我们成立了古诗文阅读策略研究，诗歌、小说阅读策略研究，科学论文阅读策略研究，现代散文阅读策略研究等子课题组，由备课组长领衔，组织对文体知识和文体写作规律的梳理，初步形成了各类文体教学的知识体系，并多次举行公开课，进行文体教学法的探讨，从文体特点出发，总结不同文体的教学要点与阅读方法。

3. 从阅读思路的角度出发，梳理思维路径

（1）去枝叶法。通读时可以暂且大段略去某些内容，如在阅读中可以先忽略描写、叙事、举例、引用、解释等内容的句子或段落。

（2）抓主干法。在一个自然段落中既有可去的句子也有要留的句子，这种情况必须要注意段内的关键句，并归纳出关键句常见的两种类型。一种是从结构章法的角度看，句首可以总起引领下文；句中可以过渡，承上启下；句尾可以小结上文。还有一种是从表达方式的角度去看，即在记叙、描写段落中起画龙点睛的议论句或直抒胸臆的抒情句往往是段落的关键句，这种情况在记叙文、散文中比较常见。

（3）归并法。从句子内容与结构入手进行分析和概括，逐句归纳，然后合并。

4. 从宏观角度出发，归纳"五步阅读法"

第一步：初读，了解相关资料。包括作者、背景、注释、文体等。以知识识记、积累为重点，有社会历史知识、文体知识等。

第二步：通读，梳理文章思路。

内容方面，涉及对象（人物主次及关系）、事件、特征（对象的性格或品质）、主旨（对象特征所体现的普遍意义或作者写作的意图）。能力要求：准确把握重要信息的能力；事件的概述能力（人物+行为+结果）；由形象到抽象的思维能力；由个别到一般、由特殊到普遍的逻辑思维能力。

形式方面，涉及段落、层次及关系。知识要求：懂得关键词、中心句；了解层次结构的几种关系（总分、并列、连贯，对照）。能力要求：准确把握关键词、中心句的能力；概括语意的能力；分析层次结构关系的能力。

第三步：解读，理解重要词句的意义或作用。有表层义、语境义及作用分析。知识要求：词语积累，语法知识。能力要求：能分析词语或句子对文章主旨、对象、特征、结构、表达效果等的作用。

第四步：赏读，鉴赏评价文章的内容与艺术手法。知识要求：识记常见写作手法的定义及其作用。能力要求：能判断文章内容的积极或消极意义，能指出文章的写作特点及其效果。

第五步：悟读，由文章生发见解和感想。包括感受、见解、模仿与创造。知识要求：社会与生活积累，阅读积累。能力要求：联想能力，创造能力，迁移能力，表达能力。

五步阅读法：清晰地呈现由表及里、由整体到局部的阅读流程，知识点和阅读的能力点分解到各个步骤，一目了然，阅读任务的指向性明确具体，具有较强的可操作性，避免阅读的盲目性和低效性。

五、理论依据

1. 唯物辩证法原理

在教学过程中，学生是学习的内因，教师的教必须通过学生的学才能发挥作用。通过组织学生阅读、讨论、答辩等方法，充分调动学生内在的积极性、主动性。

2. 心理学的理论依据

中学生已具备初步的自主学习的能力，这就为阅读教学研究的可行性提供了可靠的理论依据。

3. 建构主义学习理论

"学习不应该被看成是对于教师授予知识的被动接受，而是学习者以自身已有的知识和经验为基础主动的建构活动。"学习是学习者主动构建自己知识经验的过程，是通过新经验与原有知识经验的相互作用，而不断充实、丰富和改造自己已有知识经验的过程。

4. 多元智力理论

多元智力理论则认为每个人除了语言智力和数理逻辑智力外，至少还有其他6种智力，即空间智能、音乐智能、人际智能、内省智能、身体运动智能、自然智力。事实上，有效教学就是学生多元智能得到有效发展的教学。

六、研究对象、步骤和思路方法

（一）研究的对象

研究的对象为初高中学生。

（二）研究的步骤

第一阶段（2016年1月—2016年7月）准备阶段：

（1）整理课题申报相关资料，完成课题申报、立项，成立课题研究小组。

（2）分析新课程教学目标和课堂教学现状，为课题研究的具体实施做好充分的资料准备。

（3）制订研究方案及研究计划，建立课题研究小组。落实人员分工，明确职责，力争使研究工作规范化、科学化。

第二阶段（2016年8月—2017年11月）实验阶段：

（1）进一步加强对《基础教育课程改革纲要》的理论学习，深入学习典型教改经验，并深入实践研究。

（2）按课题方案，分步骤、分阶段地进行实施，运用科学方法、手段进行实验研究，从而为课题研究获得第一手材料。

（3）实际课堂案例分析和行动研究，运用统计学知识将其结果形成书面报告。

（4）完成阶段研究报告，进行阶段成果评估。

第三阶段（2017年12月—2018年6月）总结阶段：

（1）完成课题研究报告：《中学语文阅读教学有效教学策略研究》等。

（2）总结实验成果并采取相关措施推广研究成果。

（三）研究方法：理论研究与操作性研究（课堂实践研究）——结果统计

（与前《顺德区教育科研"十二五"规划课题立项课题开题报告》中相同内容的表述一致）

七、研究组织

本课题组成员分工：

组长：胡平贵（负责本课题策划与研究工作）。

组织课题组开展活动，撰写课题设计、实施方案，撰写结题报告，参与课题的实质性研究，撰写有关论文。

主要研究人员：

桂成燕、赵永瑜：负责课题研究过程中的调查表的发放和回收，并整理调查数据，撰写调查报告。

章民：负责汇总研究数据和撰写阶段性总结。

谭丽萍：负责记录实验过程、阶段性小结、教学后记及论文，参与结题报告的撰写。

八、预期效果

（1）阶段性成果：优质课、论文、教学案例、教学反思、经验总结。

（2）终结性成果：《中学语文阅读教学有效教学策略研究》汇编。

九、预期成果及形式

实验方案、实验阶段总结报告、教师的教学案例及案例分析、教学反思以及相关的教学论文等。

教育部中国智慧教育督导"十三五"规划重点课题

"中学语文阅读教学有效教学策略研究"
成果汇编

一、课题前期的准备工作

课题组成员于2016年1月召开了课题筹备会议，主持人介绍了计划课题实施方案、课题研究方法、步骤等，进一步细化了分工、研究方式、阶段划分等细节问题，然后课题组成员分头准备开题所需要的各项数据、资料。课题主持人及时将课题立项情况向各部门相关领导做了汇报，介绍课题组的工作进展及设想，以求得各部门领导在思想上、业务上和资金上的支持。

二、工作进展

课题开题后，课题组全体成员团结合作，按照申报书中确定的方法和步骤展开课题研究。

第一阶段：（2016年1月—2016年7月）

（1）广泛开展课题研究动员和宣传活动，营造良好的课题研究氛围。

（2）做好课题申报调研工作。

（3）成立课题申报、立项、实验领导小组和学科指导组，做好课题立项前期工作。

（4）填报《规划课题申报表》，做好课题申报工作。

（5）出台《中学语文阅读教学有效教学策略研究》实施方案。

第二阶段：（2016年8月—2017年1月）

（1）学习研讨，定题立项。

课题领导小组专题会议；教育教学业务理论学习；开题仪式；研讨课进行研讨；制定课题研究相关表格，对课题研究工作进行有效评价。

（2）实践研究，阶段反馈。

具体实验措施；边进行理论学习，边进行课题研究，加强案例分析；加强师资培训；让学校的优秀教师现场做指导；举行专题讲座；课题研究资料收集和归档工作；课题研究工作的横向和纵向分析比较，定期进行课题研究阶段性汇报课活动。

第三阶段：（2017年12月—2018年5月）

结题验收，反思总结。定期召开课题领导小组专题会议，及时总结经验，做好文字和图片记录，留下研究痕迹；继续深入开展课题实践研究活动，提升课题的理论研究价值。

三、研究的初步成效

（1）通过研究积累了一些课题研究的经验和可操作的方法，可促使今后的课题研究更规范、更科学、更卓有成效地进行。

（2）通过课题研究的实施，已构建了语文阅读教学有效教学的基本模式。新、老教师都可从最基本的模式出发，充分发挥自己的特长和教学经验，构建具有自己教学风格的阅读教学有效教学模式，这有利于培养一批具有较强科研能力和扎实教学基本功的骨干教师，实现从经验型向科研型的模式转轨。

（3）通过课题研究工作，教师已深深认识到教学的发展离不开科研，学校的可持续发展离不开科研，课堂教学质量和学生综合素质的提高都离不开科研，教育科研已成为教师的自觉行动和目标追求，已深入教师的教学理念中，学校浓厚的教科研氛围已营造起来。

（4）将它作为课题的龙头，带动了一批各学科单项子课题，使课题研究在我校成为一种时尚和追求，更是课堂教学不可分割的部分，是提高课堂教学效益和质量的必然途径。

（5）本课题研究的理论框架、具体操作方法以及基本课堂阅读教学有效教学模式，还需不断完善，使之更符合新课程改革的理念，更能体现学生乐于参与、勤于动手、善于动脑，以便于更好地培养学生的阅读能力。

（6）促进教师观念的更新，锻炼了学生的有效阅读能力。

四、研究结果分析，制定中学语文阅读教学有效教学的策略

（一）研究论文、研究案例等

《中学语文阅读教学有效教学策略研究》。

（二）提出中学教师语文阅读教学有效教学的策略

1. 因材施教，注重对学生基础能力的培养

对于学生来说，基础知识就像是建筑物的地基，只有地基打好，才能有利于更深层次知识的学习，因此，教师要注重学生对于基础知识的学习，深入语文学习之中，真正抓稳学生的学习，提高学生的能力。教师也不能忽视因材施教的重要性，了解学生的学习特点，更好地将因材施教实施于教学之中，要摒弃以往不好的教学方式，以学生为教学的中心，真正提高学生的基础能力。对于高中生，教师要注重提高学生的思维能力，使学生形成独立解决问题的能力。例如，在设计一些课的时候，教师可以先让学生自己阅读所要学习的文章，看看文章想要表达一种什么样的思想感情，然后以小组为单位进行讨论，充分表达自己的想法，提高学生自主学习的能力。这种建构主义的自主合作探究的学习模式，能够促进学生学习能力的不断提高，同时也能够使教师更加了解学生的学习特点。教师也要注重平时对学生的训练，俗话说"熟能生巧"，教师可以为学生推荐一些有意义的书籍进行阅读，从而不断培养学生的阅读能力，使学生对于文章中的用词以及所渲染的感情都能理解到位。

2. 合作阅读，实现目标

合作学习是当前教学中一种有效的学习方式，它通过对学生进行合理的分组分配，让学生在更加充分的交流与写作中学习知识。这样不仅能够促使学生更有效率地达成学习目标，同时还能培养学生的团队合作能力。在这个快速发展的社会中，团队意识是一种十分重要的素质，而且合作学习的方式还能促进学生个人素养的不断提升。因此，语文教师在教学中可以的积极采用合作阅读的方式，让学生在独立思考的基础上加强与同学之间的合作，这样可以调动学生的学习积极性，提高学习和教学的效果。例如，教师在教《六国论》时，可以带领学生进行初步的学习，帮助学生理解这篇课文的大致意思，然后再将

学生分成不同的小组，让学生根据教师的讲解和个人的理解来讨论作者怎样借助六国被秦灭亡来警告当朝的统治者，切勿重蹈六国灭亡的覆辙。通过对这样含有深刻思想的文章的讨论，学生能够产生更多的观点和想法，同时，在与同学交流的过程中，学生可以学习他人更加全面、客观的思想，进而促进共同进步。在此基础上，学生可以集思广益，通过团队的努力合作来完成对文章更加深刻全面的解读，使得学习目标得到有效达成。这不仅有助于教师教学效率的提升，对于学生个人的成长和发展也能起到强有力的推动作用。

3. 探究阅读，深化完善

探究创新是学生学习中不可缺少的一个环节。学生通过对所学知识的深入探索，能够学会从多个角度看待问题，从而促进学习的深化完善，推动个人实践能力的不断增强。因此，高中语文教师在教学中应重视学生在阅读中的探究活动，让学生能够将课堂学习延伸到课外。这样不仅能够扩展学生的知识面，还能够促进学生综合能力的不断增强。例如，在学习完苏洵的《六国论》后，教师可以为学生进行知识的扩展，除了苏洵，苏轼和苏辙也分别写了《六国论》。苏轼的《六国论》针对六国久存而秦速亡，重在强调"士"的作用，将那些"士"养起来，更有利于国家的安定；而苏辙的《六国论》则是针对六国灭亡的史实，指出六国灭亡的原因是不能团结一致。在学生有了基本的了解之后，教师就可以让学生开展相应的课外探究，在课后自行阅读另外两篇文章，并将三篇文章进行比较，再结合自身所学知识，探究他们都关注"六国灭亡"的原因及意义所在，这样就能够让学生对课外的知识产生进一步的思考，帮助学生养成适当延伸学习内容的好习惯。

4. 合理评价，创造良好的阅读氛围

阅读教学与其他教学本质上是一样的。因此，其学科中的教学方法当然也可以运用到阅读教学中来，特别是在师生互动这方面。教师在阅读教学过程中，要放弃那种应付高考的心理，把教学重点放在提高学生整体素质上，特别是在语文教学中。另外不要认为高中生年龄相对比较大了，思想各方面相对成熟，他们就不需要互动与评价了，其实他们一样需要教师的鼓励和善意的批评。因此，教师在阅读教学过程中，要尽可能多地给予学生赞美和鼓励。只是评价的方式要艺术，毕竟学生年龄大了，只说很好、很棒是没有意义的，要根据当前教学内容并结合每个学生的具体情况给予合理而又具体的评价。这需要教师在平时下足功夫，了解每个学生，了解他们的学习和生活，甚至了解这个年龄段学生的心理状况等。在课堂上，如果学生们回答不太好或是错误时，要有耐心地引导他们思考为何错了，或是怎么思考才能更好，并鼓励他们勇于回答。如果学生回答得比较好，教师要表扬其为何回答得好，好在哪些方面，并鼓励大家学习他的思考方式。无论学生回答的是好还是差，教师都要一视同仁地去对待每个学生，否则，学生可能对教师留下不好的印象，并产生抵触心理。总之，合理的评价能创造积极的阅读教学氛围。

对于高中语文小说阅读鉴赏方法教学，教师要做好引导，让学生有明确的目标，掌握小说阅读鉴赏的步骤和方法，学会阅读鉴赏小说，学会品味小说语言的魅力。教师要让学生高效地利用课堂，充分发挥学生的主观能动性，让学生成为课堂的主人，还要让学生做好小说阅读鉴赏的课外拓展，从而全面提高小说阅读鉴赏教学的质量。

五、关于时间安排和问题的说明

人力、物力和时间安排非常紧凑，开始时课题组对拟订实施方案的难度考虑不足，认为在较短时间内就能形成一份有效方案。但实际工作起来，问题才显示出来，考虑方案的科学性与严谨性，每个实施步骤与计划都要经过反复的讨论、设计、筛选，非常烦琐，课题组的所有教师加班加点，以最快的速度统计完成，并形成调查报告，然后再进行下一阶段的研究。

六、存在的主要问题

语文阅读教学有效教学策略评价还未形成体系，评价手段还不够丰富，有时阅读教学有效教学策略还不能保证全面实施。我们有义务大声呼吁适应新形势的评价体系的出台，为保证语文阅读教学有效教学策略的全面落实保驾护航。

七、未来的工作方向

（1）收集与中学语文阅读教学有效教学策略相关的资料以及国内外相关的研究成果，组织集中学习。

（2）在每周的业务学习活动中讨论新课程与有效教学的联系。

（3）结合研究结果与课堂实际情况，分析中学生有效阅读能力提高存在的问题，分小组、分内容进行研究，着重讨论与分析解决这个问题的方法和策略。

（4）全面总结课题研究情况和所取得的成果。

（5）在本校对课题研究的成果进行推广。

（6）申请市教育学会对课题研究成果进行鉴定验收。

第六章

文学评论

浅论《子夜》与"社会批判"现实主义

20世纪30年代的时代语境是民众的政治热情普遍高昂,人们对专制制度的失望变为对改革旧制度的共同心理期待,因而关注社会变革的风气特别浓厚,中国现代作家更是"倾其全力于社会问题",作家们文学创作的精神核心是"对特定社会的特定否定",这一强烈的社会批判精神与现实主义文学主潮汇合,形成了"社会批判"现实主义思潮。以茅盾为代表的注重社会分析的一大批"史诗"型巨著的问世,则更是将"社会批判"型创作推向了高潮。茅盾作为中国"社会批判"现实主义作家的典型代表,他的长篇代表作《子夜》所显示的鲜明的社会——政治批判和理性化批判精神,充分体现了社会批判现实主义的特长与优势。吴组缃在当年的评论中指出:《子夜》出版以后,已完全可以说"中国之有茅盾,犹如美国之有辛克莱,世界之有俄国文学"。

一、宏大叙事、开阔视野、强化功能

体现现代文学当代性的宏大叙事,开阔了"社会"视野,强化了现实主义文学关照社会、批判社会的功能。

《子夜》标志着茅盾的创作开始进入一个新的成熟阶段,是我国现代文学一部杰出的革命现实主义长篇著作。它从1931年10月写起,至1932年12月完稿。茅盾"抓住这一时期社会动荡、经济破产的社会现象,写出了广阔社会环境中半殖民地半封建社会经济危机引发的社会危机,揭示了当时严重的社会问题"。

民族工业资本家吴荪甫和买办金融资本家赵伯韬之间的矛盾和斗争,是贯串《子夜》全书的主线。环绕这条主线,《子夜》反映了20世纪30年代初期革命深入发展、星火燎原的中国社会的面貌。

关于那一历史时期的中国社会，毛泽东同志曾经做过深刻的分析。他在说明由于帝国主义争夺中国，帝国主义和整个中国的矛盾，帝国主义相互间的矛盾，同时在中国境内发展起来，造成中国各派反动统治者之间的混战之后，接着说："伴随各派反动统治者之间的矛盾——军阀混战而来的，是赋税的加重，这样就会促令广大的负担赋税者和反动统治者之间的矛盾日益发展。伴随着帝国主义和中国民族工业的矛盾而来的，是中国民族工业得不到帝国主义的让步的事实，这就发展了中国资产阶级和中国工人阶级之间的矛盾，中国资本家的拼命压榨工人，打算从压榨中找出路，而中国工人则给以抵抗。伴随着帝国主义的商品侵略、中国商业资本的剥蚀和政府的赋税加重等项情况，便使地主阶级和农民的矛盾更加深刻化，即地租和高利贷的剥削更加重了，农民则更加仇恨地主。因为外货的压迫，广大工农群众购买力的枯竭和政府赋税的加重，使得国货商人和独立生产者日益走上破产的道路。……如果我们认识了以上这些矛盾，就知道中国是处在怎样一种惶惶不可终日的局面之下，处在怎样一种混乱状态之下。就知道反帝反军阀反地主的革命高潮，是怎样不可避免，而且是很快会要到来。"

《子夜》中的人物就活动在这样一个广阔的历史背景下，而且作品透过人物的性格和命运的发展，鲜明有力地显示了整个时代的发展趋向和壮阔波澜。它以上海为中心，反映了中国社会的全貌；写的是1930年两个月（5月至7月）中的事件，而这些事件里又隐伏着中国社会过去和未来的脉络。将纷纭复杂而具有重大历史社会意义的生活现象通过严谨宏大的艺术结构表现出来，这是茅盾作为我国现代杰出的现实主义作家最值得重视和学习的地方。

生活在时代旋涡中的带有社会革命家气质的茅盾，总是将自己的眼光投向当代社会，关心着如何去解决社会中带有普遍性的问题。他笔下的批判对象是社会，作品《子夜》中的这个社会就是由工人、农民、商人、资产阶级知识分子、民族资本家、金融买办资本家、官僚政客等各阶层人物组成的社会。

在这个特定的社会里，我们可看出人物之间交织的各种社会关系：经济的、政治的、心理的、文化的、阶级的、伦理的，形形色色，错综复杂，对社会的矛盾、社会的动向做了深入的由表及里的反映。这种"开阔的社会视野和贴近时代的脉动"，有力地说明了作者是"从更深广的层面上把握社会，揭示与探索当时人们普遍关注的社会问题"。

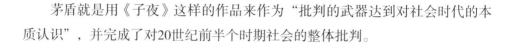

茅盾就是用《子夜》这样的作品来作为"批判的武器达到对社会时代的本质认识",并完成了对20世纪前半个时期社会的整体批判。

二、"理性批判"以形象的表达方式呈示

对社会的批判是通过时代生活画面的形象展示和典型形象的塑造来完成的,牢牢抓住人的社会命运来认识社会、内化创作的理性批判旨意,使科学的"理性批判"始终以形象的表达方式呈现。

茅盾在《子夜》中从多方面的错综复杂的社会关系中来突出吴荪甫的性格特征。作为半殖民地半封建中国的民族资产阶级的典型人物,吴荪甫的性格是一个鲜明的矛盾的统一体。他一方面有"站在民族工业立场的义愤",但另一方面,压倒他的一切的却是"个人利害的筹虑"。他是"办实业"的,他以发展民族工业为己任,他向来反对拥有大资本的杜竹斋一类人专做地皮、金子、公债的买卖;但是他也不能不钻在疯狂的公债投机活动里。他希望实现他的资产阶级"民主政治"理想,盼望国民党反蒋派与地方军阀的联盟"北方扩大会议"的军事行动赶快成功,然而当北方的军事进展不利于他的公债活动时,他又"唯恐北方的军事势力发展得太快了"。他精明强悍,但又不能不表现出中国民族资产阶级先天的软弱性。他有时果决专断,有时狐疑惶惑,有时满怀信心,有时又垂头丧气;表面上好像是遇事成竹在胸,而实质上则是举措乖张。这一切,都是如此矛盾而又很自然地统一在吴荪甫的性格里。

作品不仅从吴荪甫同赵伯韬在益中信托公司和公债投机市场上的矛盾和斗争来描写他的性格和命运,还写出了吴荪甫同农村封建经济之间的密切联系和他对农民武装起义的势不两立的态度,而在对待工人运动的态度上,更显露了他拼命压榨工人、仇视革命的反动面貌。当他从报纸上知道双桥镇被起义农民占领的时候,"他眯起眼睛望着天空,忽然转为愤怒:'我恨极了他们!他们干什么?一营人呢,两架机关枪!他们都是不开杀戒的吗?嘿!……'"字里行间仿佛传出了他咬牙切齿的声音。他也有时不满意国民党反动政府,那是因为它不能有效地镇压革命,"因为他的权力的铁腕不能直接达到那负责者"。他企图从工人身上挽回因外货倾销和军阀混战所造成的企业不振,想吸尽工人血汗弥补他在投机市场上所受到的损失,他利用工贼、特务和反动军警破坏工人罢工运动。这些地方,作品成功地揭示了一个仇视劳动人民、喝血自

肥的反动工业资本家的形象。作品还通过对吴荪甫的家庭生活和周围人物的描写烘托出了资产阶级由贪心和利欲所形成的冷酷无情的灵魂。他无法抗拒历史的必然法则为他安排下的失败的命运。他只能用伪装的镇静来掩饰内心的惶惧和不安，从来不让人家看见他也有苦闷沮丧的时候，即使是他的妻子林佩瑶。他依靠强烈的刺激来暂忘"那叫他们抖到骨髓里的时局前途的暗淡和私人事业的危机"，只能用"死的跳舞"来排遣失败时的苦痛，并几乎用自杀来结束自己悲剧性的命运。吴荪甫是我国第二次国内革命战争时期民族资产阶级的典型形象。

除吴荪甫外，茅盾在《子夜》中还塑造了一系列性格鲜明的人物形象，他们各自的思想面貌、精神状态都打上了时代和阶级的深刻印记。屠维岳是吴荪甫手下的得力鹰犬。正像作者着力渲染吴荪甫的才干和魄力一样，他也用不少笔墨渲染了屠维岳的"机警、镇定、胆量"。吴荪甫不能改变自己失败的命运，屠维岳的阴谋诡计也终于破坏不了排山倒海的工人运动。赵伯韬是美帝国主义豢养的买办金融资本家，是半殖民地社会的特有产物。他凭借蒋介石的法西斯政权的力量，在政治和经济上都具有压倒吴荪甫的优势。他不仅操纵了上海的公债投机市场，而且还一手扼住了民族工业的咽喉。他狡狯、阴狠而剽悍，玩弄女性，荒淫无耻。作品虽然对这个人物的政治社会关系揭示得还不够充分，但篇幅不算很多的描写已经淋漓尽致地刻画与暴露了他的流氓本性。冯云卿是在土地革命风暴下逃亡上海的"吃田地的土蜘蛛"。他把农民的血汗拿来换取大都会里的"寓公"生活，同时在公债市场上进行投机活动。通过他用自己女儿做"美人计"的一幕丑剧，作品一方面尖锐地揭示了走向灭亡的封建地主阶级的无耻的精神面貌，另一方面也突出刻画了赵伯韬的卑鄙形象。冯云卿的活动所占篇幅虽然不多，但却是全书不可缺少的部分。此外，如卖身权门、依靠资本家钱袋过活的李玉亭、范博文等一类所谓的"教授""诗人"，也都各有特色。作者曾说，他打算把1930年的"新儒林外史""连锁到现在本书的总结构之内"，这个打算虽然没有全部实现，但从李玉亭、范博文等人物也多少显示了当时某些资产阶级知识分子的堕落、空虚的精神面貌。

作者"在塑造这些处于千头万绪的社会关系冲突中的人物形象时，总是投以雄浑笔力"，充分展示社会关系的复杂，"多方面刻画其典型性格"，使其达到牵一发而动全身，"成功地、完整地画出了中国当代社会的典型面貌"的艺术效果。

三、从经济视角切入，解剖和分析社会结构

从经济视角切入，解剖、分析社会结构，表现因经济问题引发的社会文化心理，达到了对社会本质的现实主义理解。

《子夜》和茅盾20世纪30年代的其他小说一道"进一步以经济活动的横截面分析为重心，对社会的'内层结构'做了深入细致的解剖，使这一时期的创作在社会理性分析的层面上达到一个新的高度"。"社会历史是'自己时代的经济关系的产物，因而每一时代的社会经济结构形成现实基础'。"茅盾由此而意识到"社会环境乃受经济条件所支配"，如果要将这一规律性的揭示运用于文学创作，就一定得努力探求人们每一行动之隐伏的背景，探索到他们的社会关系和经济基础。"面对30年代日益崩溃的社会经济状况，基于对社会发展中起决定作用的经济活动的深刻体察"，茅盾"决定把人与人之间的经济关系作为主要的社会关系来描写，在此基础上进一步与描述、分析其他社会关系相糅合"。《子夜》主要是围绕城市的经济现状来分析社会：外来资本的侵略和政治混乱，使中国的民族工业萎缩。这样，作者便从一个侧面剖析了中国"30年代经济衰败的深层原因，揭露了社会濒临绝境时的躁动不安"，同时也揭示了"无形的经济规律所起的支配作用，即当时的半殖民地半封建经济制约整个经济领域的发展"，使得社会经济遭到严重破坏，"从而深刻地反映了中国更加殖民地化了的社会性质及其严重后果，由此进一步对当时的思想潮流、政治状况"等整个社会关系和时代环境做出了较为全面的剖析。

小说中的吴荪甫作为20世纪30年代民族资本家的典型，跟他的前辈有着鲜明的不同，"他的雄才大略、精明强干和傲视一切的神态，反映了民族资本家在这一时期已有了举足轻重的社会地位，人们也会投以更关注的目光注视其事业的成败。吴荪甫的奋力挣扎以至于折戟沉沙，勾画出了中国民族资本趑趄不前的发展脚步，同时也揭示了这一类号称20世纪工业界'骑士'的可悲命运"。《子夜》还深刻"剖析了社会中的人如何在资本、金钱、权力、欲望等的诱惑下造就人的病态心理，如吴荪甫的精神失控、赵伯韬的疯狂敛财、冯云卿的寡廉鲜耻，无不可以从中找到经济因素对人的控制。可以说，茅盾主要从经济根源上来揭露畸变的中国现代半殖民地社会文明，深入挖掘人性扭曲、伦

理颓圮、弊病横生的主要症结所在，对现代畸形文明中的人性裂变及其社会异变做了深入揭示，同时也在更深刻的层面上暴露了社会问题，实践了现实主义的社会批判效能"。

总之，长篇巨著《子夜》的创作，"通过广泛的社会环境展现，深刻的社会理性化分析和个性化、典型性的人物塑造，对中国现代社会从人的个性心理到社会心理各方面都作出了创造性的有力描绘"，既显示了左翼文学阵营的战斗实绩，从创作上证明了无产阶级文学是一种不可战胜的、最有发展前途的力量，也真正体现出了现实主义的社会批判性特色。它更昭示着"以茅盾为代表的'社会批判'型现实主义思潮的文学史意义，不仅在于它承担了用文学进行社会批判的历史使命，而且它提供了将欧洲现实主义在中国土壤上成功嫁接的范例，对现实主义在中国的发展起到了重要作用；而以'茅盾传统'为标志的现实主义文学范式，则对中国现当代文学的发展一直有着深远的影响"。

参考文献

［1］王嘉良，等.中国新文学现实主义形态论［M］.北京：文化艺术出版社，2002.

［2］吴组缃.评《子夜》［J］.文艺月报，1933（6）.

［3］毛泽东.星星之火，可以燎原［M］.2版.北京：人民出版社，1991.

［4］普什克.矛盾论［M］.长沙：湖南人民出版社，1984.

［5］恩格斯.社会主义从空想到科学的发展：第3卷［M］.北京：人民出版社，1997.

［6］茅盾.读《倪焕之》［J］.文学周刊，1929.

［7］王嘉良.现实主义："社会批判"传统及其当代意义［J］.文艺研究，2006（8）：30-37.

注：本文被中国语文报刊协会课堂教学分会评定为全国中学语文教学科研成果一等奖。

第七章

专题讲座

关于文学作品的鉴赏

（专题系列讲座）

文学作品的鉴赏历来被视为内容最为丰富、语言最有意蕴、情感最能打动学生的阅读（或学习）。综合它的主要功能主要表现为：①在阅读的过程中，不断了解小说、诗歌、散文、戏剧等的基本特征和主要表现手法；②通过学习，进一步了解重要的作家、时代和作品；③通过阅读和鉴赏，具有积极的鉴赏态度，"理解作品所表现出来的价值判断和审美取向"，注重审美体验，陶冶美的情操，涵养美的心灵，追求高尚情趣，领略文学魅力；④"体会其中蕴含的中华民族精神，为形成一定的传统文化底蕴奠定基础"；⑤"在阅读与鉴赏活动中，不断充实精神生活，完善自我人格，提升人生境界，逐步加深对国家、个人与社会、个人与自然关系的思考和认识"；⑥学会个性化阅读，发展独立阅读的能力；⑦扩大阅读的视野，丰富自己的精神世界，提高文化品位。

文学作品的鉴赏，应该说没有绝对固定的鉴赏模式。不同的学段鉴赏会有所不同，不同的人鉴赏也会有所不同，同一个人针对不同的文学作品鉴赏也可能不一样。这里主要从文体的角度对小说、诗歌（或诗词）、散文和戏剧如何鉴赏做了些探讨，希望能起到抛砖引玉的作用。

第一部分　小说的鉴赏

小说，是通过人物、情节和环境的具体描写来反映社会生活的一种文体。它应该是青年学生最喜欢的文学作品，但从目前的情况来看，学生对教材上的小说并没有表现出应有的热情。原因有许多，但我想，最主要的有两点：①选进教材的文章既不是学生所喜欢的，也不是当今社会所关注的；②教师的教学方法存在一些问题。

中学阶段的小说鉴赏大致可以分为两种：初中一般按记叙文类来阅读，高中一般按作品赏析类来阅读。其实，小说的类型是比较多的，不同的小说，其特点也是不一样的，我们在鉴赏时不妨把它和一般小说的鉴赏内容结合起来思考。

小说鉴赏的内容是比较丰富的，在有限的学习时间里，我们不可能面面俱到，应重点做好以下几方面的工作。

一、研究小说鉴赏的基本内容

1. 根据其文体特点来研究小说鉴赏最基本的内容

（1）基础知识。要鉴赏小说，首先必须让学生有最基本的知识积累，如小说的要素，小说的作者、题材、主题，小说的类型及其特征，小说的"线索"，风格流派，典型人物（或"塑造人物形象"），典型环境，细节描写，设置悬念、埋下伏笔、做铺垫，前后照应等方面的基本常识。

（2）感悟理解。语文学习毫无疑问必须着重培养学生对小说内容的感悟和理解能力。它涉及理解小说的时代背景、小说的内容、小说的布局谋篇（或小说的结构）、小说的情节发展、小说中的人物性格、小说中刻画人物形象的主要方法、细节描写的作用、环境描写的作用、人物语言（尤其是个性化语言）的赏析、作者的创作动机、作品的社会影响等，进而准确把握小说的主题。

（3）鉴赏品味。"文学作品的价值，是由读者在阅读鉴赏过程中得以实现的。文学作品的阅读鉴赏，往往带有更多的主观性和个人色彩。""一千个读者，就有一千个哈姆莱特。"我们既要引导学生设身处地去感受体验，培养学生对作品中形象和情感的整体感知与把握的能力，又要培养学生分析作品的情节结构、典型环境的创设、人物形象的塑造、叙事方式、表现手法、内涵的多义性和模糊性、语言特色、创作风格等方面的审美能力。例如，欣赏人物形象，除重点把握人物的性格特征的复杂性和多样性外，还要注意它与情节、环境的关系；欣赏小说刻画人物形象的方法，除重点把握描写的方法和表现手法外，还要注意细节描写的欣赏和小说结构手法的特点；欣赏小说的语言，除注意语言运用的技巧外，还要注意它在刻画人物、渲染气氛、表现主题方面的作用；分析小说的情节，除理清线索外，还要注意它与人物、主题的关系以及它的社会意义。

（4）主动探究。"现代社会要求人们思想敏锐，富有探索精神和创新能力，对自然、社会和人生具有更深刻的思考和认识。"学生只学会鉴赏小说还远远不够，我们应当让学生主动从优秀的小说中汲取思想、感情和艺术的营养，"努力探索作品中蕴含的民族心理和时代精神，了解人类丰富的社会生活和情感世界"，丰富深化对历史、社会和人生的认识，提高文学修养。要怎样才能更好地实现这一目标呢？这就需要培养学生研读小说的能力。例如，深入分析了解作品所产生的社会背景（或文化背景）和作者的创作动机；深入理解和探究小说所体现的不同时代、不同民族、不同流派风格的文化；探究作品所蕴含的丰富情感、价值判断和审美取向；探究文学史对作品所做的不同的评价；创造性地多角度和多层面去解读作品中的人物和主题，并能做出恰当的评价；搜集对有关作家作品的研究资料；初步尝试写作小说和关于小说的评论等。

2. 根据常规鉴赏的特点，研读一篇小说的主要内容

（1）理解方面的主要有：小说内容的整体把握，人物形象的整体理解，情节的归纳概括，环境的整体感知，情感的发展变化，描写的方法及其作用，重点词句的阐释，精彩段落的赏析，等等。

（2）赏析方面的主要有：线索的辨识，叙事方式的赏析，人物性格的多侧面鉴赏，人物塑造手法的分析，环境描写的品位，细节描写的技法及其作用，主题的理解，布局谋篇的剖析，语言艺术的欣赏，作者思想感情的倾向的评价，作品隐性信息的发掘，标点符号的妙处，作品给人的启迪，等等。

（3）拓展方面的主要有：阅读课文分析或课文鉴赏方面的文章，搜集与作者和课文相关的背景材料，对比阅读与课文相类似的（或有某种联系的）课外小说，观看根据小说改编的电影或电视剧（或剧本），等等。

以上这几方面，并不要求我们在鉴赏每一篇课文时都要涉及，可以根据具体情况，只要抓住最关键的几个方面来赏析就行了。例如，《林黛玉进贾府》的艺术魅力可抓住三个"点"的鉴赏来带动全篇的赏析：

第一，其内容在整部小说中所起的作用。

① 第一次向读者展现小说中众多人物活动的典型环境——贾府。（借林黛

玉的眼睛，描绘了贾府"与别家不同"：宏伟的外观、讲究的布局、华贵的陈设、御书的匾额、乌木錾银的对联、等级分明的礼仪、豪门贵族的气派等）

②第一次描写小说中的一批主要人物。

③第一次描写小说男女主人公贾宝玉和林黛玉初次相见时的似曾相识、心心相通的微妙关系。

第二，人物形象的分析评价。

①人物的出场。

A. 贾母的出场。文中关于贾母出场的内容主要集中在"黛玉方进入房时……方略略止住"这个地方。为什么要安排贾母第一个出场？为什么要显示出她的气派和礼仪？因为贾母是贾家这个庞大家族的无上权威的偶像，她第一个出场可以引出贾府一大批人物的出场，如邢夫人、王夫人、李纨、迎春三姊妹等，也为后面王熙凤和贾宝玉的出场做好了铺垫。

B. 王熙凤的出场。文中对王熙凤的出场描写主要有："一语未了，只听后院中有人笑声……'让他们去歇歇'。"为什么要把她的出场安排在黛玉与外祖母等人的见面叙谈之后？因为她在贾家独揽家政大权，让她单独出场和单独来自我表现，更能显示出她的地位的特殊和重要以及她的与众不同的性格和才干。

C. 贾宝玉的出场。文中对贾宝玉的出场描写主要有："一语未了，只听外面一阵脚步响……莫效此儿形状。"作者为什么要把宝玉的出场安排在最后？为什么要他两次出场亮相？宝玉从小就受到"老太太疼爱"，又喜欢在内帏厮混，按常规，他应该是经常在贾母身边的，或在他的母亲王夫人面前，或在他的姐妹中间。黛玉进府，可以在见贾母时见到宝玉，或者在见迎春三姊妹时见到他，但作者偏偏让他白天到庙里还愿去，直到晚饭后，只留黛玉和三姊妹在场时，才安排宝玉出场。把宝玉和黛玉相会放在最后，可以集中笔墨做专门的描写，可见作者构思的精巧。至于宝玉出场的两次安排也是有独到之处的。第一次亮相，可以说是黛玉观察宝玉。黛玉见到了穿戴华贵、外貌俊美的"一位年轻的公子"，和她猜测的完全不同，惊怪此人非常面熟。第二次亮相，其实是宝玉看黛玉，其中的"这个妹妹我曾见过的"，不仅写出了他的"疯疯傻傻"，还与黛玉的内心感受不谋而合，可见作者的匠心独运。

②人物的性格特征。

A. 林黛玉。从别人的角度来写：大家关心黛玉的身体，注意到她身体孤弱、多病；凤姐见多识广，观察到她黛玉容貌标致，气派不凡；宝玉对黛玉的观察更为独到，在他眼里，黛玉弱不禁风，多愁善感，美丽多情，姿容俊逸，极富神韵。从自身的角度来写：通过一系列的语言和动作描写，写出了黛玉的多疑、自尊自重、谨言慎行，间接反映出她孤单的身世和寄人篱下的处境。

B. 王熙凤。出场前的未见其人，先闻其声，写出了王熙凤性格的泼辣放肆。出场后，借林黛玉所看到的，让人感到她美丽的背后所隐藏着的刁钻和狡黠、贪婪和俗气。对她的言谈、举止、神情等方面的描写，既显示出她的随机应变，也说明她的见风使舵、逢迎讨好。

C. 贾宝玉。小说借黛玉母亲和王夫人之口，两首《西江月》（似贬实褒、正文反作），以及摔玉的情节等写出宝玉的"叛逆"；借出场后的描写，写出了他的外貌俊美、情思万种等。

第三，肖像描写的作用。

人物描写是小说生动形象不可或缺的最重要的一环。《红楼梦》中的人物描写更是精妙绝伦，技法之精湛令人倾倒。外形是理解人物的钥匙。本文的肖像描写可谓精彩纷呈，对人物形象的刻画起到了十分独特的作用。

① 透过肖像看人物的性格。例如，写黛玉："两弯似蹙非蹙罥烟眉，一双似喜非喜含情目……闲静时如姣花照水，行动处似弱柳扶风。心较比干多一窍，病如西子胜三分。"写熙凤："……彩绣辉煌，恍若神妃仙子……粉面含春威不露，丹唇未启笑先闻……"两人都很美，但也有不同。前者着眼于"与众各别"的"形容"，后者侧重于"与众姑娘不同"的"打扮"；前者显得娇弱、玲珑、文静、内向，后者则显得华贵、俏丽、泼辣（外表下有一种奸诈、冷酷、阴毒）、外向、善于逢迎。

② 透过肖像看人物所处的社会地位。本文着重写王熙凤和贾宝玉的服饰，可由此而看出这个家族的富贵。写王熙凤又突出"这个人打扮与众姑娘不同"，其服饰可谓绚丽夺目，既说明她好张扬，又说明她在贾府中的地位显赫。而宝玉的服饰，则显示出其受宠的地位。

③ 观察人物的角度多变化。不同的人有不同的观察眼光，而不同的眼光也反映了观察者的性格、爱好和文化层次等。例如，林黛玉的肖像是通过宝玉的眼光来看的，完全没有服饰，而突出其面容体态娇弱柔嫩、含情脉脉。这就反映出宝玉不看重穿着之类的物质享受，而追求精神的潇洒。

④ 描写有详有略，变化多姿。本文对人物的出场顺序和登场方式的描写极有讲究。重点人物多介绍，有的甚至多次描写其肖像，如黛玉、宝玉；次要人物简略一些，如贾母。还有一些人物只点名字或虚写，如舅母、舅舅等。

二、探究小说鉴赏的方法

小说基本的艺术特性是其属叙事文艺，在情节的构思和人物形象的塑造中表达作者对生活的思考，由于要把生活的原型尽量再现出来，所以，生活有多么复杂，往往叙事作品的蕴含就有多么复杂。我们理解小说时也就不能简单化和绝对化，应当多层面、多角度去解读作品的内涵，品味作品的美感与艺术性。同时，我们还应该高度关注新的语文课程标准对中学语文学习提出的改革要求，要表现出现代化的教育理念。既要体现方法的灵活多样，又要体现以学生为阅读主体的原则，努力引导学生表达自己对作品的独特感受和新颖见解。

1. 应将小说的类型和小说的鉴赏内容连在一起来思考

（1）小说的分类及其特征。

小说按照不同的标准可以分成许多不同的类型。其中有一些学者将小说分为三类：

① 人物小说。人物小说以人物为中心，塑造了个性鲜明的人物形象。小说中的情节设置是为塑造人物形象服务的，作家可以不讲究故事情节的完整性，也可以不沿袭小说情节的发生、发展、高潮与结局这一基本的写作套路。在这一类小说中，故事情节的发展往往只是一个又一个并列的大小不等的事件，事件之间没有必然的联系与因果关系，事件所展示的也只是人物性格的场景。例如《边城》，作者"不追求扣人心弦的悬念，不追求惊心动魄的氛围，也不讲究波澜曲折的情节"，而把主要笔墨放在展示主人公性格特征的宁静、幽深、静谧而又略带凄美的湘西风景的描写之中，放在人物形象的心理描写中。读完小说后，给读者留下深刻印象的是一位带有一些任性、娇气，对天宝和傩送带有少女的羞涩和青春幻想的翠翠，还有历尽人间沧桑、淳朴善良的祖父，对情节的发展过程恐怕只有一个大概印象了。

② 情节小说。情节小说以情节为中心，小说中的人物描写、人物性格的发展既是为情节的发展服务的，也是为情节的发展打基础做铺垫的。读完小说后，给读者留下深刻印象的是情节的完整、曲折和离奇的发展过程。例如，

《项链》的故事情节大概是这样：教育部小职员路瓦栽的妻子玛蒂尔德应邀参加晚会而向好友佛来思节夫人借项链，带着项链在晚会上出尽风头，回来时丢失项链，沿途寻找未得而焦急万分，四处借钱买了项链归还，整整花去了10年的光阴才偿还所借的款项，最后又从好友那里得知所借的那条项链原来是赝品。读完后，读者对小说曲折离奇的情节会有深刻的印象，也能较清楚完整地叙述出来。

③ 心灵小说（意识流小说）。心灵小说打破了传统小说基本上按故事情节发生的先后次序或按情节之间的逻辑联系而形成的单一的、直线发展的结构，故事的叙述不是按时间进展依次循序直线前进，既不追求个性鲜明的人物和完整的故事情节，也不创设典型的生活环境，而是随着人的意识活动，通过荒诞的情节和心灵的碎片等一些自由联想来组织故事。这些荒诞的情节和心灵的碎片却又是作者内心想法的真实体现，是社会现实的心灵反映，需要读者用心灵去体现。当然，这些作品也不是毫无组织的一片混乱，自由联想也不是毫无根据或漫无边际的。它是以一件当时正在进行的事件为中心，通过触发物的引发，人的意识活动不断地向四面八方发散又收回，经过不断循环往复，形成一种枝蔓式的立体结构。它最主要的是运用虚构（荒诞）与内转（意识流）的写法。如果读者不用心灵去触摸这荒诞故事背后的真实，就无法理解小说的内容了。例如卡夫卡的《变形记》，其情节非常荒诞：一个勤勤恳恳、努力赚钱、关心家人、孝敬父母的格里高尔一夜之间变成一只大甲虫，这是极不符合常规思维的。随着情节不断发展，格里高尔还是关心着家人的生计和幸福，但是家人对他的态度却变得更加冷淡，并逐渐发展到憎恨。小说中的细节描写也具有虚构、不可想象的特点，如一只苹果打在格里高尔的甲背上，陷了进去，一个多月后，还烂在甲虫背上。所有这些，虽然看起来都是荒诞、不可理喻的，但读者从中可以获得一种心灵的感受。

（2）小说鉴赏内容的选择。

① 人物小说鉴赏内容的选择。

人物小说最突出的是人物性格的塑造，如《边城》《装在套子里的人》等。《边城》中的许多情节都是虚化的，翠翠与天宝兄弟的感情纠葛，小说没有做任何正面的描写，翠翠和爷爷之间的故事也几乎没有，仅有的是爷孙俩的几个生活场景，谈不上什么情节。读完小说，读者的脑海中只留下翠翠和她的爷爷。《装在套子里的人》虽然有情节（从性格、行为、语言、思想、恋爱风波等几个方面对别里科夫进行了多角度、全方位的展示和精雕细刻式的描写），但其情节是散乱的，没有完整的故事情节的过程，情节与情节之间、故事与故事之间都没有必然的联系，有些情节还显得有点不可理解。例如，别里科夫从楼上滚下来，然后病了，最后甚至死了。这似乎显得有点"不真实"。其实，本文的重点不在故事情节，作者也根本不追求情节的真实。在不影响人物性格塑造的前提下，就算是换用另外的情节或故事也不是不可以。读完小说后，我们印象最深的是一位戴着帽子、戴着墨镜、穿着大衣、竖着领子、套着靴子、拄着雨伞，性格孤僻，看不惯这也看不惯那，胆小怕事，恐惧变革，把别人装在套子里的同时也把自己装进套子中的一个可恶可憎然而又可悲可怜的守旧人物——别里科夫。

　　这样的小说，我们如果还是抓住情节来鉴赏，就无法做深入的分析和探究。鉴赏的重点应当放在人物性格上。如果不围绕人物性格来展开鉴赏，分析起来就没有一个中心。我们必须透过小说中那些表面的、零散的情节或故事来体会、领悟和理解人物性格的内涵。教师不能直接告诉学生人物性格是什么，但必须让学生最终对人物性格有所领悟。

　　②情节小说鉴赏内容的选择。

　　以情节为中心的小说在中学语文教材中相对出现的比较多，如鲁迅的《药》、高晓声的《陈奂生上城》、莫泊桑的《项链》等。这类小说的鉴赏应该围绕着情节的推进来选择鉴赏内容，其基本内容主要包括情节的开端、发展、高潮和结局等。情节的安排在不同的小说中，也可能是不相同的。例如，《陈奂生上城》的主题主要是通过情节的巧妙设计及结尾丰富而深刻的含义来体现的。"漏斗户主"陈奂生上城竟然能住进高级房间，可谓奇遇。这个奇遇的形成有两个因素：一是偶然感冒，二是巧遇吴书记。车站也是一个巧妙的设计：这里好卖油绳，既有茶水，又有长椅，与吴书记的"巧遇"也成为自然。感冒的发生更是一个巧妙的设计：高烧时神志不清，睡一夜就好，用第二天回忆的方法来补叙深夜发生的事情显得天衣无缝。小说的结尾含义丰富而深刻，令人拍案叫绝，再加上"土洋结合"的心理描写，使得主题独具辩证特色。当然，我们也可以从理清情节结构入手，把握小说情节发展的脉络：上城卖油绳（开端）—车站患感冒（发展）—住进招待所（高潮）—身份显著提高，比以

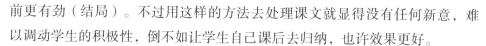

前更有劲（结局）。不过用这样的方法去处理课文就显得没有任何新意，难以调动学生的积极性，倒不如让学生自己课后去归纳，也许效果更好。

③心灵小说鉴赏内容的选择。

心灵小说的重点不在情节的推进和人物性格的塑造上，它既不考虑客观世界的完整与确定性，也不准备去写"心"以外的东西，小说家所注重的是探索人的心灵世界，往往通过人的内心独白和自由联想来发掘人的内心深处的奥秘，向读者呈现的是荒诞的情节和具有很大随机性的心灵碎片和思绪。人物的意识流动不受客观时空的限制，有很大的跳跃性。心灵小说不管是小说的内容还是形式都太主观化、心灵化，正因为它的"虚"，使得鉴赏变得无所依托，难以阅读。西方现代派文学作品难鉴赏，难就难在它的"心灵性"上。所以，我们在鉴赏这类小说时，就不能按人物小说和情节小说的鉴赏模式来鉴赏，必须探索新的鉴赏途径。就目前来说，对心灵小说鉴赏内容的研究是很不够的。根据有关资料的介绍，我们也不妨从四个方面来探讨：一是"心灵"的心灵活动，二是"心灵活动"背后的活动，三是这些活动对心灵的"意味"，四是承载这一切的"写作活动"本身。例如，对意识流小说的代表作弗吉尼亚·伍尔夫的《墙上的斑点》的理解可分四个方面：第一，这个女子的"心灵"里到底想了些什么，我们可把有关的内容一一列出；第二，这些"心灵碎片"是怎么产生的；第三，"一颗心灵"展开着这样一些"心灵活动"意味着什么，一个人在一个冬日里望着墙上的一个斑点想了老半天，这种"无意义"的活动本身是什么意义；第四，作者为什么要这样写，或者说作者写这些"无意义"的"心灵活动"的意义是什么。

2. 以实践活动为中心来实施鉴赏

（1）读写式手法。

读写式手法其实就是有读有写，读写结合，读读写写，写写读读。以读为活动形式的如范读、跟读、单独读、齐读、分组读、分角色读、表演读、和声读、精读、速读、跳读、猜读等。以写为活动形式的如续写、扩写、改写、编剧、读后感、读书笔记、读书摘要、读书报告、文学短评等。这种方式还兼容了赏析式手法，无论是从内容上和形式上看，还是从活动的效果看，都表现出很强的综合性。通过读、评论和写作实践，不断提高学生对小说的鉴赏能力。例如，鉴赏《变形记》后，我们可完成这样两个练习，即改写《变形记》：

①设计格里高尔不是变形，而是失业，或患其他疾病，情节如何发展；②格里高尔死而复生，又变回人形，情节如何？再如，鉴赏《陈奂生上城》后，我们可设计出这样一个练习，即闰土和陈奂生都是典型的农民形象，虽然所处的时代不同，但思想性格也有一定的联系，请写一篇400字左右的短文，谈谈你的看法。

（2）赏析式手法。

小说与诗歌、散文和戏剧等文学作品的鉴赏大多采用赏析式手法。例如，对中国古典小说的鉴赏，可由学生对作品中的人物出场、细节描写、情景安排（重跌宕起伏、出人意料）、表现手法、语言特色等进行自主的阅读欣赏；外国小说特别是西方现代主义小说的鉴赏，由学生对心理描写、荒诞手法、意识流手法、叙事角度与表现手法的多样性等进行自主的阅读欣赏。在赏析作品的过程当中，学生既可综合运用读写等各种方式方法，也可从情节结构、人物形象、叙事方式、语言风格、表达技巧、文化视角、心理视角、人类学视角等多个角度进行解读，甚至还可以适当引进一些西方现代批评方法（如原型批评、意象批评、结构主义批评、形式主义批评、新批评等）中的合理因素。例如，在鉴赏《陈奂生上城》的过程中，我们可探究这样一些问题：①小说描写的党的十一届三中全会后农村的情景，文章开头的哪些句子能体现出当时农民的物质生活状况？②陈奂生在住进五元一夜的高级房间后，其思想行为体现了他怎样的心理感受？③小说的结尾含义丰富而深刻，应如何理解？④本文的情节设计十分巧妙，请找出几处加以品味。⑤学习本文后，请与《项链》进行比较，分析揭示人物心理的手法有什么不同。

（3）探究式手法。

探究式手法能够较好地表现"自主、合作、探究"学习及"对话"的理念，能够较好地表现阅读个性化的特点，它一般要求探究一些难易适中的与课文密切相关的问题。话题可由教师提供，学生可根据教师的引导，在理解话题、展开话题的过程中完成对课文的理解与分析，完成对课文的研读与欣赏，完成对课文的品味与审美。这样的课堂研读呈现出的是一种全新的局面，给人的是一种全新的感觉。例如，鉴赏《阿Q正传》后，我们可探究这样一个话题，即"阿Q形象就是中国传统文化的人格化"，这样就可把阿Q置于整个中国传统文化的大背景下来观照了；鉴赏《药》后，我们可探究这样一个话题，即

"关于《药》中'乌鸦'的作用",尽管问题看起来似乎有点普通,但这个问题在高中语文学习中却一直是争论不休的;鉴赏《守财奴》后,我们也可探究这样一个话题,即"平素人们一提到资本主义社会人与人之间的关系,大都以'赤裸裸的金钱关系'来评判,根据历史学或人际关系学或者从电视等媒体所看到的、听到的,你认为应该如何看待这个问题"……

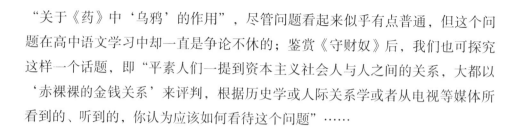

第二部分 诗歌(或诗词)的鉴赏

诗是一种最集中地反映社会生活的文学样式,它饱含着丰富的想象和情感,常常以直接抒情的方式来表现,而且在精练与和谐的程度上,特别是在节奏的鲜明上,它的语言有别于散文的语言。

不论是古诗词的鉴赏,还是新诗词的鉴赏,对于学生来说,难度都是非常大的。其中的所谓"难"主要有三方面:首先是关于诗词的知识层面不宽,其次是关于诗词的鉴赏评析的能力层次不高,再次是关于诗词的鉴赏设计缺乏韵味和艺术性。到底该怎样开展诗词的鉴赏,才能收到理想的效果呢?

《普通高中语文课程标准(实验)》关于诗歌(或诗词)阅读鉴赏的总要求是:"培养鉴赏诗歌作品的浓厚兴趣,丰富自己的情感世界,养成健康高尚的审美情趣,提高文学修养。"对鉴赏诗歌(或诗词)的基本能力也提出了要求,就是能"阅读古今中外优秀的诗歌作品,理解作品的思想内涵,探索作品的丰富意蕴,领悟作品的艺术魅力。用历史眼光和现代观念审视古代诗文的思想内容,并给予恰当的评价"。这就告诉我们:鉴赏诗词这类作品的重点不是鉴赏理论和文学史知识,而是探索作品的意蕴和艺术魅力。

一、文言诗词的赏析

文言诗词的鉴赏既要解决字词句和有关常识的问题,又要进行文学欣赏教育。欣赏的角度可以说是千变万化的。我们想要提高赏析的效果,就必须下功夫对文言诗文赏析的细节性内容进行研究。下面着重对鉴赏过程中一些效果比较好的做法结合高中教材中有关的作品做一些提炼,以使鉴赏的角度更为清晰明朗。

1. 诵读指导

吟诵是诵读的一种常见方式，也是中学生学习诗歌最重要的一种方法。只有吟诵，才能培养学习诗歌的语感，"熟读唐诗三百首，不会作诗也会吟"；也只有吟诵，才能体会诗人的情感和思想，才能鉴赏诗歌的美。例如，我们读杜甫的诗就要特别注意，他的律诗章法极其严格，都是以两联为一层，诵读时应根据诗的内容在两层之间做适当的停顿。凡内容明快、跳跃性不大的，停顿宜稍短；内容深沉、跳跃性较大的，停顿宜稍长，以求层次分明，诗意显豁。《登岳阳楼》是杜甫很有名的一首诗，这首诗所包含的内容极为丰富，感慨也极为深沉，要读得缓慢些。首联从"昔闻"到"今上"长达数十年，已包含着人世沧桑的感慨，读快了则意味不同，可能正如仇注所说"喜初登也"。颔联写岳阳楼景色，读时须有纵目远眺之意，"日夜浮"三字尤其要慢读——似乎说"多少个日日夜夜就这样过去了"，这是为下文蓄势。下面两联说感慨，要用深沉的语调读：颈联说个人，有无限辛酸，调子低些为好；尾联说国家，有满腔悲愤，调子稍稍上升——这是全诗的高潮所在。

2. 背景提示

在赏析作品前，有必要对作品的背景做一些提示，这样能帮助学生更好地展开想象和理解，否则，赏析起来只会让学生如坠雾里，一片茫然。例如，李白的《将进酒》约作于天宝十一年（752年），他当时与友人岑勋在嵩山另一好友元丹丘的颍阳山居做客，三人尝登高饮宴。人生快事莫若置酒会友，作者又正值"抱用世之才而不遇合"之际，于是借酒兴诗情，淋漓尽致地抒发出了一种深广的忧愤和对自我的信念。做了这样的交代后，学生理解起来会感到轻松多了。

3. 字词品味（或文本解读）

要准确地把握诗歌的主旨和作者的情感，最重要的是要能准确理解字词和诗句的含义。如果连字词句的含义都无法弄清楚，要赏析好一首诗（或一首词）只能是一句空话。例如，王维的《山居秋暝》，首句"空山新雨后，天气晚来秋"一开篇就点题。一个"空"字领起全诗，把所有的景致都染上了静谧，写出了山中的空寂。"空"是秋山的特征，秋雨过后，山林一色，更显空旷。"空"是双关，既是写景，也是对佛理的感悟。作者在山林中追求"空""静"，以获得心灵的"空""静"。"空山"二字也点出了此处有如世外桃源。山雨初霁，万物为之一新，又是初秋的傍晚，空气之清新，景色之美妙，可以想象。

4. 思路分析

诗歌在结构上大多采用并列式、对比式和层进式结构。例如，杜甫的《登高》一诗，在结构上采用了层进式，层层递进，包含了十分丰富的内容。诗人登台，早已有了常年做客异乡的羁旅之愁，再加上晚年多病缠身、壮志未酬以及战争带来的国难家仇，使孤独悲苦之情得到了更进一层的描写。秋江景色已让人触景生哀，更何况长年漂泊、垂暮之年抱病登台呢？这种层层递进的手法，使蕴藏在诗人内心深处的沉郁顿挫的感情得到了更深刻有力的表达。

5. 意象解读

"意象"是诗歌抒情言志的基本单位，是融合了作者主观情思的具体可感的艺术形象，也是作者的主观之意和客观之象融为一体的艺术形象。它比自然界的客观形象更能引起读者的共鸣。解读意象，是准确把握作者情感的关键。

（1）在鉴赏作品之前，学生需要了解和掌握一些基本知识的传统意象，这对解读诗歌有很大的帮助。诸如：

芍药——春天。　　　　　　　　杨柳——春天。

莲花——①夏天；②出淤泥而不染。

菊花——①秋天；②不随时俗，孤高傲世，孤独不遇或历经风霜严寒。

梅花——冬天。　　　　　　雁、北雁南飞——秋天、思念家人。

柏——坚忍。　　　　　　　　杨花——漂泊无定。

东篱——出世脱俗之想。　　　猿鸣、子规啼——凄凉、哀怨。

柳、烟——撩人的愁思。　　　大雁——鸿雁传书，思念之情。

野草花、夕阳斜——荒凉衰落。

杜宇、杜鹃（不如归去，不如归去）、子规、鹧鸪（哥哥，行不得啊！哥哥，行不得啊！）——满腹的悲愤和愁苦。

黄芦、苦竹——苦。　　　　　长檐——清丽宁静。

月——人月两团圆，想家思亲。　日——帝王。

日影——君恩。　　　　　　　登高——思念故人。

孤城——离人愁绪。　　　　　南浦——离别。

昨夜星辰——象征昨夜的美好。

哀鸿——比喻哀伤、痛苦、流离失所的人。

巴歌——亦称巴唱、巴讴、巴人之曲。借指鄙俗之作，多做谦辞。

白衣苍狗——亦叫白云苍狗。比喻世事变幻无穷。

吴钩——泛指宝刀、利剑。　　　双鲤——代指书信。

庄周梦蝶——文人用来借指迷惑的梦幻和变化无常的事物。

采薇——借指隐居生活。

碧血——借指为正义事业所流的血。

折桂——比喻科举及第。　　　怀桔——指孝顺双亲。

击楫——立志报效国家，收复失地。

昆山玉——比喻杰出的人才。

咏絮——指女子工于吟咏，有非凡的才华。

柳营——指军营。　　　　　南冠——指囚犯。

（2）在唐诗中，诗人往往会利用借代或借字的修辞，从而使语言简练含蓄，生动形象。如果学生能准确理解这一常见的现象，也就能准确解读意象。

① 在借代方面。

七尺——男儿。　　　　　长刀、短笠——农夫。

银钏、金钗——妇女。　　　玉箸——征人的妻子。

儒冠——书生。　　　　　纨绔——贵族子弟。

请缨——杀敌。　　　　　铁衣——征人。

轩冕——官。　　　　　　折腰——屈就。

投笔——从军。　　　　　屈走——官场经营。

蓬筚——穷舍。　　　　　渔樵——流落乡野。

采薇、采蕨——隐居。　　　钟鼓馔玉、钟鸣鼎食——富贵。

雕虫——读书作文。　　　　沾衣、湿襟——流泪。

孤帆、征棹——行船。

红豆——男女爱情的信物，故喻指爱情或友情。

② 在借字方面。

杜陵、洛阳、衡阳——思乡思亲。

蓟北、河北、塞北、辽阳、辽水、碣石、邯郸——思念、边远、荒凉、强悍等。

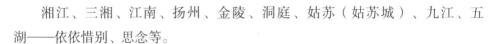

湘江、三湘、江南、扬州、金陵、洞庭、姑苏（姑苏城）、九江、五湖——依依惜别、思念等。

6. 景物描写

例如，王维《山居秋暝》中的"明月松间照，清泉石上流"所描写的是：天色已暝，却有明月当空；群芳已谢，却有青松如盖。山泉清冽，淙淙流泻于山石之上，有如一条洁白无瑕的素练，在月光下闪闪发光，多么清幽明净的自然美，这正是诗人所追求的理想境界。再如，杜甫《登高》中的前两联"风急天高猿啸哀，渚清沙白鸟飞回。无边落木萧萧下，不尽长江滚滚来"，所勾画出的是一幅秋肃临天下的动人图景，诗人借"风急""鸟飞回""猿啸哀""无边落木""不尽长江"形象地写出了自己的羁旅深愁和孤独凄凉。

7. 情感体味

在诗词中体会或概括出作者的思想感情，既是鉴赏之所需，也是多年来高考诗词考查的重点之一。因此，学生可在教师的指导下多感受一些诗人的生活，体味诗人的心情，联想诗人的处境与心理，去追寻诗人思想的轨迹，寻求与抒情主人公思想感情的共鸣，这就是说，要让学生的情感与作品同构。

此外，我们还必须勤做归纳工作，诗歌中的感情较为常见的有思乡（思亲）、怀友、怀古、迷恋、豪迈、忧郁、惆怅、寂寞、孤独、烦闷、沉痛、悲愤、哀伤、厌恶、恬淡、闲适、仰慕、激愤、欢快、激动、赞美、惜别、依恋、讽谏（讽喻）、写景状物、坚守节操、忧国忧民、感古伤今、感物伤亡等。

例如，李煜《虞美人》中的结句"问君能有几多愁？恰似一江春水向东流"是流传千古的名句，令人想象出这样一幅画面：词人此时此刻仿佛回到了他的故都金陵，站在城上望着浩浩荡荡的长江，觉得自己的愁情简直跟江水一样，无时无刻不在翻波涌浪地流向东海。作者将抽象的愁情形象化，让我们能更好地感受到作者感情的深度。

8. 意境探求

能诱发读者想象和思索的艺术境界就是意境，它是主观的思想感情与客观的景物之间有机融合成的一个统一体。通过探求意境，便能更好地理解诗人的思想和感情。例如，杜甫的《旅夜书怀》，"细草微风岸"中的"细""微"等字，与"官应老病休"中作者的孤单身影相应。"危樯独夜舟"中的"危""独"二字暗示了诗人在乱世中的凄凉孤独，与"飘飘何所似"中的

"飘飘""天地一沙鸥"中的"一沙鸥"相呼应,情景交融,浑然一体。同时,"星垂平野阔",不仅展现了星空垂下的大自然的广阔空间,还让人联想到在星空低垂下被压得喘不过气来,正为生活而奔走的作者的孤单身影;"月涌大江流",不仅展现了长江奔腾雄浑的气势,还让人联想到作者个人的渺小与微弱。又如杜甫的《登高》,全诗写登高所见之景,雄浑苍莽;在阔大雄健的气象之中,渗透着一股勃郁之气。

9. 音韵感受

古诗中的律诗和绝句是非常讲究抑扬顿挫的。例如杜甫的《登高》,通篇语言凝练、声调铿锵、气韵流转、对仗工整,抒写诗人内心忧郁的爱国情感和羁旅愁思,"悲愤而不过分,凄苦而不消沉",由此可见诗人在艺术上的功力。

再如李清照的《声声慢》,作者充分利用汉语双声、叠字等语言特点,使它们在声音、节奏和情调气氛等方面与所要表达的思想内容密切配合,达到真切地反映特定思想感情的目的。"寻寻觅觅,冷冷清清"8个叠字,抒写词人若有所思,若有所待,而又恍有所失的心情;"凄凄惨惨戚戚"6个叠字,又属齿音,吟诵时给人以凄冷的感觉;14个叠字由浅入深地将诗人南渡以后国破、家败、夫亡的无限愁苦之情,淋漓尽致地表现出来。下片的"点点滴滴"是4个迭字,写尽了词人在黄昏雨滴梧桐声中如泣如诉的天涯沦落之悲。在词中,作者还巧妙地使用了57个舌音字和齿音字,如"清清""凄凄""惨惨""戚戚""乍",是连续下来的9个齿音字;"点点滴滴"是四个舌音字。作者将这些舌音字和齿音字交错使用,极力渲染其悲愁恼恍的心情,真是一字一泪,像咬着牙根咽下似的。由于双声、叠字等的极大作用,所以使这首词受到历代词家的格外赞赏。张端义在《贵耳集》中,把李清照创造性使用叠字的惊人手腕,称为"公孙大娘舞剑手"。

此外,为了满足音韵的需要,在诗词中还会经常出现倒装句,如"多情应笑我",意思是应笑我多情,当然这是比较简单的。在词中有时还会出现比较复杂的倒装,如"千古江山,英雄无觅孙仲谋处",意思是江山仍是千年前那个样子,可是英雄孙仲谋的风流遗韵已无处可觅;"波心荡,冷月无声",意思是冷月无声地荡漾在波心。像这一类倒装句,其实不仅是音韵的需要,还隐含了加强作品艺术效果的意图,很值得品味。

10. 手法鉴赏

在鉴赏古诗的表达技巧时，最重要的还是对写作手法的鉴赏。写作手法又称作表现手法或艺术手法。具体到一首诗（或一首词），作者运用了何种手法，我们需要仔细分辨。要做到能够正确区分，同样需要我们在平时有这方面的积累。较为常见的写作手法有衬托手法、虚实相生的手法、对比手法、象征手法、比兴手法、先抑后扬、卒章显志、动静结合、伏笔与照应、托物言志、巧用典故等。例如，辛弃疾的《永遇乐·京口北固亭怀古》除了回顾作者43年前南下归宋经历那一层之外，全属用典，而所涉及的那些历史故事全都图画般地呈现在读者面前，词人通过借用那些艺术形象来表现自己的政治立场和观点。再如王维的《山居秋暝》，中间两联既写人，又写物，但各有侧重。颔联侧重写物，颈联侧重写人，两者互相补充。泉水、青松、翠竹、荷莲，可以说都是诗人高尚情操的写照，也是诗人理想境界的环境烘托。实际上，作者既运用了比兴的手法，以自然美来表现诗人的人格美和一种理想中的社会之美，通过对山水的描绘寄慨言志（寄托着诗人高洁的情怀和对理想境界的追求），意蕴丰富；同时又从反面衬托出他对污浊官场的厌恶。

11. 特色概述

例如，《将进酒》的特色主要可从三方面概括：①全诗感情大起大落，诗情忽翕忽张，由悲转乐、转狂、转愤激，再转狂放，最后结穴于"万古愁"，回应篇首，如大河奔流，有气势，亦有曲折，纵横捭阖，力能扛鼎，正合李白豪放飘逸的诗风。②诗中多次运用夸张的手法，如开篇的"黄河之水天上来""朝如青丝暮成雪"等正契合李白的个性气质，又与通篇思想性格相吻合。由于有了充实深厚的内在思想和潜藏在酒话底下如浪涛汹涌的郁愤情绪，以及艺术的默契，这些夸张不仅不会给人空洞浮夸之感，反而表现了诗人豪迈的诗情，充分显示了他那豪放飘逸的诗风，使诗篇具有震动古今的气势与力量。③在表达形式上，该诗采用的是曲达，如以"钟鼓馔玉"来借代权贵。

12. 全诗概说

例如，《蜀道难》全诗以强烈的咏叹突兀而起，继之以渺远的古代传说和高危险峻的山水景物。大起大落的跳跃式诗歌情感结构，给人以奔腾回旋的动感；流走于其中的气吞山河的宏伟气魄，给人以涤荡心灵的强烈震撼。全诗气势磅礴，风格豪放，纵横捭阖，变幻莫测，处处险中见奇，展现了诗人杰出的艺术才能和丰富的想象力。

诗的开篇四句是全诗的总纲，然后按蜀道的由来、历史，蜀道沿途各处高峻、阴森、险恶的景物环境和动荡不安的社会情况等内容依次写来，镜头一组比一组惊心动魄。"蜀道难，难于上青天"，在诗中反复迭现吟唱，作者以酣畅淋漓的笔墨，创造出了一个神奇惊险、雄健开阔的高远境界，使全诗的情感始终处于高昂、澎湃之中，回旋激荡，余韵悠长。

此外，还有比较赏析、风格评说等。

其实，如果我们在赏析诗词的时候能多角度，或突出某一种，或将其中某几种有机地组合，那么，科学而有艺术的鉴赏方案也就出现了。

例如，《登高》的鉴赏设计。

1. 鉴赏方法

①将"诗意概说""字词品味""音韵探求""景物描写""意境探求""情感体味""手法理解"等融合在诗歌赏析之中。②先教读，后自读。

2. 鉴赏内容

（1）聆听教师教读——首联赏析。

诵读要注意节拍，风急/天高/猿/啸哀，渚清/沙白/鸟/飞回；每拍的后一字若遇平声可适当延长，遇仄声字宜作一顿。这样就使得诵读抑扬顿挫。（音韵探求）

从内容上看，写登高所见，连续出现了6个特写镜头，14个字勾勒出一幅登高远眺的秋江山水图，动静相映，声色并茂，气韵生动。（诗意概说）

登临高处，诗人感受猎猎之风，聆听空谷猿鸣。移动视线，由高处又转向江水洲渚，在水清沙白的背景上，点缀着迎风飞翔、不住回旋的鸟群，真是一幅精美的图画。（景物描写）

句中用字十分贴切。深秋九月，潭寒涧肃，沙洲小渚，孤零冷落，所以说"清"；风霜高洁，水落沙出，所以说"白"。因为台高，更觉其风大，所以说"急"；风大则水鸟低飞盘旋，所以说"回"。（字词品味）

"风急"二字带动全联，不仅上下两句工对，而且还有句中自对，"天"对"风"，"高"对"急"，下句"沙"对"渚"，"白"对"清"，读来非常富有节奏感。（手法理解）

诗歌一开始便有了悲凉的气氛。人登高处，更感风急，含有老迈漂泊的悲

怆凄凉之感。"天高"地远，扶病独登台，就越发觉得孤独悲哀。所以，听猿长啸，也就有了哀意。（意境探求）

画面是惨淡的，它映照出诗人内心的悲戚。特别是"猿啸哀"和"鸟飞回"这两个细节，跟诗人素有的伤时感情联系起来看，简直就是对包括诗人在内的千万个流离失所者的写照。（情感体味）

（2）同学们自读，根据上面的方法，赏析后面三联。

（略）

二、现代诗歌（或词）的赏析

1. 创造新的诗词鉴赏方法

（1）配乐诵读法。

音乐性是诗歌（词）与生俱来的品性，诗歌（词）中语音有规律的停顿造成节奏，其声、韵又按照一定的规则组合而形成韵律，回环往复、一唱三叹，节奏、韵律与诗人（词人）要表达的情感协调一致，诗词中的轻松、欢快、沉滞、急促、昂扬、舒缓等节奏韵律的变化，反映了人的情绪的起伏波动的变化。所以，诗词中的韵律美绝不是一个纯形式的因素，它是情感内容的有机组成，或是与情感内容不可分割的因素。阅读诗词须吟哦，须朗诵，通过感受作品的音乐美，将自己带入诗词的意境之中，从而领悟作品的艺术魅力。例如，鉴赏戴望舒的《雨巷》，就可以充分利用濮存昕的配乐朗诵，既能让学生学习朗诵诗词的技巧，也能让学生很快进入诗的意境。

再如，配乐诵读徐志摩的《再别康桥》，给人的感受就像一首忧伤的小夜曲。四行一节，每一节诗行的排列两两错落有致，每句的字数基本上是六七字（间有八字句），于参差变化中见整齐；每节押韵，逐节换韵，追求音节的跌宕起伏和轻柔舒缓的旋律感。此外，"轻轻""悄悄"等叠字的反复运用，增强了诗歌轻盈的节奏。诗的第一节旋律带着细微的弹跳性，仿佛是诗人用脚尖着地走路的声音；诗的第二节到第六节舒缓而悠扬，像是用小提琴拉满弓奏起的欢乐的曲子；诗的尾节与首节句式相似，遥相呼应，又有情感的升华，令人回味无穷。

（2）引入法。

引入法一般适用于开始鉴赏诗词的时候，不是直接触及课文，而是通过另外的诗词引入。例如，在鉴赏徐志摩的《再别康桥》之前，我们可先轻声诵读李白的《静夜思》《独坐敬亭山》，体会诗的节奏。在鉴赏五言诗时，我们根据其内部的节奏，一般前面停顿的时间较长，后面停顿的时间较短，这样便于表现事物与抒发情感。《再别康桥》的朗诵节奏，基本上与五言诗的节奏相同，我们可在读完李白的诗歌后，接着诵读这首诗，感受并体味。

> 轻轻的——我——走了——
> 正如我——轻轻的——来——
> 我——轻轻的——招手——
> 作别——西天的——云彩——
> ……
> 悄悄的——我——走了——
> 正如我——悄悄的——来——
> 我——挥一挥——衣袖——
> 不带走——一片——云彩——

　　这种侧面引入法，既营造了鉴赏的文化氛围与增加了知识含量，又省去了教师的很多讲解、示范的时间，让学生有更多的精力来进行揣摩和体味。

2. 创设新的诗词鉴赏思路

　　例如，鉴赏余光中先生的《〈乡愁〉诗两首》，可做如下两种设计：

　　（1）比较诵读式。

　　《乡愁》共两首，但我们在鉴赏时可以教成三首。用余光中的一首诗带出他的另一首诗，再用他的另一首诗带出席慕蓉的一首诗。在鉴赏中，可以比较他们两人诗歌的特点。余光中的《乡愁》与席慕蓉的《乡愁》都是抒写乡愁，但在表达上有各自的特点。这两首诗的相同点：①作者的时代背景相同；②抒发的思想感情相同；③都是按时间顺序写的；④都运用了比喻的修辞方法。这两首诗的不同点：①余光中的《乡愁》感情朴实，读起来朗朗上口，而席慕蓉的《乡愁》比较含蓄；②余光中的《乡愁》是抒情诗，而席慕蓉的《乡愁》是散文诗。课后再做具体的解析：从结构上看，余诗用多节来表达主题，而席诗则短小，一节包含了所要表达的主题；余诗的节奏分明，每一节结构匀称，而席诗则没有这样的限制；余诗在表达上用时间来作为线索，而席诗则以意象为主来体现主题。从表现手法上看，余光中的《乡愁》诗用衬托的方式，从远到近、从小到大、由浅入深，一层又一层铺叙出乡愁之浓，为大家讲述了一个个的小故事，那么席慕蓉的《乡愁》则用女诗人超凡的想象力、新奇的比喻、缠绵的情思，细腻地表现了乡愁的主题，为大家描述了一幅幅美丽的画面。教学余光中的诗要突出意象，而教学席慕蓉的诗则要突出意境。在读法上，对席慕蓉的诗要用轻声来读，有时甚至要用极轻的声音来读，让学生在反复诵读中把握意象和意境。最后再背诵下来余光中的两首《乡愁》诗。当然，也可以轻声诵读席慕蓉的《乡愁》，或以多首古代的思乡诗来引出余光中先生的《〈乡愁〉诗两首》。在这一节课上，我们主要以比较诵读为主。

（2）资料穿插式。

在鉴赏中有机地进行穿插资料，以充实鉴赏内容和调节鉴赏的节奏，如：

穿插一：什么是乡愁诗或思乡诗，如《望月怀远》（张九龄）、《静夜思》（李白）、《十五夜望月》（王建）等。

穿插二：借用余光中的一段话进行思路点拨，诗的前三句思念的都是女性，到最后一句想到了大陆这位"母亲"，于是意境和思路便豁然开朗，就有了"乡愁是一湾浅浅的海峡"一句。

穿插三：用余光中的一句话渲染氛围，"烧我成灰，我的汉魂唐魄仍然萦绕着那片厚土"。

穿插四：用课前搜集到的与本文有关的评论文和同学们一起讨论本诗的特色，然后总结如下。

① 结构美。全诗共四节，每节四行，每一节行数、字数相等，格式相同。四节诗在一起，表现出一种层叠式的结构，显现出特有的形态美与建筑美。虽然节与节之间相互对称，但由于诗句的长短不同，全诗在整齐之中表现出参差、活泼的动感，特别突出了它那秀美的细部线条——"乡愁是一枚小小的邮票""乡愁是一张窄窄的船票"等四个诗句，极好地表达出了作者那幽深的乡愁。

② 音乐美。轻声诵读可以感受到《乡愁》这首诗的音乐之美。它首先表现在全诗的结构之中。全诗因格式相同的诗节而蕴含着相同的吟咏节奏，生动地形成了一种反复吟咏的韵律，表达出一唱三叹、如泣如诉、意境悠远的抒情效果。其次表现在诗节的选字、用词和写句上。诗句长短的不同造成了停顿、节奏、语气与语调的变化，便于表达思念的深情；叠词的选用起着舒缓节奏、深

化情感的作用，多个叠词的运用使得音节具有回环之美；最后表现在韵脚上，"头"字多次出现，不仅形成反复之美，而且组成了诗的又一旋律。

穿插五：歌曲《乡愁》或《乡恋》欣赏，以此结束本课的鉴赏。

再如，鉴赏舒婷的《双桅船》，可做如下设计：

（1）多媒体辅助鉴赏式。借助多媒体手段，大声诵读舒婷的《致橡树》，理解其中的"橡树"和"木棉"的深刻含义，进而品味朦胧诗的特点。

（2）资料穿插式。朦胧诗的理解对于学生来说难度是比较大的，可以通过求助教师，获取必要的相关资料。

资料一：朦胧诗大多运用了象征的手法。象征多是用某种具体的事物来表达人的某种主观情绪和某种社会态度。简而言之，就是用具象来表达抽象。

资料二：意象的运用。所谓意象，就是借用外在的景致来表现内在的感受，也就是包含了作者情感的具体可感的艺术形象。在朦胧诗中，诗人多以主观情绪和人的各种心态为表现对象，从主观情绪出发，想象并构造成景致，从而使抽象的情感形象化，以达到艺术表达的效果。诗人在诗中所要表达的，是一种情绪，一种感情历程。全诗通过一些具体形象的自然组合，形成一幅完整的有动态过程的画面，而在画面之下，隐含并跳动着作者的真情实感，从而使诗人内在的强烈的情绪得以自如地表达。

3. 完成具有创新特点的诗词训练

（1）探究活动。

例如，赏析完晓光的《那就是我》后，学生可带着这样的问题去探究：有人认为这首歌词抒发的是游子思念母亲的情怀，有人认为抒发的是海外赤子思念祖国的深情，还有人认为抒发的是异乡游子对家乡的思念……请你从多个角度谈谈自己的看法。

再如，赏析完戴望舒的《雨巷》后，学生可带着这样的问题去探究：《雨巷》被称为富有象征意味的抒情诗，在这首诗中，丁香姑娘是真的出现了，抑或是戴望舒心中理想的象征物？请从多个角度对丁香姑娘这一形象进行解读，理解丁香姑娘形象的多重内容，领会诗人是如何通过这一形象，表达自己茫然、惆怅的情绪，寄托自己追求美好理想的情怀的。

（2）拓展欣赏。

例如，鉴赏完舒婷的《双桅船》后可完成如下训练：

请欣赏舒婷的《致橡树》，然后思考后面几个问题：你最喜欢其中的哪些诗句，为什么？这首诗很讲究节奏和韵律，读起来朗朗上口，有音乐性。试结合有关的诗句做出具体的分析。

再如，鉴赏完李海鹰的《弯弯的月亮》后可完成如下训练：

李海鹰是词曲作家，中央电视台大型电视专题片《澳门岁月》中一首主题歌《七子之歌——澳门》就是由他作曲的。他认为自己是用音乐的形式与闻一多这位杰出的文化先辈进行了一次超越时空的心灵对白。请你欣赏这首歌，并谈谈你的感受和看法。

第三部分　散文的鉴赏

散文是一种选材范围广阔、灵活自由、不受拘束、语言优美的体裁样式。它的形式多种多样，布局精巧，内涵丰富，语言精美，情蕴优雅，是提高学生的欣赏水平，培养学生的阅读能力，熏陶学生的人文精神，丰富学生的情感和语言的最重要的一种文体。从目前中学生散文鉴赏的情况来看，学生兴趣明显不够，效果也不理想，这一点可从多年来的高考散文考查的情况得到印证。所以，我们需要进一步研究散文的鉴赏。

一、古代散文的鉴赏

古代散文主要分为叙事说明类和议论抒情类。叙事说明类又分为传记和杂记等，而议论抒情类又分为论辩、奏议、序跋、赠序、诏令、书说、颂赞等。目前，教师们对各种类型的文言文的讲析大多采用串讲法，强调的是对字、词、句的掌握和翻译，形式较为单一。那么文言散文的鉴赏能否做到生动有趣呢？我想，我们可以做一些探索。

1. 以读为线索，培养语感

（1）听读。从不同的角度来听——听出课文的层次，听出文中的情景，听对课文的赏析，听对课文的配乐朗诵，在听中不断增强自己的表达能力。

（2）领读。对一篇新的课文，无论是录音范读，还是教师领读，对于引领学生迅速进入状态以及准确把握文章的感情基调都是十分重要的。

（3）诵读（或背诵）。录音的诵读，或者教师的诵读，或者优秀学生的诵读，在语文的课堂上是必不可少的。对那些语言优美、情韵丰富、朗朗上口的作品，或吟诵，或朗诵，或背诵，学生应当大量积累，并体验其思想、艺术以及情感的魅力，不断增强语感和整体把握作品的能力。

（4）说读。学生自己应当主动开展一些言语活动，以此来带动对课文的阅读理解，要多对课文内容进行概说或解说、翻译或评说。

（5）写读。在学习课文的过程中，学生对课文中的一些精美的、重要的片段可以进行缩写、扩写、仿写、补写、改写等，甚至还可以写文艺短评。这样既可以更好地培养自己的语感，也可以让自己在很短的时间内积累一些好的写作素材，可谓一举两得。

（6）赏读。欣赏散文最重要的是欣赏意境和语言。但对一篇好的散文来说，仅仅欣赏这两点是远远不够的，我们还需要从选材、构思、立意、布局、意象、修辞、音韵、主旨、风格、手法等方面进行鉴赏。只有这样，才能真正感受到作品的内容美和形式美，才能真正感悟到作品的艺术魅力。

（7）扩读。就是以原文为基础，扩大课文的阅读量。它需要我们找出课外的赏析性材料，或续文，或姊妹文，或其他相关的语言文字材料。它可以涉及题材、主题、意象、意境、情感、修辞、结构、语言、韵律、体裁、表达方式、表现手法等。因此，它与原文是有联系的，能让读者从不同的角度解读原文，并能学到许多课文以外的东西。

2. 以译为线索，培养探究能力

译以读为基础，通过一定量的读，乃至大量的读，学生一看到文言文，就能基本了解文章的大意。但是，我们如果真正想要把文言文学好，把基础打牢固，就不能只求对文章的一知半解，还必须把工作做得更细一些。

（1）自译某些文段或短文。

学生自己翻译课文，并不是一件很容易的事，需要遵循由易到难、循序渐进的原则。可先翻译一小段或相对较容易的部分，寻找一下感觉，然后再加大难度。有些地方肯定翻译不到位，发现了难翻译的地方，就会产生强烈的欲望，通过请教教师，就能及时得到某些点拨，效果自然会相当不错。

（2）借助工具书来翻译课文。

感觉难翻译的地方，学生应当主动先查查有关的工具书，通过筛选、引申、推断，不断寻找答案。若遇到太难的问题，就去问老师，通过老师适当点拨之后，再由自己来解决。这样坚持下去，学生的分析、判断能力自然会得到较好的锻炼。有了成功的喜悦，学生对于知识探究的兴趣也就更浓了，久而久之，探究能力也就增强了，遇到疑难问题，自然不再回避，而是想方设法去解决。

例如，鉴赏《逍遥游》，我们可做以下设计：

本文是庄子的代表作。丰富的想象、奇特的夸张、透彻的说理是本文最突出的特点。除了解有关的知识外，更重要的是了解文本的内容。而本文语言的理解难度相当大，如果学生在语言疏通上没问题了，那么文章内容的把握也就不难了，特点的归纳也就相对容易了。因此学习本文最重要的是先扫除语言上的障碍。具体的教学步骤是：

第一步：庄子及背景材料介绍。（略）

第二步：由教师示范串讲第一段。

① 先由一名学生有感情地朗读第一段，然后齐读本段。

② 学生梳理思路，自由发表意见。

③ 一句一句直译，对重点词句和陌生词句可由教师做适当点拨（如：怒、海运、《齐谐》、志、"《谐》之言曰"五句、"天之苍苍"三句、且夫、莫之夭阙、奚以……为、反、之二虫又何知）。

④ 请教师评点本段思路。（本段内容阐明世间万物都"有所待"。首先，作者大肆渲染，以夸张的手法描写神奇莫测的巨鲲大鹏，言其背大，"不知其几千里也"；言其翼大，"如垂天之云"。这只鸟不仅大，还能腾空而起，还要乘海风进行万里之游，给我们展示出了一幅雄奇壮丽的画卷。其次，作者以"野马""尘埃"的"以息相吹"与大鹏的"海运将徙"作对比，说明万物皆"有所待"。最后，作者以童话般的叙述，写蜩与学鸠对大鹏高飞远行的嘲笑，并以行路备粮的比喻予以反驳，表现出毫无自知之明的可怜和可笑。）

⑤ 分多个小组，由学生仿照教师的做法试译课文第二段，然后由教师针对实词、虚词等知识点进行提问。

⑥ 学生熟读第三段，对照译注直译，独立完成。

第三步：根据课文前的提示和课文后面的思考练习二，学生从课文中找出有关的例子进行说明。

第四步：课外作业。

① 课文第一段背诵。

②有关本文词句的理解和课外文段翻译等方面的练习。（略）

③写一篇读后感。

二、现代散文的鉴赏

现代散文作品的鉴赏，依常规看来，主要是品味作品所描绘的形象，其中包括迷人之景、动人之事、感人之情、哲理之思，以及作品的语言艺术和创作技巧等。

1. 重视常规品析散文

（主要是夯实基础）

散文的品位可以从许多方面进行，如品味选材特点、品味文中线索、品味起承转合、品味过渡照应、品味文中重点、品味人物风貌、品味风土人情、品味首尾妙处、品味文章主旨、品味语言艺术、品味表达技巧等。为了达到更好的赏析效果，我们必须突出抓好以下四步的品悟：

（1）要在"读"字上下功夫。

现代散文种类繁多，如叙事散文、抒情散文、议论性散文、游记散文、报告文学、传记文学、小品文、随笔、寓言、书信、日记、速写、素描、特写、访问记、风俗志、回忆录等。不管是哪一类，在语言上，不至于像文言散文那样有语意理解上的障碍，因此，最重要的是拿到文章后一定要多读。我们需要反复地读作品，如范读、跟读、单独读、齐读、分组读、分角色读、表演读、和声读、精读、速读、跳读、猜读等，读奇字，读妙语，读名句，读精彩片段。只有多读，才能真正读懂文本；只有多读，才可以真正品味出文章字里行间所蕴含的情感等。此外，我们也同样要借鉴文言散文鉴赏中的扩读。当然，在经过了较长时间的忙碌之后，我们就会发现，自己各方面的积累丰厚了，并且能随时利用手中的材料，对原文的题材选择、主题表达、结构布局、语言运用、意境创设等方面进行有个性特点的赏析评点。

（2）要认真品味形象。

品味形象，形象既可以是人物，也可以是景物。要考虑文中塑造了怎样的形象，形象是怎样塑造出来的，这形象在文章中占据着怎样的地位，有什么意义，等等。

（3）要细细品味语言。

作者要表现深邃的思想和丰富的情感，大多着眼于炼字炼句、时空动静、视觉听觉、修辞手法等，并借用准确、生动、形象的文学语言来进行描述。因此，我们实在有必要好好品味散文的语言。品味时，要考虑它具有准确、鲜明、生动、富于形象性和艺术感染力的特点；具有怎样独特的语言风格（幽默、辛辣、平实、自然、简洁、明快、含蓄、深沉或凝重、绚丽多姿等）及这些语言具有怎样的表现力；运用了什么样的修辞手法；具有怎样的表现效果；等等。要特别注意洗练的字词，如动词、形容词、副词、数量词等；要注意文中的一些独特的句式，如较短的整句、富于变化的长句、倒装句、诗词句等；还要注意多种修辞交错运用的句子或段落。对于散文语言的欣赏，不可只考虑某个句子本身写了什么，一定要立足全篇，要结合具体的语境去理解，这样才能做到完整和准确。这里特别要提及品味杂文语言，杂文语言是非常富有艺术性的，蕴含深厚，值得反复咀嚼，一定要细嚼慢咽，千万不要囫囵吞枣，或一知半解了事。

（4）要努力探究表达技巧。

一篇优秀的散文，之所以富有情韵、朗朗上口和独具艺术魅力，最关键的就是作者在文中运用了精妙的写作技巧。鉴赏文中的表达技巧，需要从表达方式、选材剪裁、表现手法、结构安排的角度去探究。通过不断探究，学生就能从中学到不少的写作知识，迅速提高写作的水平。

由于这些方法都是为我们以后进行个性化阅读打基础的，所以必须高度重视。如果基础打得不牢固，那么我们就难以高质量地阅读文章。

2. 找准品析不同类型散文的切入点或重点

其实，不同类型的散文鉴赏，其鉴赏的切入点或重点还是有一些不同的，需要我们认真细致地研究。下面主要就叙事散文、抒情散文和议论性散文的鉴赏做一些分析和探讨。

（1）叙事散文。

叙事散文以记人叙事为主，其特点是叙事、情节不求完整，但很集中；写人，形象不求丰满，但很鲜明，如《藤野先生》（初中课文）、《为了忘却的记念》、《记念刘和珍君》等。

①理清线索。

此类散文的鉴赏，要求我们在反复品读的基础上注意把握文中的线索。有的以人物为线索，如《藤野先生》等；有的以事物为线索，如《琐忆》等；有的以感情为线索，如《为了忘却的记念》《记念刘和珍君》等；有的以一条线索为主，又包含另一条或多条线索，如《我与地坛》等；还有的以含义深刻的句子来统领全文，如《琐忆》等。叙事散文作者往往透过平凡的小事来反映不平凡的精神或本质，以细小的局部来显示宏大的整体，以生活中的琐事来表达出深刻的哲理等，这就是人们常说的"以小见大""内蕴丰厚"。例如《琐忆》，文章以体现鲁迅先生伟大人格的两句著名诗句"横眉冷对千夫指，俯首甘为孺子牛"为线索，把自己与鲁迅先生交往中的几件小事串联起来。把握了这一点，文章的思路结构就理清了。

②要注意品析文章写作时切入的角度。

一般来说，叙事散文所记叙的事情，我们是不难看懂的，但要把事情很好地写出来，可不是一件容易的事，所以，我们在赏析优秀的散文作品时，一定要反复品味文章写作时切入的技巧。例如《记念刘和珍君》，鲁迅对"三·一八"惨案的述评，切入的角度就选得非常好。这个角度就是纪念刘和珍君。写一个刘和珍，写她的正义感、责任感，反反复复写她的"微笑""和蔼"，以一当十，塑造出了请愿群众的群体形象，由此可见，这是一批何等可爱的青年。而段政府所杀害的恰恰就是这样一批可爱的青年，流言家所诬陷的就是这样一批可爱的青年，他们的凶残卑劣便不言而喻，他们的无耻谰言也不攻自破。写刘和珍的遇难，用了一系列的特写镜头，枪弹的攒射、大棍的挥舞，历历在目，在弹雨中互相救助的情景也历历在目。这样的特写镜头远比全景式的描写更细腻，同时又能使人想见发生在段政府门前这场惨案的全景。写一个刘和珍，写北京女子师范大学的追悼会，写程君的话，又真切地反映出了惨案之后正义的人们怎样深切地悼念死难者。作者记念一个刘和珍，而评述的是"三·一八"惨案整个历史事件。把握了这些，有助于我们更好地把握文章博大而深刻的思想意义。

（2）抒情散文。

抒情散文以表现对现实生活的感受，抒发作者的感情为主，直抒胸臆，颂斥美丑，表达爱憎，如，《白杨礼赞》《世间最美的坟墓》《冬天之美》等。

①理清线索。

此类散文的鉴赏，同样需要我们在反复品读的基础上注意把握文中的线索。抒情散文大多是以作者的情感变化为线索，如《荷塘月色》等；或以描绘景物为线索，如《绿》《春》（初中课文）等。不过，对于托物言志的散文，我们还需要分析得更细一些，一般有以物喻人、借景抒情（作者把自身所要抒发的感情、表达的思想，通过描写这些景物的形态、色彩、芬芳，含蓄曲折地表现出来）、寓情于景（作者以有情之笔去描写景物，使感情附着于景物，往往有表达感情的词语）、咏物言志（一是借景来表达自己的志向，一是借物表达自己的胸襟，这个"物"，一般非眼前实物，而是作者假托之物，作者不做精细描摹，而着眼于内在的神韵和品质）、托物寄意（作者在对事物进行描绘和吟咏之后，顺便表达出自己对生活、对人生、对世界的感悟。所以作品的重点不在描绘事物，而在于引出作者的某种见解）、咏物明理（作者重在"理"字上做文章，较之于"托物寄意"中的"意"，文字更多，文中的情感更强。文中的"物"只像一个引子，对景物的描写只是蓄势，重在后面的议论析理）等。

②从作品精巧的构思中，去把握散文的意境

著名散文作家杨朔谈散文说："我在写每篇文章时，总是拿着当诗一样写……常在寻求诗的意境。"例如，《冬天之美》，这是一篇寓情于景的抒情散文，作者在文中借助对自然景物的描写来表达对世事人生的深切感悟。由于乔治·桑酷爱田园生活，长期生活在法国乡间，所以她笔下的冬季，充满着勃勃的生机和活力，有着缤纷迷人的色彩，极富诗情画意。作者对乡村冬季景物的极力赞美，意在抒写一种发自内心地对大自然的亲近之感，以及由此引发的对朴实、安详、宁静生活的追求和向往。乡村冬天的美不仅在于自然，更在于在"乡村的漫漫长夜里"，可以使人远离虚荣与名利的追逐，体验到生活中最真挚的情感。作者厌恶虚荣和"奢侈挥霍"的所谓大都市生活，向往那种朴实而又和谐自然的田园生活，只有回到乡间的田野，才能真正感受到生命的乐趣。这是作者写作本文的真意之所在。

③从作品所描绘的画面中，去把握散文的意境。

散文的意境通常都是具体形象的，而不是抽象缥缈的。它常常体现在作者所描绘的生动画面之中，它是作者主观情感和外部景物的融合，做到了境界与情调相交织。例如茅盾的散文名作《风景谈》，全文共描绘了六幅图画：沙漠驼铃、高原归耕、延河夕照、石洞雨景、桃林小憩、北国晨号。从字面上看，作者好像只谈风景，其实，作者要写的是主宰风景的人，是赞美以辛勤劳动和崇高精神征服自然、改造环境和振兴民族的延安儿女。由此可看出，作者是借六幅风景图画，来寄托自己的主观情思。我们在鉴赏的过程中，只有认真去赏析这六幅图画，才能准确地把握住作品的意境。

（3）议论性散文（政论散文）。

议论性散文以杂文为主，它着重议论一种思想，或着重抓住一两个典型事例或典型人物，以形象化的笔法揭示其本质，或歌颂之，或批判之，如《路标》《论雷峰塔的倒掉》《胡同文化》《拿来主义》等。

杂文是文艺性的政论文，它既有政论的性质，又有文艺的特点，可以说是政论与诗的结合。杂文比较难理解，而鲁迅的杂文尤其难以理解。因此，抓好杂文的鉴赏，是议论文乃至整个中学语文学习的一项重要任务。笔者认为，在鉴赏的过程中，若从以下几方面来切入对课文的赏析，既可较好地弄懂课文，又可起到举一反三的作用。

①有意识地在预习课文时，查找与时代背景和写作意图相关的资料。

为了使这项工作落到实处，学生在课堂上要主动接受老师的检查，在有必要时，还可要求老师做一些补充。这既是为了消除时代隔阂，也是为了更好地理解课文的主旨。对于鲁迅的杂文尤其必须这样去做。

②要掌握从整体到局部来阅读文章的方法。

我们要注意掌握文章的基本内容和整体结构。只有一开始就迅速把握了文章的基本轮廓，才有可能逐步深入剖析文章。否则，我们学起来，会感到像是一团迷雾，无所适从。

③要细细地探究文章的表现手法。

因为杂文一般比较短小精悍，长于运用尖锐、隽永而又形象化的语言，所以，大多通过譬喻、反语等手法来及时地针砭时弊，就像匕首和投枪一样刺向敌人的要害。另外，杂文往往包含着幽默和讽刺，它的幽默常常使文章显得生动有趣。其讽刺"有对付敌人的，有对付同盟者的，有对付自己队伍的，态度各有不同"。对敌人，常常在无情的揭露和批判中给以致命的打击；对同盟者则是通过必要的批判和斗争，达到新的团结；对人民群众则是热情地帮助，真诚善意地劝谏，以达到治病救人的目的。

例如，《拿来主义》中的表现手法寻踪：

本文阐明对待文化遗产批判继承的正确态度，并不是枯燥地讲述道理，而是写得轻松活泼，很有趣味。作者是运用了什么样的手法取得这样的效果的呢？

第一，运用了多种论证方法。例如，第3段运用了类比论证，第8、9段运用了比喻论证和对比论证。

第二，运用了讽刺、幽默、反语等手法。例如，第1段结尾处的"进步"是反语，表现了作者对"送去主义"的嘲讽。"大师""捧着""几张""一路挂过去""发扬国光""传道"等词语都表现出了嘲讽的感情。再联系第1段的内容来理解第3段，其中的"丰富""大度""不算坏事情"就是对"送去主义"的讽刺。

3. 不断创新赏析方案

文章的赏析方案不能千篇一律，否则，再好的文章，品析多了也会让学生倒胃口，散文的赏析也不例外。因此，我们必须不断地创新赏析方案，从而不断提高自己的学习积极性。

例如，从创新的角度对《荷塘月色》的赏析方案做点探究。

（1）精心设计赏析结构。

① 课前搜集有关本文的鉴赏资料。

② 提出赏析目标和需要探究的问题。

③ 分步精心品读课文。

④ 整体感知课文。

⑤ 第4、5、6段赏析。（画面、情感、语言、修辞、表现手法等）

⑥ 品析开头和结尾。（可安排学生课外品析）

⑦ 根据文中情感的变化特点，顺理成章地引出写作背景。

⑧ 穿插学生们课前搜集到的鉴赏资料，教师做适当补充。可安排学生就自己理解最深的某一方面写一段短评。

⑨ 精美语句和段落背诵。

（2）精心设计鉴赏过程中需要重点探究的几个问题。

①《荷塘月色》中作者的感情。

②《荷塘月色》中的借景抒情。

③《荷塘月色》中的描写手法。

④《荷塘月色》中的动静结合。

⑤《荷塘月色》中的修辞妙用。（重点：比喻、通感、衬托）

⑥《荷塘月色》中的画面美。

⑦《荷塘月色》中的叠词美。

⑧《荷塘月色》中语言的音乐美。

（3）分步精心品读课文。

① 听录音朗读（或教师范读）。重在初步感受文中的情感。

② 跟录音，学生和声读。要求轻声吟读，注意抑扬顿挫、轻重快慢、情感的变化。

③ 全班齐读。要求能在读后复述课文的基本内容。

④ 分组选读。分成多个小组分别朗读第4、5、6段，让学生体验作者的感情。

⑤ 个人朗读。重在注意抑扬顿挫、轻重快慢、情感的变化。

⑥ 自由选读。要求带着初步的情感体验更深入地体验文中的感情。

⑦ 熟读并背诵第4、5、6段。

（4）师生部分赏析。

① 整体感知课文。

② 赏析课文第4段。

第一步：学生个人朗读文段，其他同学注意该生朗读时的抑扬顿挫、轻重快慢和情感变化。教师点拨。然后，全班齐读。

第二步：学生针对本段结构、语言、修辞、描写手法等方面，自选精妙之处赏析。

第三步：教师在内容上做适当的归纳点评。本段先写荷塘，首先鸟瞰全景，"曲曲折折的荷塘"，给人一个总的印象；然后写田田的荷叶，美如裙裾；再后写荷花零星点缀，千姿百态，如星星熠熠，如明珠乳白，如浴女娇媚，这是月下荷花所特有的风姿；最后写荷香及荷叶下的流水，阵阵微风，吹动了满池荷叶，"送来缕缕清香"，流水脉脉含情。

第四步：学生熟读并背诵本段。

③ 学生按"朗读—结构分析—语言点评—表达技巧赏析—熟读背诵"的思路自己赏析课文第5、6段，教师在必要时稍做点拨。

④ 重点问题讨论与探究。

⑤ 练习：朱自清散文《绿》或《匆匆》赏析。

就自己在学习课文过程中理解最深的某一方面，写一段短评。

第四部分　戏剧的鉴赏（剧本鉴赏）

戏剧是文学、美术、音乐、舞蹈的综合体，是由演员当众表演故事、塑造舞台形象来反映社会生活的直观艺术。《普通高中语文课程标准（实验）》对戏剧的鉴赏提出了明确的总要求：

（1）培养学生阅读古今中外各类戏剧作品（包括影视剧本）的兴趣，从优秀的戏剧作品中汲取思想、感情和艺术的营养，丰富、深化对历史、社会和人生的认识。

（2）形成良好的文化心态，学会尊重、理解作品所体现的不同时代、不同民族、不同流派风格的文化，理解作品所表现出来的价值判断和审美取向，做出恰当的评价。

（3）学习鉴赏戏剧的基本方法，初步把握戏剧各自的艺术特征。注意从不同的角度和层面解读戏剧作品，提高阅读能力和鉴赏水平。学写戏剧评论，力求表达出自己的独特感受和新颖见解。

（4）表演剧本的精彩片段，品味语言，深入领会作品的内涵，体验人物的命运遭遇和内心世界，把握人物的性格特征。

（5）尝试对感兴趣的古今中外戏剧进行比较研究或专题研究。

（6）留心观察社会生活，丰富人生体验，有意识地积累创作素材，尝试创作剧本，相互交流。

而在整个戏剧的教学过程中，剧本的教学又是一个非常重要的方面。因此，下面主要就剧本的教学做些探讨。

一、剧本（戏剧文学）鉴赏需要设计合理的鉴赏目标

剧本是一种与小说、诗歌、散文并称的文学体裁，它的鉴赏也理所当然不同于小说、诗歌、散文等文学作品的鉴赏。结合新课标对戏剧鉴赏所提出的总要求及剧本的特点，可将剧本的鉴赏目标确定为：帮助学生了解剧本的特点，

指导学生阅读优秀剧本，培养学生从不同的角度和层面解读欣赏剧本以及评论戏剧的能力；引导学生鉴赏个格化、动作化的语言特点；开阔学生的知识视野，陶冶学生高尚的情操；尝试创作剧本，相互交流。

二、剧本鉴赏需要设计合理的活动方式

剧本内容的表现形式是比较独特的，一般只有人物语言和提示语。因此，对不太熟悉剧本的学生来说，学起来会有一种全新的甚至有点不太适应的感觉。我们可以通过设计合理的活动方式，来大大提高学生的学习兴趣。这里以《雷雨》（节选）的鉴赏为例：

1. 分角色朗读

例如《雷雨》（节选）：在分角色朗读时，要充分表现出鲁侍萍、周朴园、周萍、鲁大海等人各不相同的复杂心理，如鲁侍萍控诉时的愤怒，周朴园的盛气凌人、冷酷、怀旧，周萍的凶狠，鲁大海的刚强等，在朗读时，需要把握好语调、语气和语速。

2. 复述剧情

例如《雷雨》（节选）：通过复述，让学生试着概述要点，然后再梳理出这两场戏的主要情节。

在大家讨论后明确：

第一场戏：写30多年后周朴园与鲁侍萍再次相见。意外相见，周、鲁二人之间展开了紧张激烈的矛盾冲突。

第二场戏：写周朴园与鲁大海、鲁侍萍与周萍的相见。父子相见，却是仇人，血的控诉，让人不忍卒听；母子相见，却无法相认，鲁大海甚至还愤怒地喊出了"这真是一群强盗"。本场戏主要是周朴园与鲁大海之间展开的矛盾冲突。

3. 表演活动

要求学生在课前做好有关的准备工作。

舞台设计：由学生按剧本的要求，在教室内迅速布置。

表演演员：班内表演水平较好的学生。

表演要求：感情投入，声情并茂，可配以适当的服饰。

通过这一活动，学生加深了认识理解，并对剧本这种文学样式产生了兴趣，同时，课堂气氛也更加活跃。

4. 辩论会

辩论主题：周朴园是否爱鲁侍萍。

（说明：可在表演活动结束后，由学生自行组成正方和反方。在充分尊重对方发言的前提下，可以即兴自由发言或补充。）

辩论小结：

正方：周朴园爱鲁侍萍。

周朴园是一个性格比较复杂的人物。一般人认为他是冷酷、虚伪、傲慢、凶狠和极端自私的，是残酷剥削工人和下层劳动人民的封建资本家的代表。但从感情方面来说，我方认为，他年轻时与鲁侍萍的相爱，是他感情的真实流露，他不嫌弃地位卑微的鲁侍萍，他们的结合本身就是冲破封建礼教束缚的不寻常的举动。他本是一个善良、热情和追求个性解放的阔少爷，但环境在不断地影响他和改变他；为了追求本阶级的利益，他最终不得不艰难地做出选择——与鲁侍萍分手。他对鲁侍萍也可以说是一往情深，这可以从他后来一直保留旧家具、旧衬衣、旧照片、旧习惯等方面看出来。所以说，他是封建制度与资产阶级利益下的可悲的牺牲品，30年来，他一直生活在痛苦的煎熬之中，因为他忘不了过去，他内心深处一直还在爱着鲁侍萍。

反方：周朴园不爱鲁侍萍。

正如正方所说的，周朴园是一个冷酷、虚伪、傲慢、凶狠和极端自私的形象。正由于他的冷酷和虚伪，所以，他保留旧家具、旧衬衣、旧照片、旧习惯等都是做给别人看的。当鲁侍萍亮明身份后，他的傲慢、冷酷、自私的本性马上显露出来了。所以，他是地地道道的封建资本家。为了本阶级的利益，他可以不择手段，逼着已有身孕的鲁侍萍跳河自尽，后来又想用金钱来买断他们之间的恩怨，所有这些事实足以证明他不爱鲁侍萍。

5. 学写戏剧评论

题目：（任选其一）

①从鲁侍萍的悲惨遭遇看当时的社会现实。

②从《雷雨》的情节安排看曹禺戏剧结构的特点。

要求：根据课文提示及内容，阐明自己的观点和看法，字数不少于800。

三、剧本鉴赏需要创设良好的鉴赏情境

我们上语文课总感觉有点枯燥乏味。其实，语文课应该是生动活泼的。

要想做到这一点，就需要教师为学生创设一定的情境，渲染一定的氛围。良好的学习情境具有吸引力，甚至魅力，能把学生的身心全部吸引进来，使他们在浓郁的情境氛围中不由自主地去充当一定的角色，并进行灵动的语文学习活动。情境的艺术性就在于，需要教师为学生设置一些饶有兴趣的问题，并以问题之间的逻辑性来吸引学生，学生自觉地充当了思考者和探索疑难者的角色；表演情境的艺术性在于，设置在特定情境下的行为系列，使学生在表演中身临其境，增加感受和理解；现场情境教学的艺术性在于，选择新鲜的有意味的现场，引导学生去观察、去操作，在这种实践中获得较深的体会和认识等。创设良好的教学情境的主要标志是：以其意味性作用于学生的情境，使其产生愉悦；以其意味性作用于学生的理智，使其产生理解和顿悟。而这一切都是首先从学生的直观感受出发，有意无意地使大家受到多方面的感染和教育，而鉴赏的意图也就蕴含其中了。

1. 配乐朗读

例如，在哀婉低沉的乐曲声中朗读《窦娥冤》《长亭送别》，学生就可以很快进入凄凉的情境之中去。

2. 观看影视剧

例如，观看电影《雷雨》《茶馆》，既能使学生了解剧情，又能培养他们学习戏剧文学的兴趣。

3. 自由演读

例如，在鉴赏《茶馆》的过程中，可由2～3名学生读各自所欣赏的人物对话，特别是具有京味的对话。然后，大家品评，看谁读得最有特色。

4. 设置问题

例如，大家预习《茶馆》时，可为自己设置这样几个问题：

（1）《茶馆》第二幕中出场的人物总共有多少个？可把他们分成几类？

（2）本文的结构与《雷雨》是否一样？本文是如何体现卷轴画式的平面结构特点的？

5. 资料搜集

这项工作，不光是交代学生要通过多种途径认真去做，教师自己更要精心准备。只要是与戏剧有关的或与课文有关的资料，我们都可以把它们储备起来，随时调用。例如，要教好《雷雨》（节选），我们可以补充"话剧在中国""戏剧的'三一律'""戏剧冲突"等方面的知识；还可以提供《〈雷雨〉在这里诞生》（摘自1996年8月12日《光明日报》，唐绍明、金鑫整理）《李健吾谈〈雷雨〉》（选自《咀华集》）等文章让学生阅读。再如，要教好《罗密欧与朱丽叶》（节选），我们需要了解剧本产生的社会背景，需要补充莎士比亚的戏剧、人文主义、莎士比亚戏剧的情节和人物等方面的知识；还可以提供《〈罗密欧与朱丽叶〉的悲剧美》《哈姆莱特（节选）》等文章让大家来欣赏。这样，既大大拓宽了学生的知识视野，也多方面培养了他们的能力。

……

这些活动结束后，学生最好能多听听老师的及时点评和总结，这有利于学生今后取得更好的鉴赏效果。

📖 参考文献

［1］王嘉良，等.中国新文学现实主义形态论［M］.北京：文化艺术出版社，2002.

［2］余映潮，余映潮.语文阅读教学艺术50讲［M］.陕西：陕西师范大学出版社，2005.

［3］马雅玲.小说教学应该教什么［J］.语文教学通讯：初中（B），2006（1）.

［4］杨朔.散文选·东风第一枝·小跋［M］.北京：人民文学出版社，1981.

［5］易小平，等.中学学科能力训练（备考教程）［M］.大连：大连理工大学出版社，2000.

［6］毛泽东.毛泽东选集：第3卷［M］.北京：人民出版社，1953.

［7］湖南师范学院中文系文艺理论教研室.文学理论基础〈修订本〉［M］.长沙：湖南人民出版社，1983.

［8］中华人民共和国教育部.普通高中语文课程标准（实验）［M］.北京：人民教育出版社，2003.

［9］周庆元.中学语文教学原理［M］.长沙：湖南教育出版社，1992.

注：本材料在2012年5月顺德区省级课题"高中语文校本课程体系的创建于实施策略的研究"的研究中荣获二等奖。

关于当前现代文阅读教学的问题与对策

——顺德区新教师培训（课堂教学技能）专题讲座

吕叔湘先生于1978年3月16日在《人民日报》上发表了题为《当前语文教学中两个迫切的问题》的文章。吕叔湘先生觉得人们对"少、费、慢、差"问题"还认识不足"，而这个问题"应该引起大家重视"。

具体说，"少、费、慢、差"的内涵是内容少，费时多，进度慢，效果差。

概括说来：做语文教师不容易，任务艰巨，责任重大。

今天，我们只谈当前现代文阅读教学的问题与对策。

一、当前现代文阅读教学中存在的问题

（一）在课堂上用作阅读题的方式来替代对现代文的分析鉴赏

部分教师讲课时，在课堂上提出两三个问题，表面上看是"合作探究"，探究完成后，即给出答案，对这篇文章的解读也就结束了。仔细分析，从教师方面看，缺少对全文的整体认知和鉴赏品味，使语文教学没有了"语文味"；从学生方面看，因为没有充分熟悉文本的时间和空间，没有教师的全面深入的引导和鉴赏，久而久之，理解能力和鉴赏能力自然越来越低，语感越来越差，阅读的兴趣慢慢地也就没有了。这种方法的运用在高三的备考阶段是有用的，但在高一和高二打基础的阶段是有严重问题的。

（二）现代文阅读教学有程式化、技术化的倾向

日常教学重在指导学生认识题型，教给学生解题思路和答题方法，而不是教给学生阅读理解的方法，培养其阅读习惯。尽管这一倾向使得学生掌握了不

少题型的特点、答题的思路和解题的方法，但问题是，当学生对阅读文本不太理解或解读出现偏差时，所有的技术就没有什么用了。

二、解决当前现代文阅读教学问题的基本对策

（一）探索现代文阅读教学的正确路径

1. 培养学生良好的预习习惯

课外没时间进行，就必须在课内安排一定的时间进行预习，否则就不要讲课。

2. 从整体入手，引导学生全面把握文章内容

这就要求教师在课堂上不能只针对考点进行教学，而是要对一篇文章进行全方位的把握。（针对教法而言）

全方位的把握主要包括以下四个方面：

一是了解写作背景和写作动机（写作目的）。

二是理解文章的思想感情，学会归纳文章的主题思想。

三是品味语言，探究形象句子（运用了修辞的句子）和抽象句子的深刻含义，鉴赏语言风格。

四是揣摩文章的表达顺序（结构）和表达艺术。

3. 长文短教，突出重点和难点

（1）就整篇课文来说，根据不同文章的特点，可以有"抓文眼""抓结构""抓规律""抓主要事件""抓主要矛盾冲突"等不同的处理方法。重点、难点是在分析学生、分析教材的基础上确定的。

（2）就一节课来说，教学目标不宜面面俱到，只在"全方位"的大致范围内，选择一两个突出的特点来进行教学设计，也就可以了。

长文短教要注意两点：一是操作过程、环节要在关注学生的基础上尽量简练；二是在解读文章的过程中，教学语言要尽量精练。

4. 教给学生解读的方法，培养学生的自学能力

主要是要教给学生分析鉴赏文章的路径或方法。

（二）深入解读文本的思想内容是分析鉴赏的基础

思想内容是指题材、主题、人物、情节、环境、感情等。

（三）课堂解读教学中要重视阅读方法的指导（针对学法而言）

香港大学曾对6000名中国四、五年级的小学生做过调查，调查表明，三分

之一的孩子存在阅读障碍。联合国教科文组织的一项调查显示：全世界每年阅读书籍排名第一的是犹太人，一年平均每人是64本（迄今为止，犹太人中已有160多位诺贝尔奖获得者，犹太人占世界人口不足3‰，获诺贝尔奖的人数却超过了诺贝尔奖总获奖人数的20%）；上海在中国排名第一，只有8本。而中国14亿人口，扣除教科书，平均每人一年读书一本都不到（据媒体报道，中国国民近年每年人均阅读量约0.7本）。

1. 学会把握文章思想内容的途径和方法

（1）整体阅读后用自己的语言概括归纳主要情节、主要人物或主要观点。

（2）抓题目，从题目入手，将题目的意思具体化。

（3）从文章中提取中心句、总结句、过渡句、关键词语来归纳主要内容。

（4）总结重点段的段落大意，按段落大意概括文章的主要内容。

（5）分析文章中的议论与抒情等，总结散文的主要思想感情。

2. 走进文本的深处，学会品味含义深刻的句子

品味含义深刻的句子的能力，是高中学生阅读文本的重点，也是难点。在品味含义深刻的句子时，必须把握两点：一是要联系课文前后内容理解句子重点词语的意思；二是要弄清句子与文章主题（中心）思想之间的联系。

3. 学会揣摩文章的表达顺序

表达的顺序也就是行文思路和写作结构。

4. 初步掌握常见文体的阅读方法

（1）阅读说明性文章。

能抓住要点，了解文章的基本说明顺序和说明方法。

（2）阅读叙事性作品。

了解事件梗概，简单描述自己印象深刻的重点内容，说出自己的感受。

（3）阅读诗歌作品。

大体把握诗意，准确抓住意象，想象诗歌的情境，体会诗人的感情。

当然，阅读方法还有许多，平时要注意多学习，多摸索。

（四）要正确把握阅读教学中的问题设计

阅读教学中提出问题的主要目的，是引领学生开展阅读活动，深入理解文本，在问题讨论中学会阅读。

远离文本内容的问题讨论对于阅读教学来说是毫无意义的。

阅读教学中提出问题的另一目的，就是培养学生的问题意识。

……

当然，阅读教学中存在的许多问题不是一下子就能解决的，需要一个漫长的过程，还需要大家的共同努力。

科学备考，创造辉煌

——在2018年佛山市语文高考研讨会上的发言

尊敬的各位领导、各位老师：

大家好！

非常感谢市教研室林老师能给我一个发言的机会，我今天发言的题目是《科学备考，创造辉煌》，如果发言中有不妥当的地方，欢迎各位批评指正。

再过两个月，令人紧张而又激动人心的时候——2018年高考就要到了。在后面的这段日子里，我们的术科考生要怎样备考，才能赢得高考，才能创造辉煌呢？在这里，我想谈谈自己的一些看法。

一、总的原则

巧妙安排，状态调整。

二、目标要求

1. 找到做高考题的感觉

（1）系统总结各类典型题目的解题思路及答题技巧。

（2）利用部分重要专题做进一步的提高，适当进行专题的突破。

2. 增强得分意识

继续增强得分意识，进一步感受增分，充分利用好错题本，做好考前热身训练。

3. 查漏补缺，确定得分点

继续查漏补缺，确定好自己的得分点，形成实现自己得分目标的最佳得分途径，完善自己的得分模式。

4. 状态调整

（1）树立坚强的信心。

（2）开始按照高考的作息时间调整自己的生物钟。

（3）训练自己的注意力，能真正管住自己。

三、复习建议

1. 计划精细、目标明确

最后的这几十天，对学生的能力提升有着至关重要的作用。我们甚至可以计划到每一天需要做什么，要达成什么样的目标。

2. 回归课本、整理知识

考试是千变万化的，但考查学生的知识和能力是没有变化的。这就需要我们对散落在课本中的知识做进一步的整理。

3. 看纠错本、力避再错

把原来纠错本中的错误再按基础、文言、阅读、语言运用、作文等分门别类，重新整理，让学生有目的地选择试题进行集中攻关，这样就能避免在以后的考试中再犯错误。

4. 重温重点、夯实基础

例如，基础类和识记类内容的复习要落实以下几个方面：

（1）常见的关联词。对于考生正确使用关联词语的能力，在近几年中只有2016年高考进行了考查，可能是绝大多数考生复习的盲点，2018年也不一定考，但还是要落实一下。

（2）文化常识和名句名篇，在复习的过程中，既要重视传统的重要的作家作品，也要重视非入选课文的重要作家作品。

（3）再熟悉一下文言实词、18个虚词和固定句式。

（4）古诗词中的"直接抒情""情景交融""以动写静""衬托""对比"等常见的写作手法。

5. 语言运用、稳中求变

思维的考查是方向，2017年高考考查了推断，2018年估计不会再考，那会考什么呢？需要我们发挥自己的智慧。

6. 准备作文、写出个性

重在引导学生作文时要扬长避短，调动自己的知识储备，适当运用一些写作技巧写出自己的亮点。

在写作过程中，要特别注意呈现自己的思维方式，也就是说"起、承、转、合"都需要有相应的词句来呈现。

7. 做真题、找感觉

重新选做近几年的高考真题，再感知一下高考题的难度，对高考知识点的考查要求真正做到心里有谱。

8. 加强疏导、调适心态

越临近考试，学生就会越感到焦躁不安。我们要时刻关注学生的变化，要做到及时发现问题，及时解决。

四、具体措施

（一）了解学情

术科考生与文化科考生有很大的不同：

首先是他们有很长时间没有上课，到3月中旬才陆续回到学校，相当多的学生没有真正构建起各学科完整的知识网络。他们的知识大都是零散的，他们的基础也是参差不齐的。一般来说，美术考生的悟性是比较好的，音乐考生其次，体育考生再次。我们对每一个学生的情况都要做到了如指掌。

其次是2018年高考术科的招生情况与2017年又有新的变化，文化成绩已经显得更加重要了，我们需要根据学生的实际情况，为他们文化科的学习加油助力，要让每一个术科考生高考不留遗憾！

（二）加强辅导

对术科考生，我们除了正常组织白天的课堂教学外，还需要根据学生的不同情况，分层进行课外辅导。晚修的几小时，我们可以灵活安排，成绩好的学生可以自主复习，成绩中等或落后的学生可由教师进行个别辅导或小组辅导。对于其他科目比较好，而语文比较差的偏科临界生，要特别关注。许多体育生术科成绩非常不错，就是文化科成绩落了一大截，语文成绩可能更是惨不忍睹。对于这样的学生，我们需要坚持抓他们的基础和规范的议论文写作；默写重点落实一些名篇名句的练习；写作基础特别差的，可安排他们进行仿写训练。

（三）训练要科学

1. 注重质量

质量是关键，教师要重点研究2017年的高考题，不能随随便便拿题目给学生做，选题一定要精，让学生通过做真题或高质量的仿真题等，切实找到做高考题的感觉。

2. 难易有梯度

题目一定要有梯度，到了这个时候，对于术科生来说中等难度的比例应略高一些；低难度的题目比例次之；高难度的比例应最低，尽可能少一些为好。

3. 适当穿插滚动训练

可以将2～3个板块的题目组合在一起不断训练，尤其是3道基础题和5分的默写题要反反复复出现，绝不能放松。月考、周测、板块组合三结合。

4. 重点突出仿真套题训练

2017年的高考试卷题量非常大，对于相当一部分术科考生来说，时间是非常非常紧的，甚至有可能是做不完的，可以通过多做，让考生不断适应。

5. 继续进行速度训练

在哪些地方可以适当加快速度，需要边做边总结，务必按要求完成作文的写作。

（四）速度训练

考生耽误时间最多的是第一大题现代文阅读和第二大题古代诗文阅读。70分的题目，大都花去了90分钟左右的时间。所以，复习时，我们要训练学生先浏览一下后面的题目，然后快速阅读文本，圈点勾画，力争第一遍就过关，了解清楚文本的内容，把握主要情感。绝不能读过来，又读回去，反反复复读就会浪费许多时间。提高阅读速度和效率是关键，能否抓住时间是决定语文考试成败的关键。训练思维，强调答题的规范模式（如诗词鉴赏的规律及文体的规范等）是提高解题速度的重要途径。

（五）对不同水平的术科考生如何增分

不同水平的术科学生增分方法是不同的。

1. 70～80分左右的考生

增分的标准：90～100分。

增分的办法：首先，要确定自己达到90分的得分点；其次，要强化训练和得分点关系密切的内容；最后，要明确答题技巧和答题时间的安排。

2. 85～95分左右的考生

增分的标准：提高到105分左右。

增分的办法：关键是扬长避短，把自己的优势发挥得淋漓尽致，更要敢于并善于舍弃最难的题目；另外，答题要规范，书写要整洁，靠思维能力尽可能多得分。

3. 100～110分左右的考生

增分的标准：提高到120分左右。（极少数术科生）

增分的办法：主要靠扬长避短，要适应、熟悉高考的要求。另外，在答题时，要注意控制时间。

4. 成绩波动的考生

这类考生的增分空间是比较大的，成绩的波动可能主要受心理、习惯等因素的影响，一般说来和智力水平、知识学习关系不是很大。注意：

（1）要学会欣赏自己，战胜自己怕输的心理。

（2）要有必胜的信心，在大脑中形成新的动力定式。

（3）正确分析成绩波动的原因，如试卷上的原因、心理上的原因、知识掌握方面的原因等。

（4）要有勇气去面对一切。（高考成功的重要因素）

5. 踩线的考生

踩线考生顾名思义就是临界生，这类考生只要稍加努力就能考出好成绩。他们的增分要注意：

（1）科学地分析自己的得分结构，找出为了跨入那条分数线，需要在哪里增加多少分，要找到自己的有效分。接下来就是抓住增分点不放，全力强化。

（2）在制订增分计划时，要留有余地。

（3）处在好的位置上，既不要沾沾自喜，也不要患得患失，把握好心理上的分寸。

6. 弱者成为强者（这里是从心理的角度提出的）

（1）要学习水的精神，找到不足中的长处，发展它。

（2）瞄准最弱的"对手"，击败它，一步一个脚印踏踏实实前进。

要做到上面这两点，需要我们帮助弱者克服自卑（多次受挫者）、恐惧

（性格内向者）、侥幸（爱耍小聪明者）、逆反（疑心重者）、惰性（不求上进者）、傲慢（毫无羞耻之心者）等不良心理。

（六）心理疏导

越临近高考，对于考生来讲，压力越大。我们需要将集体疏导和个别疏导相结合。

1. 减少消极暗示，增加积极暗示

学生应当经常告诫自己："我的高考我做主。""无论考试结果怎样，我都会坦然面对。""我行，我一定行。""我有能力考出自己的真实水平。""我一定会赢得高考。"每天面带微笑上好每一节课，做好每一道题。平时性格开朗一点，和人多交往等，这些都是自信的一种体验，都属于积极的心理暗示。

2. 保持良好心态，调适动机

在比较容易的任务中，学习效率随学习目标或动机的提高而上升；在难度较大的任务中，较低的学习目标或动机水平比较有利于任务的完成。

对于部分心理压力过强的学生，还需要借助心理教师（或心理咨询师）的力量，采取个别心理辅导或集体心理辅导的方式，帮助学生解决考试焦虑的问题。

3. 调整学习目标，增强自信

（1）目标要适中。

① 考生对自己要求太苛刻，如有些学生会对自己提出诸如"我一定要在每一次考试中都取得好的成绩""我不应该考不好"等这样的要求。有这种想法的考生，当然比较容易被情绪所困扰。我们要帮助他们改变那种极端的思维方式，帮助他们学会以合理的思维方式去看待自己所取得的成绩。

② 期许过高。我们可以利用开班会课的机会，让学生就"联考成绩该如何看？"进行辩论。通过辩论，就有可能让那些在联考中失利的静下心来分析自己存在的不足，及时调整自己的目标和心态，以便更有针对性地进行后段的备考。

（2）实力要加强。

高考要成功，靠的就是实力，我们不要存侥幸取胜的心理。对于复习备考的每一个环节，都应当做到扎扎实实。既要夯实基础，又要培养能力；既要总结规律，又要掌握技巧。临近考试时，尤其要以抓基础为主，尽量少碰怪题和难题，以缓解自己的心理压力，努力让自己做到信心百倍。

4. 要想方设法克服学习中出现的"高原现象"

我们可以建议学生变换学习方法来适应后阶段的复习，越是临近复习的后期就越要注意知识上的整合，要力求使知识融会贯通，这就需要加强对分析综合能力的运用。

5. 适当放松，缓解疲劳

例如：控制好自己的作息时间；在学习的间歇时段闭目养神；自修的时候，如果感到疲劳，就可以摇摇头、伸伸手、弯弯腰、散散步、打打球、聊聊天；晚上也可以适当增加一点睡眠的时间。

6. 要努力创设良好的环境

高考不只是学生个人的事情，它所涉及的面非常广。社会的理解、学校的关怀、同学的帮助和家庭的支持，四者可谓缺一不可。

总之，我们需要大力借助他人的力量，及时帮助高三学生调适好心理状态。

五、要特别提醒学生的几点

1. 要有强烈的得分意识

千万不要认为1分不重要。高考的时候，多得1分，你真的能战胜上千竞争者，也有可能因1分之差，你失去进入理想大学的机会。

2. 一定要改进你的书写

如果你不想因为书写使你的语文作文"面目可憎"的话，那你就要改进自己的书写。

3. 千万不要相信考前模拟题

各地的模拟题太多了，也许有的会与高考有关，但大部分无关，别把自己搞得神经兮兮的，掌握好该掌握的才是根本。

4. 一定要坚持每天运动或放松总时间不少于1小时

相信8+1＞9的神话，你如果身体不好的话，将前功尽弃。

5. 压力大或者疲倦的时候，一定要挺住

你能挺住一次就能挺住两次，一定要相信：坚持就是胜利。

6. 永远不要说自己已经尽力了

什么叫成功？人们死活不相信你能做到的事情，你做到了，这就叫成功。

7. 不要相信择优录取的神话

不要认为我每次都考那么差，将来一定考不上大学，你要相信，高考也会出现奇迹的，也许命运之神就更青睐你也说不定，所以不到最后一刻绝不能放弃。

我想，只要我们科学备考、一心一意、砥砺前行，就一定能在世人瞩目的2018年高考中创造出一个又一个奇迹！

谢谢大家！

（2018年4月2日）

我的教育情怀

尊敬的各位领导、老师们：

大家下午好！

承蒙曾校长的关照，要我在这里做一个发言。我既高兴，也很惶恐。为什么这样说呢？能有机会和大家分享我过去学习和工作中的点点滴滴，当然是很开心的事；但我没有干出什么惊天动地的大事，只是做了一些作为一个普通教师应该做得非常平凡的小事。说的不对的地方，敬请各位批评指正。

一、个人基本情况简介

1. 从教之路

1978年，我非常有幸参加了恢复高考制度后第一届有初中学生和高中学生一起参加的普通高等中等学校招生全国统一考试，当年参加考试的总人数是610万，全国大中专录取的总人数是41.2万，我们湖南省的大中专录取的总人数大约是1.6万。我的总分是342分，虽然超过当年湖南的最低录取控制线37分，但是遭到了前面比我分数高的同学的不断挤压，最后，我落榜了。落榜对我的打击特别大。在高中阶段，我的数理化成绩比较好，语文和政治的成绩算是中等偏上，所以我选读的是理科。那时，我们的初中和高中都是读2年的。1980年7月，我再一次参加全国高考，当年参加高考的总人数是333万，全国大中专录取的总人数是28万。当年，湖南的大中专录取的总人数约2万，其中理科的录取分数是363分，而我只考了365分，尽管上了录取线，但最后还是上不了大学和中专。我想，不是我不努力，而是别人比我更优秀。

1980年8月，我们公社刚好招聘教师，我怀着试一试的心情参加了考试，没想到以第一名的成绩被录取了。我边工作，边自学。我没有放弃要继续参加高考,但是那时的高考不像现在这样相对稳定,考试的范围总是在变。功夫不负有心人,1983年8月上旬,是我们县高考放榜的时候,结果只有8个社会青年上了录取榜,我算是其中的一个,我终于考进了湖南省娄底师范学校。

1985年7月,我被分配到了我县一所离家很远的重点中学工作。

1986年7月,我被调到了我们区一所教学质量非常好的中学,在这里,我开始了真正的成长。我每天用来工作的时间也更长了,我同样很少回家。印象特别深的是1986年,那一年放了寒假,我没有迅速回家,到过年那一天的下午,我才回到老家,正月初一上午就返回了学校。尽管父母有些不舍,但还是很支持我。我的工作业绩也比较突出,领导和同事都特别关心我。

那个时候,我们学校的年轻教师不多,不太好玩,生活也很单调,所以,我的精力全部放在学习和工作上。那时我的工资不高,我十分清楚地记得,刚毕业的时候,我的工资是每月36.5元,在经历了1985年的第一个教师节之后,我的工资涨到了每月45元左右。尽管工资不高,但我每个月还是要去一趟县新华书店,看看有没有什么好书,最让我纠结的是一本最新出版的《辞海》要28元,我每次去都要摸一摸,但最终还是舍不得买。买了一本5块钱的《现代汉语词典》,不到一个星期,就被人永远借走了,这件事也让我心痛了许久。我坚持每个学期订2份杂志,每一期都要非常认真地看上几遍,还要做一些读书笔记。也就是在那个时候,我认识了语文界大名鼎鼎的于漪、钱梦龙、魏书生、欧阳代娜、陆继椿、王栋生等一大批全国著名的特级教师,我有了前进的方向,也萌发了教学改革的意识,并尝试写一些文章,应该谈不上是写论文,文章要修改好几次之后,再用笔工工整整抄下来,然后才邮寄到全国各个地方去,遗憾的是大都是杳无音信。不过,我没有放弃,只要有时间就看书,照样写文章。

1987年8月,我考上了湘潭师范学院,通过系统的学习,我的理论水平得到了较大的提升。

1991年8月,我从湖南双峰县调入湖南省涟邵矿务局冷水江煤矿子弟学校工作。

1992年7月,我从涟邵矿务局冷水江煤矿子弟学校调入涟邵矿务局第二高级中学任教。

1995年6月,我顺利从湖南师范大学的中文自考毕业。

1997年8月，我调入广东省顺德区杏坛中学任教。

2. 社会兼职

在过去37年的教学工作中，我先后兼任以下职务：

（1）岭南师范学院文学与传媒学院汉语言文学专业的兼职教授。

（2）中国语文报刊协会课堂教学分会研究员、理事。

（3）第七届至第十五届和第十七届"新世纪"杯全国中学生作文大赛专家评审委员会委员。

（4）佛山市教育科研项目评审专家库成员。

（5）广东省第十批特级教师佛山市考察组成员。

（6）顺德区高中语文中心教研组（核心组）成员、顺德区高中课改领导小组成员。

（7）顺德区中小学教师高级职称推荐说课评课评委。

（8）顺德区中学教师中级专业技术职称资格评定专家评委。

（9）顺德区中小学教师招聘面试专家库成员。

（10）顺德区中小学教师资格考试面试考官。

（11）顺德区首批教育科学研究专家。

（12）顺德区新教师培训（课堂教学技能）指导教师。

（13）顺德区第四届责任督学。

3. 所获荣誉

先后获得广东省特级教师，全国百佳语文教师，全国优秀实验教师，全国优秀指导教师，第三届全国语文"四项全能"教师，广东省（南粤）优秀教师，广东省普通高考语文科质量优秀评卷员（省级），佛山市首批中学骨干教师，佛山市优秀教师，佛山市第三届"最让我感动的老师"，顺德区第一、二、三批骨干教师，顺德区优秀学科组长，顺德区学科带头人，顺德区教书育人优秀教师，顺德区先进教师，首批顺德区中小学教师工作室主持人，顺德区高层次人才，首批"顺德好人"，顺德区师德标兵，顺德区首批名教师，顺德区特级教师工作室主持人，等等县（区）级以上称号共95项。

4. 教学和教研

所带班级的高考成绩非常突出，实验班的高考语文单科重点本科上线率超过了70%，本科上线率能达到100%；普通班的大专上线率达到了100%；平均分在全校同年级中均能名列前两名。所任教的非毕业班，其统考成绩在全校或全区同类班级中都能名列前茅。

先后主持和参与研究的国家、省或区级规划课题共7项，出版了个人专著3部，参编著作6部，先后在中国核心学术期刊、全国综合教育核心期刊《中国校外教育》和全国首批中文核心期刊《语文教学与研究》《语文月刊》《中学语文教与学》等刊物上发表和获奖的文章共94篇，其中荣获国家级科研成果一等奖18项、二等奖7项、三等奖1项，荣获省、市、区级奖多项。自创了"四主六步"教学模式。

在全国各类作文大赛中，荣获全国作文指导一等奖1项，全国作文指导二、三等奖及省、市、区级作文指导奖200多项。

二、要有教育梦想和教育情怀

我总觉得一个人从事教育事业应该有教育梦想，但更重要的是要有一种教育情怀。正确的理想信念是教书育人、播种未来的指路明灯，教师只有抱有理想信念，才有可能在学生的心田播下梦想的种子。一个人有了梦想，才不会迷失方向；而充满了情怀，就会义无反顾、倾尽全力去奋斗。做教师就更需要有情怀，有了教育情怀，就能耐得住寂寞，就会把教书育人和教学研究当作自己一辈子的事业，就会更加热爱学生。

我在三个不同的县市工作过，我个人认为，顺德是一个重视教育的地方，顺德的各级领导对教育和教师都十分重视，这给我们每一个有教育梦想、有教育情怀的人提供了施展自己才华的平台。所以，我们应当好好去拼搏，要去不断成就自己的梦想。

我的教育梦想是当一名优秀的、杰出的教师。我想，只要自己尽力了，就算梦想最终还是不能实现，我也无怨无悔了。在这里，我借用魏书生老师的一句话：我们每个人，都应多做实事，快做实事，去寻求生存的幸福。

三、种树的工作——闲谈我的班主任工作

（一）1997年以前担任班任：共15年

2014年9月—2017年6月担任班主任：共3年。

2016年8月—2017年6月兼任高三文科级级长：共1年。

（二）班主任工作的切身体会

勤—勤巡查、勤沟通；活—灵活处理（坚持原则是前提）；细—细心，观察要细致；爱—热爱但不能偏爱；赞—具体、细致地赞赏学生做事的过程。

1. 细

做好班主任工作，一定要做到细心。班主任要"眼观六路，耳听八方"，善于发现每一位学生细微的心理变化，对学生的家庭、性格、爱好、优点与缺点等要做到了如指掌。

一要抓干部培养。班干部是班主任的左膀右臂，是班主任的眼睛、耳朵。培养好班干部，班主任就不会脱离学生，不会孤军作战；同时，班主任要善于捕捉学生的思想、学习与生活等不良苗头，防微杜渐，将其消灭在萌芽状态。

二要抓细节管理。细节决定成败。班级无小事，事事要关心。有句话说"抓在细微处，落在实效中"，班主任工作只有细致入微，才能使班级管理见成效。

三要抓沟通联系。与学生沟通，探知其内心世界的真实想法，方能对症下药；与科任教师沟通，获取种种信息，可知学生各学科学习状态，了解其行为表现，一旦发现不良倾向和动态，应积极采取有效策略，保护学生身心健康发展；与家长沟通，取得家长的配合，形成合力，达到最佳教育效果。

2. 爱

苏联伟大的教育家苏霍姆林斯基说："什么是我们生活中最主要的东西呢？可以不假思索地说，就是热爱儿童。"他认为教育技巧的全部奥秘在于热爱儿童，他终生的座右铭就是"把整个心灵献给孩子们"。

一个教师对学生的爱，我认为主要包括理解、尊重、宽容、平等、责任、关怀等。

没有理解——盲目和无知。

没有尊重——支配和控制。

没有宽容——苛求。"师太严，弟子多不令。柔弱者必愚，强者怼而严。"教师过于严厉，对弟子很不好。懦弱的一定会愚蠢，刚强的则怨恨老师，做出坏事来。

没有平等——专制和功利。

没有责任——轻薄。

没有关怀——空洞和苍白。

讲话时教师要掌握好"分寸"，对于个别学生违反纪律现象，说话要留有余地。在批评学生中存在的某种现象时，应该加上"极个别""少数"等界定语，避免对其他无辜学生的伤害；需要集体批评时，也要做到对事不对人。最好能够做到"设身处地"地为犯错学生着想，然后提出批评意见，这样的批评方式更易于让学生接受。

为师者必须要避免在校园中出现语言暴力，不应该出自教师之口……

3. 赞

赞，即赞扬、赞美。

美国哲学家、心理学家和教育学家威廉·詹姆斯说过："人类本质中最殷切的需要是渴望被赏识"。

（1）赞扬是教育的魔法。

心理学研究表明，人在受到赏识的时候工作或学习，效果最好，学生一旦受到赏识，无论对于眼前的学习还是日后的长久发展，都是大有裨益的。

学生的成长离不开鼓励。挖掘学生的闪光点，并及时表扬和鼓励学生是教育者的天职，是引导学生健康成长的魔法。

（2）如何赞扬更有效？

赞赏学生行动的过程——具体、细致、真心地赞赏学生做事的过程，能收到更好的效果。所以，我们要尽量多地发现学生的闪光点，找到激励学生的依据，让被激励的学生觉得教师的评价是符合情况、真实可信的，是发自内心的，而不是虚假的。

把握时机，及时赞赏。

赞赏忌过多、过滥。

四、要积极开展教学研究

作为教师，我们想要摆脱职业倦怠的困境，就必须自寻出路来提升自己的教学境界。早在1986年7月的时候，我就被聘为全国农村中学语文教改研究会研究员，后来，又相继被聘为全国中学语文教学研究会课堂教学研究中心会员、研究员，中国语文报刊协会课堂教学分会会员、研究员、理事，佛山市教育科研项目评审专家库成员，佛山市高三语文备考领导小组成员，中国人民大学书报资料中心作者俱乐部A类会员，第七届至第十五届和第十七届"新世纪"杯全国中学生作文大赛专家评审委员会委员，《中国多媒体教学学报》杂志社特约通讯员，顺德区高中语文中心教研组成员，顺德区高中课改领导小组成员。2012年1月我被顺德区教育局聘为顺德区首批中小学教师工作室主持人，2017年9月，又被顺德区教育发展中心聘为顺德区首批教育科学研究专家，2018年6月被顺德区教育局聘为顺德区特级教师工作室主持人。这些对我来说，既是荣誉和机遇，也是责任和挑战。

1986年9月到现在，我共担任语文科长31年，备课组长32年，受益良多，也真正认识到：

（1）教研工作非常重要（教研涉及学生、教材、课堂、课题、论文等），一定要相信"我能"。

（2）平时要多阅读、多积累、多思考、多动手。

（3）要抓住教学当中的突出问题和敏感问题进行研究。

（4）教研要有成效，必须做到持之以恒。

（5）要妥善处理好教学、教研、生活三者的关系。

通过参加各种各样的教研活动，我的教研意识明显得到了进一步加强，学生、课堂、教材、教法等都成了我的研究对象。我的体会是：刚研究的时候，一定要立足于问题，从小问题入手，所以发现问题就成了关键。搞研究，要求我们平时一定要多观察、多积累。当研究发展到了一定的阶段，我们就要逐步形成自己独具个性的教育风格、教学观、教师观、学生观，乃至教育理念或教育思想。我们不能只满足于上完一节课，也不能只停留在上好一节课。课堂需要打造，学生需要培养，而我们自己更需要提升。所以，我们需要不断进德修业，需要积极开展教学研究，努力促进自己的专业不断成长。

我的教学观是以学生为主体、以教师为主导、以思维为主线、以能力为主攻。其核心意义是最好的教就是让学生学会学，因材施教才是永恒的真理。

为此，我利用一切可以利用的时间，积极开展教育教学研究。

五、教育教学中最深的体会——态度是关键

我始终认为：态度比能力更重要。

不要问美国为我们做了什么，而要问，我们为自己的国家做了什么？（肯尼迪就职演说词）

要做事，不仅要能屈能伸，还要任劳任怨。（马云）

把时间花在进步上，而不是抱怨上，这就是成功的秘诀。（马云）

1. 没有播种，如何有好收成

进入教师行列，进入新的单位，我们站在同一条起跑线上，同样都是新人，可我们面对工作的不同态度决定了我们不同的人生。

人生充满机会，关键在于我们是否善于把握。今天的成就是昨天的积累，明天的成功则有赖于今天的努力。

2. 热情是一切工作的灵魂

一个人要想在工作中取得成就，他应当比别人对工作倾注更多的热情，应当执着地追求自己的梦想。

早晨：5：15左右。（高三、大良）

早晨：6：00左右。（非高三、非大良）

晚就寝：大多是23：30—0：00。

3. 工作一定要高标准

一名真正优秀的教师，一定是一个不满足于平庸的人，只有不满足于平庸，才会追求卓越，追求最好。只有高标准，才会在工作中精益求精，不断提高自身的业务素质，不断完善，也才会在岗位上成才。

没有最好，只有更好。不要满足于尚可的工作表现，做完不等于做好。如果对自己没有更高的要求，那么意味着你是原地踏步，不可能进步。

我认为，在工作的过程中，我们不仅要完成分内的事情，还要主动去做那些应该做的事情，特别是做班级工作。这就是别人所说的要创造性地开展工作。

4. 用业绩拒绝平庸

我认为，学历不等于能力，文凭不等于水平，学历和文凭只能代表我们

曾经的一段经历。选择是改变人生的重要力量，不同的选择就有不同的人生。你可以选择平庸，凡事得过且过；你也可以选择积极主动地去完成任务，把自己的工作做到尽善尽美，把每一件小事都做到极致。其实，最能证明自己才智的，就是实实在在的工作业绩。业绩是衡量一个人能力大小最客观的标准。一切都要靠自己的工作表现和业绩来决定。

对于我们来说，每一项工作都是一个证明自己、提升自我的机会，脚踏实地，埋头苦干，把领导安排的每一件事都办得妥妥帖帖，让领导发现你有做重要工作的潜质，有培养的价值，他才会重用你。最后你可能就成了学校独当一面的挑大梁的人才。

5. 平凡的岗位一样造就成功

工作中没有小事，越是细节方面，就越能体现一个人的职业素养，有时正是这些细节决定了事情的成败。即使是再简单不过的小事，我们也要尽心尽力；我们如果连小事都做不好，又怎么能去干大事呢？

一个人做事的态度，决定了他日后成就的高度。态度比能力更重要。

在平凡的岗位上认认真真做好每一件小事，以强烈的责任心对待每一项工作，我们就能在平凡的岗位上赢得成功。

除了认真，还要坚守。坚守意味着不改变、不动摇、坚持自己的原则，要有"一条道走到黑"的执着。也就是说不管别人怎么说，只要方向正确，你认准了就要勇往直前。

无论你做什么，无论你的工作环境是松散还是严谨，你都应该做到认真和坚守，只有这样，机会才会光顾你。

6. 压力人人有，压力出成就

没有压力的工作是不存在的，工作毕竟有着绩效性、时效性等性质，肯定具有一定的压力。面对压力关键是要学会应对，作为教师，我们对此应当有理性的认识，在面对压力的同时也同样得到了机会。不管是哪一方面的压力，只有把它想成是良性的，对自己有帮助的，自己才可以成长。你如果选择了逃避压力，也就等于选择了自我淘汰的结局。

在当今社会，没有一股不服输的"犟劲"，没有一种不怕难的"韧劲"是不行的。我们应该提高自己的抗挫、抗压素质，增强心理承受能力，更好地面对工作中的压力。

7. 别让心态阻碍了自己前进的脚步

在过去的人生经历中，我也有许多的不如意，如：

（1）毕业分配不如意。

（2）前13年的班主任工作干得都是义务劳动。

（3）入党的事因各种原因耽误了许多年。

（4）还有其他种种不如意。

经历就是财富，调整好心态，才能把握住机会。抱着一种我行我素的态度，对单位的发展非常不利，也消减了自己的进取心和创造力。没有踏实工作的心态，成功永远只能是空想。

8. 一切都要靠自己去实现

作为一名教师，在办公时间内应该少说废话，少发牢骚，多干实事，多做一些实际的工作，要不断努力提高自己的价值，提升自己的业绩。

努力工作绝对是你成功的最佳途径。不要浮躁、不要好高骛远，不要老想着跳槽，不好好工作，就永远都没有好工作。只有把教育工作看作生命中最重要的事情，我们才能全力以赴去做好它。

9. 结果永远都是第一位的

"25位最有影响力的美国人之一"，人类潜能导师斯蒂芬·柯维在《高效人士的七个习惯》中提出"以终为始"的理念，就是结果第一，过程第二。

我们搞教育，不仅要关注教育的过程怎样，更要关注教育的结果如何。

最后，我用一句话与大家共勉：我要让工作成为我生命的丰碑、价值的源泉。

谢谢各位！

（2018年10月9日）

谈谈教师的专业成长

——要有勇气、有毅力向着理想的目标奔跑

尊敬的各位领导、老师们：

早上好！

承蒙吴校长的关照，要我在这里做一个发言。说得不对的地方，敬请各位批评指正。

2014年9月9日，习近平总书记在与北京师范大学师生代表进行座谈时说："一个人遇到好老师是人生的幸运，一个学校拥有好老师是学校的光荣，一个民族源源不断涌现出一批又一批好老师则是民族的希望。"一个学校特别需要有名教师来支撑，这是一个学校的灵魂。名师的一个突出特点是事业取得成功。

我认为，一个教师在事业上要想取得成功，应该具备以下五大因素。

一、要有明确的目标

魏书生：生活若剥去理想、梦想、幻想，那生命便只是一堆空架子。

每一个教师在人生的每一个阶段都要有明确的目标，从三级教师（员级）—二级教师（助理）— 一级教师（中级）—高级教师（副高）—教授级教师（正高）；从学校骨干教师—县区骨干教师—县区名教师—市骨干教师—市名教师—省优秀教师—省特级教师等。我们有了目标，才会奋斗不止，砥砺前行。

我们的生命是有限的，然而，教书育人的工作却是无限的，为了每个孩子的幸福，为了每个家庭的可持续发展，为了国家的繁荣富强，为了早日实现中国梦，我们需要将自己有限的生命投入到无限的教书育人这项工作中去。我要

像《西游记》中的唐僧一样有理想、有信念，做一个学生喜欢的教师，做一个优秀教师，做一个名师，将教书进行到底。

二、要学做有心人

要做有心的人，平时要注意广泛收集和整理有用的材料。

我评特级教师的时候，省、市给我们准备材料的时间是1天；评正高级教师的时候，2017年给了我们1个星期的时间，2018年给了我们1天的时间。大家想一想，我们如果平时没有充足的准备，怎么能在这么短的时间内高标准地完成相关的工作呢？

三、要高标准、严要求

（一）要扎实学习和勤勉工作

新时代对教师的要求越来越高。时代在变，终身教育和终身学习是当代教师自身发展和适应职业的必由之路。"活到老，学到老"既是时代的呼唤，也是教育发展的要求。因此教师不再是一次性的学习，而是要通过持续的学习来扩展知识领域，从而提高教学水平。一是要学会学习。学会学习、养成良好的学习习惯、使学习成为自己的一种生活方式将是每一个人未来生活幸福和愉快的保证。二是要通晓自己所教的学科，成为学科专家。三是进修有关教育的学问。未来的教师必须是一个教育专家，必须在学习专业学科的同时掌握其他有关教育的学问，如心理学、教育哲学、教育技术、管理学等。四是学习信息技术。作为教师，要努力学会将现代信息技术转化为现代教学手段，以增强课堂教学的有效性。

此外，在工作的过程中，我们不仅要完成分内的事情，更要主动去做那些所谓的分外之事，这就是别人所说的要创造性地开展工作。

（二）要认真和执着

1. 认真

认真表现为对待教学工作要非常负责；对待申报荣誉称号和职称在准备材料方面需要特别细心。例如，为了荣誉称号和职称的申报成功，我们需要准备许多方面的材料，那么我们要对照各种荣誉的评比条件和省厅下发的职称申报文件，平时需要积极创造条件，要把相关的材料复印好，要分门别类进行整理，最终成形的材料务必做到重点突出、内容完整、形式精美。这个准备的过程可能是几年、十几年或几十年。

我2018年申报正高级教师的材料被佛山市教育局收藏，据顺德区教育局人事科主管职称评审的领导说，是要作为以后申报正高级职称的样板材料，这实际上是对我工作的再一次肯定。

关于职称评审材料的准备：

（1）论文的准备。

你要争取在核心期刊上发表论文，最少要有1篇是任现职以来的。除了1篇是育人方面的，其他都要是学科专业论文，否则意义不大。你要给自己定一个目标：每年不少于1篇，要求发表或获得省级以上奖励。

（2）课题的准备。

正高级教师评审要求课题必须是省级以上的规划课题，并且要是学科专业方面的，申报者必须是主持人（负责人）。从申报到结题一般是2～3年，周期比较长，所以我们需要提前准备，否则来不及。

（3）专著的准备。

要力求出版学科专著，我们必须是著作人，而不是第二作者。一定要是正规出版社出版的，档次越高越好。出版的教育专著（德育学科专业除外）、教辅资料和学生的作品集对正高级教师评审意义不大。

（4）公开课的准备。

平时不要怕上公开课课，一定要争取上"高大上"的课。关键时候非常管用。

（5）专题讲座的准备。

有机会的话，多争取进行大型示范课教学和做大型专题讲座，小型的也可以，但规格要高。

（6）荣誉的准备。

这个是不由己的，但在自己符合条件有机会申报的时候，千万不要做谦谦君子，要大胆申报。机遇有时不是靠等待，而是靠争取。其中国家级或省级的荣誉，是正高级教师评审的优先条件之一。

2. 执着

北京十一学校校长、著名特级教师李希贵说：把简单的事情天天做好，就是不简单。

执着要求我们必须持之以恒，不能气馁。

我的特级和正高都经历了3次评审，前两次都是因主观或客观等因素而没有通过，我都能平心静气地努力寻找原因，总结反思，然后不断努力，最终都顺利通过了。

（三）要谦虚和低调

于漪：一辈子做教师，一辈子学做教师。我这一辈子有两把尺，一把尺子量别人的长处，一把尺子量自己的不足。在这种"比"和"量"的过程中，我总能找到自己的不足，总能学到别人的长处。

李镇西：一个人的度量越大，就越能在人格上高于对方。你越尊重别人，你越能赢得别人的尊重。

李希贵：敢于在一些地方认输，不是真的输了，说到底还是为了赢。有所不为，是为了大有作为。

（四）要善于把压力转化为动力

伟大的背后都是苦难！（罗曼·罗兰）

事实确实是这样，成功的背后都是艰辛。当我们感到肩上有压力的时候，就意味着我们可能要吃苦了，甚至可能要吃很多的苦；但也意味着机遇正在向我们走来，成功在向我们招手。

第一，我们要把压力当机遇。记得2016学年，我任教高三两个班的语文课，兼高三（1）班实验班的班主任，兼任高三文科级的级长、语文科组长和高三语文备课组长，每天工作时间在17个小时左右。尽管事情特别多，压力也非常大，但我还是把事情安排得井井有条，出色地完成了学校交给我的任务，得到了学校领导的高度好评。

第二，我们应该明白，没有压力的工作是不存在的。成长全靠自己。

（五）要少说话多做事

大办公室的人一般是比较多的，如果你一言，我一语，环境吵闹是没法让人静下心来办公的，有时甚至还会影响工作的情绪。这样下去，工作的效率只会越来越低。所以我们在办公室要尽量做到少说话，多做事。

一个语文教师要多读一些关于教育理论的书，既要读文学、文艺理论、美学、历史等方面的书籍，也要读教育学、心理学、哲学、自然科学等方面的书籍。以前，我一直觉得我读的书已经很多了，文学类的书，几乎每一年都在读，还写一些读后感。突然之间，我感觉我就像一个文盲一样，因为我读的书还不够，我所读的书，仅仅局限于教育类、文学类、历史类罢了。

（六）要拥有博大的胸怀

因材施教——这就是一个教师应该有的胸怀。我们应该给自己定下一条规矩：爱护和关注每一个学生，不管他是听话的，还是不听话的；是成绩好的，还是成绩不好的；是城市的，还是乡村的；是富贵的，还是贫贱的。这就是师者的胸怀与情怀。

（七）要有充满快乐的阳光心态

教师也是人，我们要有人的生活，我们也要享受教学，享受生活，做个快乐阳光的教师。借用一句话来表达，就是"生命不息，激情不止"。

（八）要有永不满足的工作精神

于漪：选择了教师，就选择了高尚，就是选择了跟我们国家前途命运紧密联系的伟大的教育事业。

教师不仅要有渊博的知识，更重要的是要有健全的高尚的人格，要不断提升自己的思想、升华自己的境界、锤炼自己的感情（二关：一是怕烦关——时长事杂、学生难教；二是怕难关——成绩难上、论文难写），要有永不满足的工作精神。满足意味着放弃，意味着结束。

四、要有勇气进行改革和创新

（一）要积极开展教育教学改革

1. 教育方面

于漪：办教育、办学校不是百米冲刺，而是万米赛跑，要有勇气，有毅力，向着理想的目标奔跑。教育是给孩子的心灵滴灌知性与德性的。知性是孩子生存和发展的本领，德性是其做人的底线。二者在课堂上是一而二、二而一的，不是外加的、分离的。

一个教师在教育生涯中，总会要经历班主任这一关，如果教师没有做过班主任，那他的教育生命是有遗憾的。在这里，我只想强调做好班主任工作要注意的两点：努力创新班级文化建设，精心打造班级团队精神。

班主任工作的切身体会：要在"勤、活、细、爱、赞"五个字上多做文章。

2. 教学方面

于漪：教出自己个性的时候，才是学生收获最大的时候。

叶澜："把改革和实验看作我们共同的事业，共享创造，共同克服困难，改变被动、等待的心态，积极主动地投入实验。""反思、探索、创造成为真正改变课堂的动力。"

积极开展课堂教学改革，通过多年的教学实践，历练出了"以人为本、幽默诙谐、民主和谐、务实高效"的教学风格，构建出了具有鲜明个性的"四主六步"教学模式。

（二）要积极开展教学科研创新

叶澜："教育是一项非常具有挑战性的事业，在创造过程中，教师的知识、能力和思想都得到发展。""没有教师的生命质量的提升，就很难有高的教育质量；没有教师的精神解放，就没有学生的精神解放；没有教师的主动发展，就很难有学生的主动发展；没有教师的教育创造，就很难有学生的创造精神。"

我认为，一个人需要有勇气战胜自己，不断创新。

（1）要形成自己独特的教育理念（教育观——教育思想）。

（2）要敢于创新教学方法。

（3）要积极撰写论文。

（4）要积极开展课题研究。

（5）要积极撰写教学专著（学科专业方面的）。

要顺利做好上面这五项工作，我还想强调下面几点：

（1）要耐得住寂寞。

（2）要带着问题阅读。

（3）要带着反思教学。

（4）要积极研习案例。

（5）要善于捕捉敏感问题。

（6）要积极参与研讨。

（7）要做到坚持不懈。

我们应当意识到，学生、课堂、教材、教法等都是我们研究的对象。对于刚开始搞研究的人来说，发现问题是关键，要学会多观察、多积累，从小问题入手。随着研究不断走向成熟，我们还需要逐步形成自己独具个性的教学理念和教育风格。所以，我们不仅需要不断进德修业，而且需要积极开展教学研究。

五、要重视专家的引领

自己的主观努力是最重要的，但也离不开专家的正确引领。在教学等方面，我们一定要想方设法多向专家请教，有他们的点拨，我们或许可以少走很多弯路，可以把有些工作做得更到位，我们的教学将会变得更加有效。

例如申报职称，特别是正高的评审比特级的评审硬性条件更加苛刻，从学习文件，到准备材料，到现场答辩，哪一个环节都不能出丝毫问题，这更需要听取专家的悉心指导。

我的发言完毕。谢谢大家！

（2019年2月16日）

新课标背景下的作文教学

（专题讲座）

一、当前作文教学存在的突出问题

1. 系统缺乏

无论是教材的编排，还是教师的训练都缺乏系统性，缺乏科学的训练体系。只练模拟试题、高考题，没有系统的步骤；初中、高一、高二与高三的作文训练不衔接、各自为战；重视整篇写作，忽视片段训练。

2. 时间不够

训练缺少时间，强度不够。一般是两周一次大作文。

3. 资源匮乏

学生在学校，不了解大千世界，缺少写作的欲望，素材来源十分有限。

4. 读写分离

学生读了不少文章，但不知道可以借鉴。

5. 信心不足

学生作文是临时抱佛脚，随便应付，所以作文写得不好，加之教师舍不得给分，导致作文的分数不高，时间一长，学生信心没有了，训练的效果自然不理想。

二、学生写作存在的突出问题

1. 审题立意

一些考生的思维能力不强，不能理解题意，使得文章的思想内容不太符合题意。例如，2019年全国 I 卷作文题：没有结合材料，泛谈劳动是什么，混淆体力劳动和脑力劳动（试题中的"劳动"是指体力劳动）。

2. 内容思想

有的作文没有一个好的思想，思路不清晰，思想深度不够，思维水平不高。

3. 语言表达与结构

表述不严密，主体是议论文，全文的文体特点不分明。

4. 套作抄袭

一些抄袭之作，主要是抄袭考卷上的议论文文本、实用类文本和文学类文本。有的是全部抄袭，有的是部分抄袭；有的是只抄一种文本，有的是抄录几种文本。不管是哪种情况，都作为抄袭来处理。在评卷过程中，组长时时监控，若有漏评、错评，及时纠正。由于一篇作文至少有两位评卷员来评，还有组长和课题组长的监控，所以想通过抄袭来获得一个好分数是不可能的。

三、普通高中语文课程标准（2017年版）

在"课程内容"部分有如下表述：

（二）学习要求

（4）自主写作，自由表达，以负责的态度陈述自己的看法，表达真情实感，培养科学理性精神。书面表达观点明确，内容充实，感情真实健康；思路清晰连贯，能围绕中心选取材料，合理安排结构；进一步提高记叙、说明、描写、议论、抒情等基本表达能力，并努力学习综合运用多种表达方式，力求有个性、有创意地表达。能推敲、锤炼语言，表达力求准确、鲜明、生动。学会用现代信息技术辅助交流。能独立修改自己的文章，乐于相互展示和评价写作结果。45分钟能写600字左右的文章。课外练笔不少于2万字。

四、怎么理解新高考？

新时代、新任务、新需求、新课题。

无论课改怎么改，最终都是绕不过高考这一关的。面向新时代，高考改革也必须适应决胜全面建成小康社会、全面建设社会主义现代化强国的新要求，落实立德树人根本任务，坚持促进公平、科学选才的根本方向，逐步建立中国特色现代教育考试招生制度体系。高考紧紧围绕"立德树人、服务选才、引导教学"的核心功能，突出对能力和素养的考查，全面提高科学选才能力，助力实现国家人才强国战略，为社会主义现代化建设提供源源不断的人才支撑。

从高校培养学生能力的角度来说，写作重在培养学生分析说理的能力，所以写好议论性文章是高中作文教学的关键。（高一的第一学期可以安排学生练一练复杂叙事性文章的写作，这是夯实写作基础的需要。）

更加注重以德为先，更加注重全面发展，更加注重面向人人，更加注重终身学习，更加注重因材施教，更加注重知行合一，更加注重融合发展，更加注重共建共享。

核心价值层面：

试题意在引导考生正确认识中国特色和国际比较，让考生在全方位对外开放的条件下，面对中国和世界的互动，树立正确的世界观、人生观、价值观，以正确的立场和方法认清世界和中国的发展大势，在此基础上向外国青年"讲好中国故事"。

——教育部考试中心

关键能力层面：

在写作要求上将"呈现你所认识的中国"作为明确指令，鼓励考生从所知所学所感出发，在对宏大话题的把握中，关心现实国情与改革发展，展示他们的理想信念、精神状态与综合素质，理性思辨，畅所欲言。

——教育部考试中心解读2017年高考作文题

（1）［2019·全国新课标卷Ⅰ］阅读下面的材料，根据要求写作。

"民生在勤，勤则不匮"，劳动是财富的源泉，也是幸福的源泉。"夙兴夜寐，洒扫庭内"，热爱劳动是中华民族的优秀传统，绵延至今。可是现实生活中，也有一些同学不理解劳动，不愿意劳动。有的说："我们学习这么忙，劳动太占时间了！"有的说："科技进步这么快，劳动的事，以后可以交给人工智能啊！"也有的说："劳动这么苦，这么累，干吗非得自己干？花点钱让别人去做好了！"此外，我们身边也还有着一些不尊重劳动的现象。这引起了人们的深思。

请结合材料内容，面向本校（统称"复兴中学"）同学写一篇演讲稿，倡议大家"热爱劳动，从我做起"，体现你的认识与思考，并提出希望与建议。要求：自拟标题，自选角度，确定立意；不要套作，不得抄袭；不得泄露个人信息；不少于800字。

（2）［2019·全国新课标卷Ⅱ］阅读下面的材料，根据要求写作。

1919年，民族危亡之际，中国青年学生掀起了一场彻底反帝反封建的伟大爱国革命运动。1949年，中国人从此站立起来了！新中国青年投身于祖国建设的新征程。1979年，"科学的春天"生机勃勃，莘莘学子胸怀报国之志，汇入改革开放的时代洪流。2019年，青春中国凯歌前行，新时代青年奋勇接棒，宣誓"强国有我"。2049年，中华民族实现伟大复兴，中国青年接续奋斗……

请从下列任务中任选一个，以青年学生当事人的身份完成写作。

① 1919年5月4日，在学生集会上的演讲稿。

② 1949年10月1日，参加开国大典庆祝游行后写给家人的信。

③ 1979年9月15日，参加新生开学典礼后写给同学的信。

④ 2019年4月30日，收看"纪念五四运动100周年大会"后的观后感。

⑤ 2049年9月30日，写给某位"百年中国功勋人物"的国庆节慰问信。

要求：结合材料，自选角度，确定立意；切合身份，贴合背景；符合文体特征；不要套作，不得抄袭；不得泄露个人信息；不少于800字。

（3）［2019·全国新课标卷Ⅲ］阅读下面的漫画材料，根据要求写一篇不少于800字的文章。（60分）

毕业前最后一节课。
老师说："你们再看看书，
我再看看你们。"

（据"小林漫画"作品改编）

要求：结合材料的内容和寓意，选好角度，确定立意，明确问题，自拟标题；不要套作，不得抄袭；不得泄露个人信息。

2019年的三套全国试题都明显释放出了强烈信号：写作要立足实际生活需求，强调实际应用、知行合一，避免言之无物、大而无当；对祖国重要发展节点（如五四运动、中华人民共和国成立、改革开放等）都要熟悉。

五、命题特点

（1）用"四个自信"（道路自信、理论自信、制度自信、文化自信）引领高考作文命题，统率高考作文命题，落实立德树人的育人功能。

（2）凸显时代主题，引导考生思考人生和社会。

（3）强化对思维能力的考查，助推素质教育。

（4）强化对写作教学的应用导向。（我们不能只教议论文、记叙文、散文等文体，还要加强实用文体的教学。）

六、时新素材的分类积累

（一）文化自信

1.素材积累

（1）中华文化的核心思想是讲仁爱、重民本、守诚信、从正义、尚和合、求大同。

中华传统美德主要有自强不息、精忠报国、爱岗敬业、扶危济困、见义勇为、孝老爱亲等内容。

（2）文化是一个国家、一个民族的灵魂，文化兴国运兴，文化强民族强。没有高度的文化自信，没有文化的繁荣兴盛，就没有中华民族的伟大复兴。

——习近平

（3）加强中外人文交流，以我为主，兼收并蓄。推进国际传播能力建设，讲好中国故事，展现真实、立体、全面的中国，提高国家文化软实力。

——习近平

（4）当今时代，文化在综合国力竞争中的地位日益重要。谁占据了文化发展的制高点，谁就能够更好地在激烈的国际竞争中掌握主动权。

——胡锦涛

（5）一个国家，一个民族，最可怕的是自己的根本文化亡掉了，如果文化亡掉了就会万劫不复，永远不会翻身。

——南怀瑾

（6）文化开启了对美的感知。

——爱默生

（8）蔡元培以热爱祖国和民族的崇高精神，从文化、教育、科学等领域着手振兴中华和民族复兴大业，在任中华民国临时政府教育总长、北京大学校长期间，为中国做出了卓越的贡献，被毛泽东称为"学界泰斗，人世楷模"。

2. 作文命题

例1：阅读下面的材料，根据要求写作。

子思受邀回到高中母校宣讲成长经历及学习心得。他说自己在母校学习期间就非常喜欢儒家文化。现在，他正跟着研究生导师进行更深入的学习和研究。

有位同学向他提问："对儒家文化，我们有所了解，像'约之以礼''以德服人''推己及人'之类的道理，我也很认可。可是，在生活中真要那样做，会不会连公交车都挤不上去？"

如果你是子思，你将怎样回应这样的提问？

要求选好角度，确定立意；明确文体，自拟标题；不要套作，不得抄袭；不少于800字。

【参考拟题】

（1）当儒家文化遇上了"挤公交"；

（2）千载儒文化，今朝犹可行。

（二）尊敬英雄

1. 素材积累

（1）生当作人杰，死亦为鬼雄。

——李清照

（2）英雄并不比一般人更勇敢，差别仅在于，他的勇气维持了五分钟而已。

——爱默生

（3）英雄儿女各千秋。

——陆游

（4）英雄割据剖已矣，文采风流今尚存。

——杜甫

（5）英雄就是对任何事都全力以赴，自始至终，心无旁骛的人。

——波特莱尔

（6）英雄——就是这样一个人，他在决定性关头做了为人类社会的利益所需要做的事。

——伏契克

（7）英雄就是对任何做他能做的事，而平常人就做不到这一点。

——罗曼·罗兰

（8）英雄是大众说出来的。

——克拉尔德·斯坦利·李

2. 作文命题

例2：阅读下面的材料，根据要求写作。

近段时间，网络上出现了个别人怀疑和虚构狼牙山五壮士抗日斗争情节的奇谈怪论，混淆了视听，抹黑了英雄。葛振林回忆在山上拔萝卜吃的故事，有的人引申到八路军的纪律作风问题。无独有偶，之前，网络上也有对英雄邱少云事迹真实性的诋毁，用振振有词的所谓"生理学"说辞诠释。

这种"诋毁说"引爆了一直以来引而不发的思想"燃点"——互联网"颠覆观"背后的历史虚无主义以及"过度反思"所掩盖的文化不自信和价值观危机。

请根据上述材料，联系现实生活，结合自己的思考，自选角度写一篇不少于800字的文章。

要求：①立意自定，题目自拟，文体自选；②不得抄袭，不得套作。

【参考拟题】

（1）尚英雄，就是坚守正道。

（2）英雄不容诋毁，脊梁不能折断。

（三）奋斗与幸福

1. 素材积累

（1）"幸福是奋斗出来的。""撸起袖子加油干。""空谈误国，实干兴邦。"

——习近平

（2）与其将希望寄托在客观条件的改变上，不如将希望寄托在挖掘自身潜能上。

——魏书生

（3）古今中外，凡成就事业，对人类有作为的无一不是脚踏实地、艰苦攀登的结果。

——钱三强

（4）必须在奋斗中求生存，求发展。

——茅盾

（5）天行健，君子以自强不息。

——《易经》

（6）故天将降大任于斯人也，必先苦其心志，劳其筋骨，饿其体肤，空乏其身，行拂乱其所为，所以动心忍性，曾益其所不能。

——孟子

（7）老骥伏枥，志在千里。烈士暮年，壮心不已。

——曹操

（8）论事易，为事难；为事易，成事难。

——苏轼

（9）生命不可能从谎言中开出灿烂的鲜花。

——海涅

2. 作文命题

例3：阅读下面的材料，根据要求写作。

（1）1919年5月4日，在北京爆发了一场以青年学生为主的爱国运动，史称"五四运动"。

（2）1939年，毛泽东同志在延安庆贺模范青年大会上说："什么是模范青年？就是要有永久奋斗这一条。"

（3）1979年初，邓小平同志强调："青年一代的成长，正是我们事业必定要兴旺发达的希望所在。"

（4）2018年5月2日，习近平同志同北京大学师生座谈时说："广大青年既是追梦者，也是圆梦人。"

作为身处前所未有的时代、正值芳华的青年学子，以上材料触发了你怎样的联想和思考？

请立足自身，联系现实，完成一篇以"青年学子该做什么样的奋斗者"为主题的演讲稿，在你所在的班上做一次演讲。

要求：选好角度，确定立意；明确文体，自拟标题；不要套作，不得抄袭；不得泄露个人信息；不少于800字。

【参考拟题】

（1）青年学子该做什么样的奋斗者；

（2）紧握奋斗之桨，高扬奋斗之帆。

（四）传承孝道

1. 素材积累

（1）孝有三：大尊尊亲，其次弗辱，其下能养。

孝子之养也，乐其心，不违其志。

——《礼记》

（2）弟子入则孝，出则悌。

——《论语》

（3）老吾老，以及人之老；幼吾幼，以及人之幼。

——孟子

（4）滴水之恩，当涌泉相报。

——《增广贤文·朱子家训》

（5）谁言寸草心，报得三春晖。

——孟郊

（6）知恩图报，善莫大焉。

（7）父恩比山高，母恩比海深。

——日本谚语

（8）羊有跪乳之恩，鸦有反哺之义。

——谚语

（9）子孝父心宽。

——陈元靓

（10）北大拒收"不孝生"。

2. 作文命题

例4：阅读下面的材料，根据要求写作。

聂老汉年逾古稀，生活困难。因外出打工的儿子小聂，连续半年不支付赡养费，聂老汉到法院申请强制执行。经法官与小聂沟通无效后，法院遂将小聂列入"失信被执行人"名单，后小聂因无法正常出行，工作受阻，只好到法院承认错误并借钱支付了有关赡养费。此事经媒体报道后，激起了更大范围的讨论。

要求：综合材料内容及含意，选好角度，确定立意，明确文体，自拟标题，不要套作，不得抄袭；不少于800字。

【参考拟题】

（1）坚守孝，方为善。

（2）窥探无人赡养背后的社会保障体系缺口。

（3）别让父母成为精神上的空巢老人。

（五）理性思维与民族自信

1. 素材积累

（1）理性爱国就要有民族自信，要有民族骨气与个人尊严，不妄自菲薄也不妄自尊大。有民族自信，才有民族凝聚力。

（2）道路自信源自道路开辟、道路创新和道路自觉，需要我们进一步坚持和开拓中国特色社会主义道路。理论自信源自理论形成、理论创新和理论自觉，需要我们进一步坚持和丰富中国特色社会主义理论体系，坚持中国特色社会主义。制度自信，我们坚信，中国特色社会主义制度是当代中国发展进步的根本制度保障。文化自信是对中国特色社会主义文化先进性的自信。中华民族在漫长的发展中，形成了自己独特的价值观。

（3）"中国的和平崛起已成既定事实"。当历史的机遇再次摆在中国面前，我们比历史上任何时期都更有信心、更有能力抓住这一机遇。

（4）不管我们现在的观念有多么落后，多么保守，多么非理性，多么冥顽不灵，我们还是应当对中国抱有希望。

——李银河

（5）偏见往往来自无知，纠正偏见的最好方式就是把意见市场流通起来，让意见与意见较量，去赢得多数人的理性。

——柴静

（6）我们所有的知识都开始于感性，然后进入到知性，最后以理性告终。没有比理性更高的东西了。

——康德

（7）理智可以制定法律来约束感情，可是热情激动起来，就会把冷酷的法令蔑弃不顾。

——莎士比亚

（8）人们以为他们的理性支配言语，偏偏有时言语反而支配理性。

2. 作文命题

例5：阅读下面的材料，根据要求作文。

十几年前，我们听过这样的说法："日本从不生产一次性筷子，96%的一次性筷子来自中国，而且这些筷子被回收，制成纸浆后再出口到中国。"由此，很多人认为中国人砍伐树木造筷子是赚黑心钱，还把它和沙尘暴、森林覆盖率联系在一起。事件的真相是：一次性筷子的原料来自经济林，经济林种下去就是为了砍掉的；这些树林只占了全国经济林的极小部分。无论谁进口谁的筷子都只是正常的商业活动。而现在，据媒体报道，中国已是世界最大的木材进口地，且日本木材最大的买主是中国。

要求：选好角度，明确文体，自拟标题，不要套作，不得抄袭；不少于800字。

审题立意：

材料具有鲜明的时代特色，体现了十几年来社会主流意识的变化。今天的中国日益强大，而我们国民的意识和素质也应该相应提高，每一个人都应拥有强大的民族自信心。可从以下几方面立意：①摆脱自卑落后的心理，增强文化自信和民族自信；②要了解事情的真相，不要盲目下结论；③提升自我乃至国民的素质，消除谣言产生的土壤。

【参考拟题】

（1）莫让言论蒙蔽理性的双眼。

（2）一根筷子究竟暴露多少问题？

（六）胸怀与格局

1. 素材积累

（1）世界上最宽阔的是海洋，比海洋宽阔的是天空，比天空更宽阔的是人的胸怀。

——雨果

（2）海纳百川，有容乃大；壁立千仞，无欲则刚。

——林则徐

（3）做企业，赢在细节，输在格局。

——马云

（4）性格决定命运，胸怀决定格局。

（5）格局决定人生的高度，格局让人生走得更远。

（6）心有多大，舞台就有多大。

（7）宰相肚里能撑船。

（8）一个伟大的人有两颗心：一颗心流血，一颗心宽容。

——纪伯伦

（9）心胸开阔：不要为令人不快的区区琐事而心烦意乱，悲观失望。

——富兰克林

（10）夏虫不可语冰，井蛙不可语海。

2. 作文命题

例6：阅读下面的材料，根据要求作文。

（1）世界上最宽阔的是海洋，比海洋宽阔的是天空，比天空更宽阔的是人的胸怀。

——雨果

（2）海纳百川，有容乃大；壁立千仞，无欲则刚。

——林则徐

（3）受光于庭户见一堂，受光于天下照四方。

——魏源

要求：选好角度，明确文体，自拟标题，不要套作，不得抄袭；不少于800字。

【参考拟题】

（1）胸怀有多大，舞台就有多大。

（2）胸怀大格局，做智慧之人。

（3）胸有凌云志，才能成为凌霄木。

（七）青山绿水，美丽中国

1. 素材积累

（1）绿水青山就是金山银山。

——习近平

（2）营造绿水青山建设美丽中国。

（3）植树造林，功在千秋。

（4）手下留情，足下留青，爱护环境，人人有责。

（5）保护环境，从小做起；美化环境，人人有责

（6）别让眼泪成为地球上的最后一滴水。

（7）人法地，地法天，天法道，道法自然。

——老子

（8）只有服从大自然才能战胜大自然。

——达尔文

（9）1979年，全国人大常委会决定，将3月12日定为中国的植树节。

2. 作文命题

例7：阅读下面的材料，根据要求作文。

生态文明建设关乎中华民族的永续发展，优美生态环境是每一个中国人的期盼。

请展开想象，以"绿水青山图"为题，写一篇记叙文，形象展现人与自然和谐相处的美好图景。

要求：立意积极向上，叙事符合逻辑；时间、地点、人物、叙事人称自定；有细节，有描写。

例8：阅读下面的材料，根据要求作文。

读大学的阿龙寒假回到农村老家过年，为了响应国家减少燃放烟花爆竹的号召，阿龙劝爸爸今年不要买鞭炮放了。爸爸经不住阿龙的软磨硬泡，终于同意今年过一个移风易俗的时尚新年。然而，爷爷、大伯及左邻右舍，对阿龙家的这种做法议论纷纷：有的人说，过年去给祖宗上坟、烧香、放鞭炮，这都是祖制，是旧的习俗，不能随便改！有的人说，阿龙不给祖宗烧香、放鞭炮，这是大不孝啊！也有小部分年轻人说，阿龙做得对，为环保出力了。为此，阿龙一家陷入了苦恼之中。

以上材料引发你哪些联想与感悟？请写一篇不少于800字的文章，体现你的权衡、选择与思考。

要求：选好角度，自定立意，不得抄袭，不得套作，除诗歌外。

【参考拟题】

（1）祖宗不足法，旧俗换新颜。

（2）爆竹无声辞旧俗。

（3）让民俗与环保同行。

（八）生涯规划

1. 素材积累

（1）要有生活目标，一辈子的目标，一段时期的目标，一个阶段的目标，一年的目标，一个月的目标，一个星期的目标，一天的目标，一个小时的目标，一分钟的目标。

——列夫·托尔斯泰

（2）有人活着却没有目标，他们在世间行走，就如同河中的一棵小草随波逐流。

——塞涅卡

（3）人生至关重要的事，是有远大的目标和达到这个目标的雄心壮志。

——歌德

（4）聪明的人只要能认识自己，便什么也不会失去。

——尼采

（5）确定了人生目标的人，比那些彷徨失措的人，起步时便已领先几十步。有目标的生活，远比彷徨的生活幸福。没有人生目标的人，人生本身就是乏味无聊的。

——卡耐基

（6）世界会为那些有目标和远见的人让路。

（7）生涯规划是持续的、终生的，与成功有约，有梦的人终会摘星。

（8）生涯规划的前提在于：主角是自己，愿意改变自己；要量力适性，参考家人定见；有求好心，有狡计心，有步履决心。

（9）生涯规划与发展三步走是"知己""知彼"与"抉择"。

知己：了解自己的兴趣、爱好与特长；自己的性格与价值观；自己所选定的目标与需求；自己的情商；自己的工作经验；自己的气质、优缺点；自己的学历、智能与能力；自己的生理情况。

知彼：了解组织环境、组织发展战略、人力资源需求、晋升发展机会、政治环境、社会环境、经济环境等。

抉择：涵盖职业抉择、路线抉择、专业抉择、目标抉择、行动抉择五大模块。

2. 作文命题

例9：阅读下面的提示，按要求作文。

同学们，你们即将毕业，将面临人生的第一次大的抉择。展望未来，前路遥远。际遇、机会并不全是我们可以把握与掌控的。那么，我们能不能规划自己的人生？或者，我们该如何规划人生呢？

请针对上述问题，任选角度，自拟标题，写一篇不少于800字的文章。

【审题提示】

大致可以从三个角度立论：一是能否规划人生；二是如何规划人生；三是命运掌控在谁手里。

例10：阅读下面的材料，根据要求写一篇文章。

20出头的瑶族姑娘小卜，是瑶寨走出的第一个大学生。临近毕业时，小卜犯难了：家里的父老乡亲希望她能回去做教师，传播知识，为改变家乡的贫穷面貌尽一份力；对小卜有录用意向的一家著名外企，则鼓励小卜加盟公司，发挥专业特长，创造优质生活；而小卜自己认为当前创业环境好，很想创办一家民族服装设计公司，实现自己的创业梦。

面对小卜的就业选择，你会给出什么建议？请结合材料内容及含意作文，表明你的态度，阐述你的看法。要求选好角度，明确文体，自拟标题；不要套作，不得抄袭。

（九）"五四精神""青春·理想"

1. 素材积累

（1）青春。

陈独秀说："青年如初春，如朝日，如百卉之萌动，如利刃之新发于硎，人生最可宝贵之时期也。"青春向阳，不负芳华，现在过的每一天，都是余生中最年轻的一天。

梁启超说："青年人是时代的希望，祖国崛起强大会伴随无数青年人的前仆后继以及那些青春激昂的希冀与梦想。"青春就是要见山见水，独善其身，兼济天下，除了诗与远方，还有家国天下。

（2）启蒙。

五四精神最主要的是启蒙，是以民主和科学为主题，对国民进行启蒙的新文化运动，遗憾的是未能最终完成。所以百岁高龄的马相伯，临终前痛心地说："我只是一条狗，只会叫，叫了一百年，也没有把国人叫醒。"马相伯是复旦大学创始人，现代教育的先行者，另一个教育家——蔡元培的恩师。

（3）救世。

梁漱溟说："世界文化的未来，就是中国文化的复兴。"

（4）包容。

蔡元培说："大学之大，因其无所不包，各种言论思想均可自由，但亦不必出于互相诟骂。如各有主张，尽可各自鼓吹自己主张之长处，不必攻击或排斥他种主张。"

（5）自由。

陈寅恪说："唯此独立之精神，自由之思想，历千万祀，与天壤而同久，共三光而永光。"

（6）奋斗。

梁启超说："天下事无所谓大小，只要在自己责任内，尽自己力量做去，便是第一等人物。"一个朝着自己目标永远前进的人，整个世界都会给他让路。明确的目的加上积极的心态，是一切成功的起点。

（7）担当。

李大钊说："铁肩担道义，妙手著文章。"

（8）传承。

胡适说："现在有许多人自己不懂得国粹是什么东西，却偏要高谈'保存国粹'……若要知道什么是国粹，什么是国渣，先须要用评判的态度，科学的精神，去做一番整理国故的工夫。"

（9）开创。

五四运动带来巨大的社会和文化变革，人人平等，男女平权，恋爱婚姻自由，等等，处处都显示出开创精神，甚至敢冒天下之大不韪。

（10）笃实。

胡适说："大胆的假设，小心地求证；认真的做事，严肃的做人。"

鲁迅说："能做事的做事，能发声的发声。有一分热，发一分光。就令萤火一般，也可以在黑暗里发一点光，不必等候炬火。"

2. 作文命题

例11：阅读下面的材料，根据要求写作。（山东省实验中学三年级模拟试题作文题）

材料一：1919年"巴黎和会"期间，中国作为战胜国提出的取消帝国主义在华一切特权的合理要求，遭到和会拒绝。消息传来，举国震惊。1919年5月4日，北京爆发了以青年学生为主、社会各阶层共同参与的五四运动，这一运动使中国代表最终没有出席巴黎和会的签字仪式。

五四运动，一是救亡，即反对腐败无能的北洋政府；二是启蒙，认为文化落后是导致国家社会落后的根源，对传统文化道德采取割舍的态度，更甚者认为要不看中国书只看外国书。

材料二：（五四运动）是中国人的国家情感存在与力量的突变证明，如果还有什么地方的人对中国人爱国主义的力量和普及程度抱有怀疑态度，那么这种证明就是深切而且令人信服的。

——（美）杜威《中国人的国家情感》

材料三：这种运动是非常的事，是变态的社会里暂时不得已的救急办法，却不可长期存在的。

——胡适《我们对于学生的希望》

五四运动已过去100年，我们汲取五四精神的营养，也不断对五四运动进行反思。在2019年五四青年节到来之际，请结合以上材料为学校五四青年节活动写一篇不少于800字的演讲稿。

要求：选好角度，确定立意，自拟标题，不要套作，不得抄袭，不得泄露个人信息。

3. 审题立意

本题是"多则材料综合立意"的任务驱动型作文，主要考查考生对时代热点的理解以及理性思考的能力。2019年是五四运动100周年，100年来，以"爱国、进步、民主、科学"为核心内容的五四精神，经过传承与发扬，已融入中华民族的血液中，成为中华民族复兴之路上的重要支柱，也成为当代青年点燃青春、照亮人生、勇担家国大业的力量源泉。这个题目的深度还在于不仅有学习传承，还有对五四运动的反思，更能见出考生思维的深度、论证的精彩和看问题的独特眼光。

完成这篇作文，需要学生对新文化运动及五四运动进行更好的梳理，了解当时的背景，把握核心事件。五四运动中涌现出许多被后人所仰望的思想领路人及文化先驱，也可以趁此多做积累。

"多则材料作文"，还要注意理清材料间的逻辑关系。三则材料充满思辨，相互补充，恰好形成文章的整体框架。注意演讲稿最终落点为"在校学生"，所以，建议文章结尾回到当代青年的责任担当上，以实现演讲稿价值的最大化。

【参考拟题】

切题立意：

（1）继五四之责任，谱青年之华章。

（2）传承五四精神，铸造中国之魂。

（3）传百年薪火，继五四精神。

（4）弘扬五四精神，探索报国之路。

（5）五四精神未尽，百年薪火更传。

（6）承五四之魂，辟前进新程。

（7）汲取五四精神，反思五四之过。

偏题立意：

（1）我以奋斗献青春（以谈论中国梦、个人奋斗为主）。

（2）文化之殇（以"传统文化"为中心论题）。

（3）百年前的呐喊（"五四"着墨过多，且以写史为主，文学性不足，个人见解贫乏）。

（4）五四断裂（立意价值观有偏差）。

（十）百年中国·中国梦

1. 素材积累

（1）中华人民共和国成立。

1949年10月1日，毛泽东主席在天安门城楼上向全世界庄严宣告："中华人民共和国中央人民政府今天成立了！"向世界宣告中华人民共和国中央人民政府成立。

（2）改革开放。

1978年12月18日至22日，在北京召开的党的十一届三中全会正式提出了中国实行改革开放的政策。

（3）十一届三中全会。

1978年12月18日至22日，中国共产党第十一届中央委员会第三次全体会议在北京举行。全会的中心议题是根据邓小平同志的指示，讨论把全党的工作重点转移到经济建设上来。

（4）北京奥运会。

2008年8月8日，第29届夏季奥林匹克运动会（Games of the XXIX Olympiad），又称2008年北京奥运会，在中华人民共和国首都——北京举办。

2008年北京奥运会共有参赛国家及地区204个，参赛运动员11438人，设302项（28种）运动，共有60000多名运动员、教练员和官员参加。

2008年北京奥运会共创造43项新世界纪录及132项新奥运纪录，共有87个国家和地区在赛事中取得奖牌，中国以51枚金牌居金牌榜首，是奥运历史上首个登上金牌榜首的亚洲国家。

（5）"墨子号"量子通信卫星。

2016年8月16日凌晨，中国在酒泉卫星发射中心用长征二号丁运载火箭成功发射世界首颗量子科学实验卫星"墨子号"。这既意味着中国科学家率先向星地量子通信发起挑战，更意味着中国在量子保密通信方面处于世界全面领先地位。

（6）十八届三中全会。

2013年11月9日至12日，中国共产党第十八届中央委员会第三次全体会议在北京召开。会议提出了全面深化改革的指导思想、目标任务、重大原则，描绘了全面深化改革的新蓝图、新愿景、新目标，合理布局了深化改革的战略重点、优先顺序、主攻方向、工作机制、推进方式和时间表、路线图，汇集了全面深化改革的新思想、新论断、新举措，是中国共产党在新的历史起点上全面深化改革的科学指南和行动纲领。

（7）港珠澳大桥。

港珠澳大桥于2009年12月15日动工建设，于2018年10月24日上午9时开通运营。它在建设过程中创造了400多项技术专利，因其超大的建筑规模、空前的施工难度以及顶尖的建造技术而闻名世界。（港珠澳大桥，"世界奇迹"背后

的中国智慧，55千米的总长、40米深的隧道、33个沉管、1269亿元的总投资、3216个日夜、2000多人的参与。）

（8）中国梦。

2012年11月29日，习近平总书记提出了"中国梦"，他把"中国梦"定义为"实现中华民族伟大复兴"。"中国梦"的核心目标可以概括为"两个一百年"目标，也就是：到2021年中国共产党成立100周年和2049年中华人民共和国成立100周年时，逐步并最终顺利实现中华民族的伟大复兴，具体表现是国家富强、民族振兴、人民幸福，实现的途径是走中国特色社会主义道路、坚持中国特色社会主义理论体系、弘扬民族精神、凝聚中国力量，实施手段是政治、经济、文化、社会、生态文明五位一体建设。

（9）一带一路。

2013年9月和10月，中华人民共和国国家主席习近平在出访中亚和东南亚国家期间，先后提出共建"丝绸之路经济带"和"21世纪海上丝绸之路"（以下简称"一带一路"）的倡议，得到国际社会高度关注。

2. 作文命题

例12：阅读下面的材料，根据要求写作。

大型系列纪录片《百年中国》是中央电视台拍摄的迎接21世纪的献礼片，全片共52集。它全面回顾了20世纪中国艰难的社会变革及其风雨历程，反映了广阔的社会生活和重大的历史事件，是迄今为止反映百年中国历史最为全面完整的文献纪录片，也是一部民族的奋斗史。

上述材料会触发你怎样的联想和思考？

要求：选好角度，确定立意，明确文体，自拟标题，不要套作，不得抄袭，不得泄露个人信息；不少于800字。

3. 审题立意

这是一篇非常典型的驱动型材料作文，从所供材料来看，有几个关键词是要特别注意的："艰难""社会变革""风雨历程""历史事件"等。从文体方面看，题干要求中的"材料会触发你怎样的联想和思考"，已经暗示文章在形式上最好是选择议论性文体。从立意方面看，青年兴，则国家兴。我们可以从新时代青年必须树立远大理想，必须将个人的奋斗与民族的复兴紧密结合起来等角度切入，如果只谈个人的理想，或只笼统地谈国家（民族）的进步（复

兴），都是不太好的。

【参考拟题】

（1）为中华之崛起而奋斗。

（2）国家兴亡，匹夫有责。

七、掌握写作技巧，写出最佳作文

高考作文的不变与变：

不变——作文题型、任务驱动、思维、能力。

变——所供材料、材料类型、写作要求。

例13：［2019·全国新课标卷Ⅰ］

（具体内容参见本讲座开始部分）

宏观审题：

本作文题的核心内容是"热爱劳动，从我做起"。材料以中国传统文化中关于劳动的箴言、警句和习近平总书记对新时代劳动精神的深刻阐释作为总领，将中华民族热爱劳动的优秀传统与当下社会对劳动的一些偏差认识、错误态度进行对比，引导青年学生对这一现象及劳动本身进行深入思考，自觉弘扬劳动精神，推动全国青少年乃至全社会形成热爱劳动、崇尚劳动、尊重劳动、参与劳动的良好风气。

微观审题：

材料中的核心要素：

读者：复兴中学的同学。

话题：劳动（试题中的劳动是指体力劳动）。

作者：复兴中学的学生。

目的：倡议大家"热爱劳动，从我做起"，体现自己的认识与思考，并提出希望与建议。

文体：演讲稿。

广东高考评卷场的评分标准如下。

（1）结合材料。

正面阐述离不开材料中的几个方面：劳动是财富的源泉，也是幸福的源泉。热爱劳动是中华民族的优秀传统，绵延至今。

（2）对象感和身份意识。

以青少年学生的口吻。

（3）文体。

演讲稿格式（不对直接扣2分，没有称谓或标题直接扣2分），口语化，有号召力和感染力（文言文不可以）。

以议论抒情为主，不可以编造故事、小说，可以有一些自己的亲身经历

（4）倡议、思考、希望建议一定要有。

缺任何一个要扣分，注意倡议和建议不同，建议要具体，不够具体要扣分，高分文既要立论又要驳论，驳论要放在文章显眼位置，驳论是高分文非常重要的一点，没有驳论要降档。

54～60：任务完成度高、思想深刻、表达好、亮点突出（深刻丰富有文采有创意，创意是指观点不落俗套或素材新颖）。

48～53：完成得好，但亮点没有一等文那么突出。

42～47：任务完成度一般或较差。

42～47：有立没有驳。

对材料持否定意见，不认为劳动是财富的源泉，劳动很占用时间，违背材料意图，胡乱反向立意，泛谈劳动，没有结合材料泛谈劳动是什么，混淆体力劳动和脑力劳动（试题中的"劳动"是指体力劳动），举例不当（陈忠实与林清玄都是劳动典范）。

实际评卷时基准分为48，没有大错误的文章从48往上给分；有错误的文章就往下扣分。

例14：［2019·全国新课标卷Ⅱ］

（具体内容参见本篇最前面部分）

审题：

2019年全国Ⅱ卷作文试题"青春接棒，强国有我"提供了5个特定写作情境，要求考生结合特定历史背景，以特定身份、特定文体完成写作任务。

这道题很好地贯彻了新课标对于立德树人的根本任务的要求，关注了学生个性化、多样化的学习和发展需求，能较好地检测学生的核心素养，同时对教材中的"表达与交流"也给予了非常好的检测。基于教材、忠实于课程标准，又从时代出发，能够彰显以社会主义核心价值观统领课程改革的成果，体现了

科学性、时代性和系统性。2019年是一个有特殊意义的年份：五四运动100周年、中华人民共和国成立70周年、改革开放40周年。任务要求中明确提出从中任选一个，以青年当事人的身份完成写作，也即要体现出青年对国家事件的思考。本题一方面引导学生回顾历史，另一方面引导学生思考自己的使命，具有观照现实和社会的意义。

例15：［2019·全国新课标卷Ⅲ］阅读下面的漫画材料，根据要求写一篇不少于800字的文章。

（漫画内容参见本讲座开始部分）

要求：结合材料的内容和寓意，选好角度，确定立意，明确问题，自拟标题；不要套作，不得抄袭；不得泄露个人信息。

审题：

本题属于材料作文中的漫画作文。漫画是一种具有强烈讽刺性、批评性或表扬性的图画。画家从生活现象中取材，通过夸张、比喻、象征等手法来讽刺、批评或表扬某些人和事。由于漫画多取材于社会现实和热点问题，具有强烈的时代感和现实性，因此漫画类材料作文，便成为一种新颖别致的高考作文题型。

漫画描述的是毕业前最后一节课，两位学子埋头苦读，课桌上书堆成山；一位教师背着手（手握一张卷着的试卷）站在旁边，深情地望着他们说："你们再看看书，我再看看你们。"漫画中教师的神情和言语饱含对即将毕业的学生深情的期待与希望、眷恋与不舍，可以从中解读出教师对学生的关爱、期待与祝福，领悟教师的奉献精神、园丁品格和责任意识，教师作为榜样人物的品德示范将在学生成长历程中留下深深的烙印。

立意：

根据漫画内容，可从学生、教师和社会三个角度，审题立意。

（1）学生的角度：感念师恩、赞美师情、毕业感言、展望未来等。

（2）教师的角度：教育情怀、师生情谊、期待祝福、眷恋不舍等。

（3）社会的角度：倡导全社会尊师重教，弘扬教师的奉献精神、责任意识等。

（一）仔细审题，准确立意

1. 审题

审题就是作者对命题人给就的题目或材料进行深入的思考和反复研究，以求理解题意，弄清写作要求，从而决定体裁、主题、选材、行文重点的思维活动过程。审题是作文中最关键的一步。"差之毫厘，谬以千里""一着不慎，满盘皆输"。因此，考生一定要花足够的时间仔细审题，要看清题目的写作要求，把握好材料的写作范围，准确把握材料的内涵、题旨，确定写作的重点和主题。

高考材料作文可以多角度立意，但提炼的观点不能脱离材料。考生审题的过程，其实也是审视材料与拟定话题的过程，即要将读与写结合起来。

审题有以下三个原则：

（1）整体性原则。

审题要有全局意识，要从材料的整体着眼，不能纠缠于局部的细节，否则很有可能出现偏题、跑题等现象。

（2）多向性原则。

一般说来，材料作文中材料所蕴含的观点并不是唯一的，从不同的角度可以得到不同的结论，因此，要学会多角度审视材料。

（3）筛选性原则。

因为从材料中获得的观点可以有多样性，因此，在进入写作时对所提炼的观点还要进行适当的筛选。筛选时要注意三点：①服从材料的整体性；②观点比较新颖；③有理可讲，有话可说。

审题具体说来包括以下几个方面：

（1）一审材料。

任何写作都面临着以什么角色、对谁、为什么、写什么、用什么方式写等交际语境问题。这一作文命题也具有"交际语境意识"，那么审题时自然应该审明写作时的话题、角色、读者、目的等语境要素。

（2）二审任务（要求）。

共有6条：

① 要选好角度。

② 要确定立意。

③ 要有明确的文体，不能写"四不像"的作文。

④ 要拟一个题目。

⑤ 不能套作、抄袭，不得泄露个人信息。

⑥ 有一定的字数要求。

（3）三审对象。

这里以2018年全国新课标卷Ⅰ为例

例16：［2018·全国新课标卷Ⅰ］阅读下面的材料，根据要求写作。

2000年农历庚辰龙年，人类迈进新千年，中国千万"世纪宝宝"出生。

2008年汶川大地震。北京奥运会。

2013年"天宫一号"首次太空授课。

公路"村村通"接近完成；"精准扶贫"开始推动。

2017年网民规模达7.72亿，互联网普及率超全球平均水平。

2018年"世纪宝宝"一代长大成人。

……

2020年全面建成小康社会。

2035年基本实现社会主义现代化。

一代人有一代人的际遇和机缘、使命和挑战。你们与新世纪的中国一路同行、成长，和中国的新时代一起追梦、圆梦。以上材料触发了你怎样的联想和思考？请据此写一篇文章，想象它装进"时光瓶"留待2035年开启，给那时18岁的一代人阅读。

要求：选好角度，确定立意，明确文体，自拟标题，不要套作，不得抄袭，不得泄露个人信息；不少于800字。

一审材料：材料的核心是什么？

材料按照时间顺序列举了2000年以来发生的或即将发生的重大事件，也是"世纪宝宝"——我们高三的学生，经历过的或即将经历的重大事件，包括汶川大地震，北京奥运会，"天宫一号"授课，公路"村村通"接近完成，"精准扶贫"开始推动，网民规模达7.72亿，全面建成小康社会，基本实现现代化，等等。总之，核心是"我们"与新时代共成长，与伟大祖国共命运。或者就像材料中所点出的"你们与新世纪的中国一路同行、成长，和中国的新时代一起追梦、圆梦"。这是"我们"的际遇和机缘、使命和挑战。（这也是材料给我们的提示语，点明了材料的核心含义，也提示了写作的方向。）"我们"经历了祖国在21世纪的伟大变化与发展进步，享受这发展的成果，见证了一个又一个奇迹，也要自觉担负起新时代赋予我们的使命，在全面建设小康社会，基本实现社会主义现代化，实现中华民族的伟大复兴的征程上贡献自己的力量，为社会主义现代化建设添砖加瓦，与祖国一路同行，一起成长，将个人梦想与祖国梦想联系起来，一起追梦、圆梦。

二审任务：作文的具体任务是什么？

① 以上材料触发了你怎样的联想和思考？

这里要注意的是"联想"与"思考"。"思考"针对的是2000—2018年已经发生的重大事件，我们国家取得的重大成就和遭受的巨大灾难，这些引发了你怎样的思考。"联想"首先是针对材料给出的重大事件，你还能想到哪些类似的事件，进行类比拓展，考生的视野可以不局限于材料给出的内容，可以适当迁移，丰富文章的内涵。其次，针对2018年以后至2020年以及2035年，我们全面建成小康社会以及基本实现社会主义现代化的伟大目标，你能想到什么，可以展开思维的翅膀，进行合理而大胆的想象，想象我们在伟大的新时代，在我们长大成人之后，在我们担负起时代使命与责任之后，我们把个人梦想与祖国宏伟目标，把个人价值实现与家国需要联系起来之后，我们的伟大祖国将呈现怎样的新变化、新成就。这里的"联想"不是空想，而基于过去、现在取得的成绩，对未来自己与国家的展望与期待。例如，刚刚起步的精准扶贫推进的过程与效果，"天宫一号"之后我国空间站的建设与运营情况等。

② 选好角度。

选好角度意味着这里可写的角度很多，考生要斟酌权衡，比较筛选，选择最契合材料又最能写好的角度，进行深入而具体的阐述。

A. 宏观的角度。展现21世纪以来的18年间，我国在灾后重建（汶川大地震）、体育（北京奥运会）、科技（"天宫一号"）、基础建设或美丽乡村建设（公路"村村通"）、共同富裕（"精准扶贫"）、互联网建设（网民规模达7.72亿，互联网普及率超全球平均水平）等方面取得的巨大成就。讴歌在党的领导下，全国各族人民团结一心，不畏艰难，勤劳勇敢，不忘初心，不断开拓创新，在各个方面取得了举世瞩目的成绩。写作的过程中要肯定国家的发展进步，展现我国的大国风采、辉煌形象，特别是"我们"中学生自己切身感受到的自豪感、责任感、使命感，同时不忘展望祖国和个人更加灿烂美好的未来。

B. 微观的角度。通过个人的所见、所闻、所思、所感来具体呈现21世纪以来国家的巨大变化，将个人成长的小细节、小事件与国家发展的大跨越、大事件联系起来，写出自己的真情实感，让写作更个性，更生动，更有画面感。而不至于空洞、生硬，流于政治说教或大唱赞歌。

C. 以点带面，重点透视某一重大事件。在"我们"经历的众多事件中，肯定有一个我们印象最深、感触最多，可以重点进行阐述，然后旁及其他事件，比较深入而具体地呈现自己的理解与思考。

例如，汶川大地震，可以歌颂全国人民面对巨大灾难，众志成城，团结一心，不畏艰辛，重建家园的伟大精神，由此展望并坚信在未来的国家发展与建设中，我们个人和其他国民一样，会勇于担当，敢于奉献，为全面建设小康社会、实现社会主义现代化而努力奋斗，贡献自己的力量。又如，"天宫一号"首次太空授课，可以写我国在科技创新方面的巨大进步，写航天科普活动在激发我们热爱科学、探索宇宙，激励我们立志投身航天事业方面的重要作用，写自己听完授课之后的感触、启发、畅想，鼓励引导2035年的18岁青年投身科学研究，为国家的科学事业做出自己的贡献。再如，选择公路"村村通"接近完成，"精准扶贫"开始推动，可以写新时代中国在农村发生的翻天覆地的变化，乡村越来越便利，农民越来越富裕，美丽乡村建设如火如荼，集中呈现农村的美好现实和发展前景。

D. 一线串珠，有机组合。选择两三个重要事件，找到它们之间的联系，用一个主题将它们串起来论述。例如，2008年的"汶川大地震"，2013年的公路"村村通"接近完成，"精准扶贫"开始推动。三者的关联点是针对受难或发展薄弱的群体，国家能给予及时的帮助与支持，展现了国力的强大、民族的团结、政府的"民心所向"。

三审对象：写作的对象是谁？（见第一个问题中所详尽提到的内容）

2. 立意

立意就是文章的写作角度，立意是一篇作品所确立的文意。它包括全文的思想内容、作者的构思设想和写作意图及动机等。

（1）准。

准确、鲜明。立意准确就是准确提炼材料的主旨，做到"思想健康，中心明确"。"思想健康"就是要体现时代的正能量，抒发积极健康的感情。

（2）稳。

理性、稳重。所持观点中肯，不走极端。用联系的、发展的、全面的观点来分析问题，行文缜密妥当。

（3）深。

深刻、集中。"深刻"指论证触及事物或问题的本质，能揭示问题产生的原因，能提出解决问题的思路或方法，观点具有启发性。"集中"指作文围绕一个主题深入开掘，不旁敲侧击，不零乱分散。

（4）新。

新颖、独到。"新"指观点、材料、论证过程新鲜有创意，有个性特点，能给人以新鲜的心灵感受与教益；但"新"建立在写作者对社会、生活、事物所具有的独到、深刻的认识与理解之上，要行文有度，不可弄巧成拙。

立意四步走：

第一步：找关系。

第二步：抓关键词句。

第三步：选定写作角度。

第四步：形成观点句。

强调关键词与注重整体含意相平衡。

要认真提取或概括好核心关键词。

材料共同指向的事物。

材料中提出的话题。

材料表达的内在关系。

材料的主要内容的归纳。

同时不要忘记材料的整体含意的制约。

在材料的内容及含意范围内作文。

综合材料内容与含意作文。

例17：阅读下面的材料，根据要求作文。

材料一：

一位加油站工作人员说：我工资不高，但我勤俭持家，孝敬长辈，呵护小孩，我们小家过得幸福美满；这谈不上对祖国有多大贡献，但是我们每一个家庭成员都热爱我们的祖国，就像热爱我们的母亲一样。

材料二：

1937年7月28日，南开大学、南开中学遭日军轰炸，正在江西某空军基地紧张备战的张锡祜得知消息后，给父亲张伯苓（南开大学、南开中学创办者）写信道："去年十月间大人于四川致儿之手谕，其中有引《孝经》句'阵中无勇非孝也'……望大人读此之后不以儿之生死为念！"12天后，张锡祜以身殉国。得知噩耗，张伯苓怔了许久后说："吾早以此子许国，今日之事，自在意中，求仁得仁，复何恸为！"

上述材料触发了你怎样的联想与思考？请据此写一篇讲话稿用于班上交流。

审题与立意：

材料一所呈现的是加油站工人关于"家国情怀"的看法，突出"爱亲之孝"实为爱国之本，"爱亲之孝"不只是道德追求，人格完善，也是对国家的一种担当。

材料二所呈现的是张锡祜奔赴战场前写给父亲张伯苓的家书部分内容，以及他遇难后张伯苓的态度，强调爱国即尽孝，为了国家利益而牺牲自己就是孝。

两则材料共同指向的是当下的时代话题——家国情怀。何谓家国情怀；家国情怀的当代意义是什么；如何看待和处理家与国的关系，是对立还是融合，是难以两全还是互补并行；如何将对小家的关爱升华为对国家的深情大爱；大我的职责使命如何落实到小我的理想目标中；如何践行爱国精神；等等。

"请据此写一篇讲话稿用于班上交流"这一写作指令规定了特定的情景场合，写作需要贴近听讲对象，阐释自己对事实和问题的看法与思考。

【参考拟题】

（1）孝与忠

（2）小家与大家（家与国）

（3）私德与大德

（4）孝亲爱国

（5）舍家报国

（6）家国情怀

不管什么作文，考的都是写作者的思想、思维、语言和情感。考场作文是特殊的写作，就是根据命题者的要求写，所以，先要搞清楚命题者的意图：命题者有价值立场吗？隐含的思想指向是什么？还要明确命题者的命题要求：要我干什么？要求共有几条？具体是些什么？（华南师范大学胡家俊先生曾提道：材料作文审题时，要尊重材料的基本事实，要尊重材料的细节真实，要尊重材料的观点引导。）

例18：阅读下面的材料，根据要求作文。

① 抗日战争时期，青年流行"到延安去""到抗日的前线去""到敌人的后方去"。

② 20世纪50年代，青年流行"到边疆去"。

③ 20世纪六七十年代，青年流行到"农村去""到军营去"。

④ 20世纪80年代，青年流行"到大学去""到夜校去"。

⑤ 20世纪90年代，青年流行"到特区去""到国外去"。

⑥ 到了21世纪初，青年流行"到北上广去"。

……

每个时代的热血青年都有自己的追求和向往。以上材料触发了你怎样的联想和思考？请据此写一篇文章。

要求：选好角度，确定立意，明确文体，自拟标题；不少于800字。

我们需要思考：多个材料共同指向的事物是什么？（要马上形成观点句）

参考立意：

个人的理想、个人价值的实现要和国家的前途命运统一。

例19：［2019年2月深圳模拟考］

点击链接就可以阅读美文，打开图片就可以欣赏风景，扫码支付就可以购买时装……科学的发展使成果的共享变得更加便捷。只是，我们仍然很难共享写作者的思考、摄影师的体验、设计师的匠心……这些仍然属于独创者独有。对于国家而言，你可以共享别国科学发展的成果，只是很难共享他们独有的关键核心技术。因为关键核心技术要不来，买不来，讨不来。我们生活中并不缺乏"共享者"，同时，新时代的中国呼唤着更多的青年人成为某一领域的独创者、独有者。因为，有什么样的青年，中国就会有什么样的未来。

以上材料触发了你怎样的感悟或思考？请根据材料写一篇文章，表明你的态度，阐述你的看法。

立意：

这三段材料中的关键词和关键句应当是哪些呢？（青年、共享、独创、中国、未来）抓住了这些地方，我们就需要迅速确定观点句。

论创新：

为酱缸注入清水

"共享"在于"共"而非"享"

创新之风，繁荣九州

青年独运，大国独立

青年中国说（青年强，则中国强）

联想、举例：

当下中国发展中的处境，中国科技发展的现实以及中国青年在创新、创造和创意等方面的表现，中美贸易战，中国的"嫦娥四号"的月背登临，正在热播、代表中国电影创造传奇的电影《流浪地球》，华为在5G领域中的领先地位，等等。

（二）精心选材，材料新颖

作文选材要严，要做到"以一当十"，要围绕中心选择典型、真实、准确、新颖的材料。为了不让材料雷同，考生选材时可以从话题的本义想到它的比喻义、引申义，也可使用发散思维进行多方位联想、想象，如，古今中外、历史现实、人类社会与动物世界、入境仙界、现实虚幻等。为了让材料新颖、有时代意义，考生应密切联系时代风云，关注鲜活的现实生活，留意社会热点、焦点，抓住敏感问题加以探讨，选择新颖的材料，写出话题新的意旨来。

考生选材主要从以下三个方面着手：

（1）巧妙运用教材文本：①改写课文故事；②课文故事续编，如高考优秀作文《阿Q新传》。

（2）充分利用课外阅读：①巧用历史故事，如高考优秀作文《昭君的选择》；②续写历史故事，如高考优秀作文《赤兔之死》；③选用报纸杂志、电视广播、网络信息上的材料。

（3）注重生活体验，写出真情实感：①写自己的学习生活；②写自己的成长经历；③写身边的人和事；④编写社会、家庭生活故事。

例20：阅读下面的材料，根据要求写作。

请你从《包身工》里的"芦柴棒"、《药》里面的夏瑜、《记念刘和珍君》里的刘和珍、《沁园春·长沙》里描述的某位革命进步学生这四个人物之中，选择一个人物，想象他通过时空隧道穿越到今天的中国，在对当前社会生活尤其是青年人的学习生活有了一定了解之后，参加你所在学校2019年举办的纪念五四运动100周年活动并发表主题演讲，请你为他写一篇演讲稿。

要求：演讲内容切合原文人物形象特征，符合当前社会实际和特定情境需要。选好角度，确定立意，明确文体，自拟标题，不要套作，不得抄袭，不得泄露个人信息；不少于800字。

【参考拟题】

（1）青春与梦想

（2）弘扬"五四"伟大精神

（3）切莫辜负伟大的时代

（4）新青年当以天下为己任

（5）青春逢盛世，奋斗正当时

（6）勇立时代潮头，争当奋斗青年

（7）为国奉献，勇于献身

（三）根据自身特点，写作擅长文体

高考作文时考生到底选用哪种文体，一般来说应遵从两个原则：一是要看这个作文题适合于采用哪种文体写作，二是要看考生本人擅长写哪种文体。擅长构思情节、刻画人物的考生，可写小说；擅长剖析事物、有哲理思辨能力的考生，可写议论文；擅长综合运用多种表达方式、平时作文文采飞扬的考生，可写散文。这样，考生就可以充分展示自己的个性特长和优势。

八、由事悟理与缘事说理

（一）由事悟理

注意：与缘事说理（就事论事）不同。

例21：〔2018年高考全国Ⅱ卷〕

"二战"期间，为了加强对战机的防护，英美军方调查了作战后幸存飞机上弹痕的分布，决定哪里弹痕多就加强哪里，然而统计学家沃德力排众议，指出更应该注意弹痕少的部位，因为这些部位受到重创的战机，很难有机会返航，而这部分数据被忽略了。事实证明，沃德是正确的。

要求：综合材料内容及含意，选好角度，确定立意，明确文体，自拟标题；不要套作，不得抄袭；不少于800字。

审题：

这是故事类新材料作文题，可对材料进行多元理解，多角度切入。一个典型的二元对立的作文题，意在让考生在表面看来无可争议的现象背后分析出潜在的假象来，深化对逻辑思维、批判性思维的考查。

人们往往只看到事物表面的现象，而忽略了隐藏的真相。

审题立意角度示例：

① 如何发现事物的真相。

② 发现问题的角度。

③ 要善于抓住事情的核心。

④ 采用逆向思维的方式思考。

立意示例：

① 透过现象看本质。

② 全面地看问题。

③ 换个角度看问题。

④ 跳出思维惯性。

⑤ 抓主要矛盾和矛盾的主要方面。

⑥ 逆向思维。

1. 尊重客观现实，走出思维定式

英美军方对于作战飞机的弹痕分布进行调查后得出的结论是：哪里弹痕多就加强哪里，这是一种惯性思维。人只有针对现实，具体问题具体分析，才能提出正确的方法和策略。站在这个角度来看，该作文可以写具体问题具体分析，打破思维定式。

2. 坚守自我认知，做到以理服人

统计学家沃德在对飞机弹痕进行分析后得出，"更应该注意弹痕少的部位"，并且能够"力排众议"，坚持自己的观点，这种坚守自我内心的科学态度，值得我们学习。

3. 树立全面思维，追寻正确答案

沃德并没有说只关注"弹痕少的部分"，而是说"更应该注意"，实质上这是一种全面思考的过程，只有对问题进行了全面思考，才能接近问题真相。

4. 抓住细节部分，考虑忽略内容

现实生活中，真理往往掌握在少数人手中，任何科学的发现或许只是偶然的瞬间灵感。而作为个体的人，往往都有"从众心理"，那么这个被忽略掉的不起眼的部分，往往会被人们一直忽视，进而和真相的距离越来越远。

写作时，可以感情真挚，真诚表达对科学精神的敬意；可以立意深刻，揭示弹痕多少与飞机返航的表面与实质的关系；可以材料丰富，最好能储备有时代气息的新鲜材料，如网络热点事件与事实真相的反转，或中国科学家立足国情科学解决问题的品质和精神。

（二）缘事说理［就事论事（时评）］

（这类文章，一般属于典型的任务驱动型作文）

注意：与由事悟理不同。

例22：阅读下面材料，根据要求写作。

在一档文化传承类综艺节目上，一歌手一开嗓子就是用中文夹杂着英文演唱。评委老师对其英文演唱提出质疑：你是中国人，对于这种有关非物质文化遗产的综艺节目，你应该唱中国纯正的传统音乐，为何要夹杂着英语？歌手反驳道："听众不仅有中国人，还有外国人。"

要求：自主确定立意，确定文体，确定标题；不要脱离材料内容及含意的范围作文，不要套作，不得抄袭，写一篇不少于800字的文章。

写作任务：围绕评委、歌手的观点发表评论。

审题立意角度：

从评委的角度：文化的传承；守住我们的根。

从歌手的角度：文化的世界性；莫要"讨好"国外观众。

从歌手与评委的角度：文化的兼容性与纯正性。

注意：抓主要角度（事件的主体）。

1. 新闻评述性（时评）任务

写作者对材料中的具体事情，表明态度，阐述看法，并持之有据，言之成理。

2. 比较权衡性任务

作文题目材料提供了几件事，或几个人物的情况（事迹、言行等），或对同一件事几种不同的看法、说法，要求考生认为谁"……更（赞同、好、有

道理）……"，或进行相互比较，或者做出明确的选择，表达自己的态度、倾向。运用比较思维、让步思维。

缘事说理（就事论事）——强化基于材料的意识。

基于材料首先要有概括材料的意识，即读完材料后概括材料的内涵，找准事件或现象的核心与关键，问一问自己，我们在讨论什么？我们争论的焦点是什么？

在这类写作时一定要有基于材料的意识，做到观点源于材料，论述围绕材料，延展回到材料。

例23：［厦门2018年12月高二］

近日，故宫官方咖啡馆"角落咖啡"在故宫博物院西排房正式开业。咖啡馆以《千里江山图》为主要装修元素，咖啡上的印花是"如朕亲临""朕心甚累""母仪天下"等独具宫廷特色的词语，馆内专门开辟了一个展区摆放《千里江山图》扇子、故宫日历等文创产品。

咖啡馆一开张就引起各家媒体的关注，也引发网友们的议论，诸如"故宫文化真心是与时俱进了。""这里的咖啡注入了有趣的灵魂。""故宫需要一杯咖啡吗？""不伦不类，这是对中国传统文化的糟蹋。""为什么不是茶馆而是咖啡馆？"

以上材料触发了你怎样的联想和思考？据此写一篇文章，通过故宫博物院官方微博的私信通道，向故宫博物院表达你的看法。

对于这类缘事说理（就事论事）的材料作文很容易写成话题作文或由事悟理的文章

例24：阅读下面的材料，根据要求写作。

近日，东莞的张先生在某商城"誉满家电器专营店"看到国际著名品牌的65英寸超高清3D电视机售价仅3199元，立即下单购买三台，并在线支付货款，在线成交。不料，卖家称商品标价因员工失误少填一个"9"，应是31999元，如需发货，要补86400元。双方因此陷入网购纠纷并诉诸法庭，广大网民对此也是意见不一。

对于以上事件，你怎么看？请写一篇不少于800字的文章，表明你的态度，阐述你看法。

相互理解、宽容：

"誉满家电专营店"，因标价出错，与买家产生极大的矛盾，互不退让，导致矛盾进一步激化。这类事件并不少见。在我看来，如果相互理解、宽容一下，就不会发生这样的事了。

（双方有矛盾——在这个前提下，谈理解宽容。）

相互理解、宽容是尊重他人。几年前，有一个举足轻重的数学大赛在北京举行。赛前邀请一位老教授发言，在座的领导亲自把话筒递给了教授，感动了无数人。

上面的例子，纯属于对教授的尊重，尽管事例很典型，但是领导与教授之间没有"矛盾"，也根本不涉及"理解"与"宽容"的问题，属于"论据跑题"，犯了概念泛化的毛病，即把材料所涉及的概念范围扩大化。

立意示例：

（1）某商城为什么会发生网购纠纷呢？

（2）出现了这样的事，我们该怎么办呢？

（3）今后，我们该如何杜绝此类事件再发生呢？

由材料中提炼、概括而来的关键词（论题），一旦进入语境，它们的意义就具有了定义域，就有了一定的边界。这些词语的语境意义，是不能随意扩大的，必须在材料语境范围内讨论问题。任何脱离（偏离）材料内容的范围的意义、例子，都是跑题的。

提醒一：构思立意的不同。

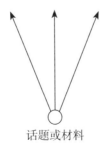

话题或材料

上图是属于话题作文与由事悟理材料作文的思维简图，意味着作者写作时应从话题或材料出发，从多个角度中任选一个来写。当然，能选择到符合材料中隐含"作者观点引导"的那个角度来写是最理想的。（"作者观点引导"这需要仔细推敲。)

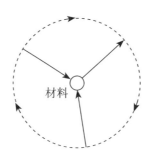

上图属于缘事说理材料作文（大都属于时评）的思维简图，意味着作者写作时不可以随意散发开去，必须聚焦材料，要真正做到观点源于材料，然后紧扣材料进行分析说理，适当延伸一下之后，还得迅速回到材料上面来，这就是我们平常所说的"就事论事"。

提醒二：概念不要泛化（扩大化）。

议论文写作中的立意泛化，指文章的立意主题词的概念外延大于精准立意对应的主题词的概念外延，如诚信——美德；规则——原则、制度、法律、纪律、责任、习惯、道德。

例25：阅读下面的文字，根据要求作文。

有人说，做慈善，无论高调低调都值得尊敬；有人说，做人要低调，做事要高调。

上面的材料引发了你怎样的思考？请结合自己的体验与感悟，写一篇文章。

审题：这是什么类型的材料？有没有关键词句？你的立意是什么？写下你的标题。

试比较下面两组标题：

第一组：

慈善需要高调

向行善者致敬

高调无罪，低调无妨

做好事何必高调

第二组：

不要拔高道德标准

名声——社会的引路牌

凡事应低调

慈善需要领头羊

优：

慈善需要高调（紧扣材料关键词，亮明观点，简洁明了）

向行善者致敬（紧扣材料关键词，亮明观点，简洁明了）

高调无罪，低调无妨（对比）

做好事何必高调（反问）

劣（脱离或偏离材料、概念泛化——扩大化）：

不要拔高道德标准（偏离材料，强调的是"道德"）

名声——社会的引路牌（偏离材料，强调的是"名声"）

凡事应低调（强调的是"凡事"，泛化了材料"慈善"的限制，偏离材料）

慈善需要领头羊（明确了材料范畴，但强调"领头羊"的意义，偏离了材料的"高调/低调"）

九、巧妙构思，结构创新

1. 拟一个漂亮的标题

"题好一半文"。好的标题言简意赅，醒目新颖，引人读兴，能强化主题，适当提高作文的分数。因此，话题作文的拟题不可小视。

给话题作文拟题时，必须注意以下几点：

（1）根据体裁拟题。

（2）题文相称。文章的标题必须和主题、内容相吻合。

（3）凝练概括。

（4）新颖诱人。

（5）含蓄深刻。文章标题忌直露浅显，而要含蓄深刻。

拟题的方法多种多样，主要有：

（1）引用法。直接引用名人名言、诗文名句、成语、谚语、格言等来做标题。

（2）化用法。化用诗文名句、成语、俗语、书名、影视剧名、广告语等来做标题。

（3）概括法。用简明扼要的语言归纳、概括材料所写的内容；或者直接从作文命题所提供的材料中，提取能概括材料内容的精警的句子做标题。

（4）词语并列法。用简洁的词语把作文中所涉及的几个对象或主要话题并列在一起构成标题。

（5）外文标题法。使用其他语言中浅显易懂的词、短语、句子来做标题。

（6）公式标题法。灵活运用某些数、理、化公式来做标题。

（7）疑问法。用一个简短的疑问句来做标题。

（8）修辞法。运用多种修辞手法来拟题。

（9）巧用大标题和副标题。

2. 设计一个精彩的题记

题记是指写在书的正文前或文章题目下面的文字，多为说明著作的内容或主旨。题记还具有丰富文章内容、提示文章结构、吸引读者注意、增强文学色彩等多种功能。

题记的写法多种多样，从题记来源的角度看，主要有以下三种：

（1）引用名人名言做题记。

（2）改写名人名言做题记。

（3）作者独立撰写题记。

写题记必须注意以下三个方面：

（1）题记内容必须与文章主题、情调、风格保持一致，能够与文章融为一体。

（2）题记宜短不宜长，文字必须精练，一般控制在百字以内，三言两语就道出文章的精髓。

（3）题记必须是有感而发，有用而为。通过题记，可以生成作者的情感、态度，引发人物故事，奠定文章的基本情调与色彩。

3. 运用精练的小标题，精心布局

构思时可将文章分成几个部分，然后给每个部分拟一个小标题。通过几个故事或几个生活片段来表现主题。这样会使文章的思路、结构显得更加清晰、醒目，使文章的构思显得更有艺术魅力。考生拟的小标题要求简短、精练，概括性强，并富有一定的文学色彩。例如，我们经常见到《我的高中生活》这一类题目，有些学生就将文章分为四个部分，分别以"酸""甜""苦""辣"

做小标题，这样文章的思路就一目了然了。又如，2002年高考优秀作文《选择中华魂》一文，作者在大标题下分别以"英雄的选择""王者的选择""科学家的选择"做小标题，文章结构就显得非常清晰。再如，2018年全国卷I作文题，可写"汶川大地震""北京奥运会""互联网普及"三个片段来介绍改革开放，这样文章的结构就显得非常清晰。

4. 开头、过渡、结尾注意点题

应试作文一定要注意点题，在文章的开头、过渡、结尾部分，要用一些精彩的点题的句子来提示阅卷老师：你的文章没有跑题，你是一直在紧扣话题进行写作的。尤其是在文章的开头、结尾处一定要注意点题，写作时最好用议论性、抒情性的语句作为文章的开头、过渡或结尾来点题，这样文章的主题就更加醒目、鲜明。

十、富有文采，语言有特色

1. 写一个精彩的、引人入胜的开头

"好的开头是成功的一半"。好的开头处于文章的醒目处，会给阅卷老师一个好的印象，分数无形中就上去了。因此，考生要注重斟酌文章的开头。文章开头语言要漂亮、精练，最好开门见山。开头常用的方法有：①开门见山，直接点题。②渲染气氛，先声夺人。③制造悬念，引人关注。④平中见奇，先抑后扬。⑤借助引用，开启下文。

2. 文章语言要准确生动，富有文采

（1）语言文字要流畅、精练、简洁、有力，富有个性、富有特色。在语言表达上尽可能做到或深沉老到，或犀利泼辣，或清新自然，或激情四溢，尽可能充分展示出自己的个性和才华。

（2）句式要灵活，富于变化。如果高考作文中出现比较整齐的语段或句式，就会为你的文章增添色彩。具体来说，灵活使用句式包括假设句、反问句、排比句、对偶句、长句、短句、整句、散句、主动句、被动句等。

（3）要注意运用多种修辞手法。运用修辞来增强文采，让文章更富有表现力。为了达到这一目的，我们在写作时要灵活运用比喻、比拟、借代、夸张、对偶、排比、设问、反问等修辞手法，来装点"门面"，增加文章的亮点，使文章更加生动形象。尤其是在结尾使用一组排比句，一定会给你的作文增分不少。

（4）恰当引用诗文名句和警句。如果把普通的句子比作沙子，诗文名句、警句则是熠熠闪光的珍珠。在适当的位置嵌入诗文名句、警句，会使文章显得富于文采。特别是引用中学课本中的名句、警句，更会使阅卷老师感到亲切。因此，考生写作时可直接引用，或借用，或化用诗文名句、警句，把这些诗文名句、警句作为文章的开头，或者作为文章的过渡，或者作为文章的结尾，这样以达到珠联璧合、生动新奇、出奇制胜的效果。

3. 写一个简练的、富有余韵的结尾

古人常说文章要像"凤头""猪肚""豹尾"。"豹尾"，就是文章结尾处要干脆、有力度。结尾常用的方法有：

（1）自然作结，照应开头。

（2）画龙点睛，卒章显志。

（3）戛然而止，激发想象。

（4）借题发挥，意味深长。

（5）激发疑问，引人深思。

（6）一语双关，意在言外。

（7）诗情画意，富有余韵。

十一、备考大风向

1. 看重思维发展与提升，探索从无序到有序的路径

从思想方法上，突破了仅仅提供二元对立的材料或者话题，而是提供多个元素，考查学生更加复杂的概括、分析能力，特别是将无序的、杂陈的关键词语进行有序化的能力。这种作文命题倾向，不仅仅是对考生的挑战，也是对语文教师写作素养的挑战。

——福建师范大学孙绍振

2. 任务驱动型作文有了新的拓展

一是坚守命题原则。

二是力求创新突破。

任务分成五类：拼版式任务、信息写作任务、解决问题式写作任务、决定式写作任务和交换意见式写作任务。

3. 关注时事，重视核心价值观和传统文化

主旋律：

第一，立德树人的命题导向。要解决培养什么人、为谁培养人、怎么培养人的问题，需要考生从"小我"走向"大我"，置身于时代大背景下，和祖国共命运，勇担历史使命，青春与理想，奋斗的青春最美丽，青春、梦想、奋斗、理想之类体现正能量的关键词尤其要关注。

第二，教育部考试中心的定调。教育部考试中心主任姜钢在《中国教育报》发表署名文章《落实立德树人的根本任务，进一步深化高考内容改革》，强调要"加强对学生的理想信念、爱国主义、品德修养、中华优秀传统文化、奋斗精神等方面的考查"。

2018年10月，教育部副部长林蕙青在《中国教育报》发表署名文章《努力实现新时代高校人才培养新作为》，指出：加强审美情趣、健康意识、劳动体验的考查，夯实全面成长基础。

因此，体现时代精神，关注民族民生，注重审美情趣，关注劳动最美，接地气，生活化浓厚的"生活化作文"将会越来越受到青睐。

十二、目前材料作文的十大热门话题

猜想一：责任担当与家国情怀。

猜想二：个人使命与民族复兴。

猜想三：乡土情怀与田园生活。

猜想四：乡村振兴与全面小康。

猜想五：奋斗实干与创新发展。

猜想六：大国工匠与核心技术。

猜想七：人工智能与科技创新。

猜想八：互联互通与机遇挑战。

猜想九：多元文明与"一带一路"。

猜想十：文化自信与命运共同体。

从近几年的命题看，大多数作文题都体现了个体命运与家国责任以及时代使命的关系，启示我们：青年学生要将个人成长与家国民族和时代使命深刻关联，离开了国家、社会和时代的发展，孤立地谈个人的"价值"，意义不大。

十三、我们怎么办

1. 素材准备

关注时代，牢牢把握时代主题，积累写作素材与写作语言。例如，"一带一路"，"五四运动100周年"，"中华人民共和国成立70周年"，青年人的使命担当、奋斗精神、爱国情怀、改革开放等。要注意大主题，小切口，融入自身感悟与体验。

关注领袖语录与人民时评，透视其背后的价值导向。例如，习近平总书记在改革开放40周年纪念大会上的讲话，在首届进口博览会上的讲话，在第二届"一带一路"高峰论坛上的讲话，在纪念五四运动100周年大会上的讲话等，以及其出访时有关青年、国家、人民的讲话等。

2. 审题精准

最重要的还是审好题，完成写作任务。

3. 立意深刻

我们的作文教学要紧扣时代，引导学生思考时代，既呼应国家战略，又体现四个自信；既关照国家视野，又切入青年视角；既有命题倾向的明确概述，又有任务驱动的暗中体现。

4. 演练真实

（1）要从立德树人的目标出发，强化对国家和社会的责任意识；尤其要抓住三个重点：一是彰显立德树人，二是贴近时代脉搏，三是思考人生和社会。

（2）要分类训练不同的内容，不同的文体，举一反三，"以不变应万变，以万变应不变"。

（3）还要认真研读近年来的高考满分作文来不断提升自己的写作能力。

（4）将文体的训练重点放在议论性文体和实用性文体的写作上。

最根本的、最有效的方法是多看、多积累、多练（包含多仿写）。

十四、牛刀小试

例26：阅读下面的材料，根据要求写作。

标语是学校的一道风景线——

20世纪70年代：学习雷锋好榜样

20世纪80年代：德、智、体、美、劳全面发展

20世纪90年代：文明、守纪、开拓、创新

21世纪以来：提高1分，干掉千人

每条标语都有自己的时代背景，每一条标语都有自己的价值目标。上述材料触发你怎样的联想和思考……

要求：选好角度，确定立意，明确文体，自拟标题。

审题提示：

1. 大部分学生的审题

（1）以"标语"为关键词，写社会上的各种标语，写标语的作用，写标语的变化。

可以联想到2018年全国卷Ⅲ的作文题：阅读下面的材料，根据要求写作。

时间就是金钱，效率就是生命——特区口号，深圳，1981

绿水青山也是金山银山——时评标题，深圳，2005

走好我们这一代人的长征路——新区标语，雄安，2017

要求：围绕材料内容及含意，选好角度，确定立意，明确文体，自拟标题；不要套作，不得抄袭。不少于800字。

（2）以"变化"为关键词，写社会的发展变化，写人的发展变化，或者写学校的发展变化。

（3）从学雷锋展开，从分数展开……

审题提示：

此题的写作还反映了一个群体性问题，大部分人没有"立德树人"的概念，不知道往哪个方向想问题，所以找不到写作方向，甚至把"一分干掉几千人"当作教育和社会的进步。

2. 正确的审题

这个题目表面上是谈学校标语的变化，实际上是在谈学校教育的变化，如果要提炼关键词，最好是从学校标语的变化看学校教育的变化。（看问题要看到本质。只有这样，才能体现文章立意的深刻。）

十五、最后的叮咛

（1）一定要把材料看完，审题一定要细心，要抓准关键词或关键句，千万

不要走题。

（2）一定要有标题。

（3）关键词在开头、中间、结尾出现的次数不要少于5次。

（4）能写成议论文的话，最好是写成议论文。

（5）结构一定要完整，也就是说，一定要出现结尾段（哪怕是一个"老鼠尾巴"都好），结尾段中用关键词或关键句来呼应前文，争取写到900字左右，要出现句末标点。

（6）一定要把字写端正，绝不能写草字，要保持卷面的整洁。

第八章

高中学生写作指导示例

材料作文"关于美育"的导写与讲评

2020年高考离我们已经越来越近了，在这短短的几十天里，我们该如何进行高考作文的有效备考呢？

作为一名高三教学一线的语文教师，我尝试进行试题原创。首先让所教班级的学生写作，然后从中选出几篇有代表性的文章，附上自己简短的点评，在公众号里发布，供其他学生学习和借鉴，以期达到共同提高作文水平的目的。

一、作文题目

阅读下面的材料，根据要求写作。（60分）

在2020年1月10日召开的全国教育工作会议上，教育部部长陈宝生表示：2020年要对准"五育并举"体系中的短板弱项，精准发力，要划出美育硬杠杠；为加强美育，2020年要在改条件、改教学、改评价上攻坚。要持续推进学生艺术素质测评，总结地方将艺术科目纳入中考的经验做法，把学校美育工作纳入督导评估和考核体系，让"软任务"成为"硬指标"。但是在很多人看来，硬性将美育指标放在考试评价中，对于部分没有美育学科基础或不擅于此道的学生来说无异于加重负担，甚至可能潜在许多的不公。

以上材料触发了你怎样的思考和感悟？请据此写一篇文章。

要求：①自选角度，自拟标题；②文体不限（诗歌除外），文体特征明显；③不少于800字；④不得抄袭，不得套作。

二、写作指引

考场作文包括以下四步。

1. 审准材料

这是一道典型的任务驱动型新材料作文，审题难度不大，而审准材料是作文中最关键的一步，"差之毫厘，谬以千里""一着不慎，满盘皆输"。任何写作都面临着以什么角色、对谁、为什么、写什么、用什么方式来写等交际语境问题。所以审题时自然应该审明写作时的话题（范围）、角色、读者、目的等语境要素。就本题而言，"把学校美育工作纳入督导评估和考核体系"已明确界定了写作的话题（范围）只能是谈"学校美育工作"，否则就是偏题或走题了。

2. 准确立意

立意就是要选好文章的写作角度，也是一篇作品所确立的文意。它包括全文的思想内容、作者的构思设想和写作意图及动机等。

一般来说，立意可以分四步走：

第一步：找关系；

第二步：抓关键词句；

第三步：选定写作角度；

第四步：形成观点句。

先找关键词或关键句。本材料的关键词句主要是："为加强美育，2020年要在改条件、改教学、改评价上攻坚""把学校美育工作纳入督导评估和考核体系""加重负担""可能潜在许多的不公"等；然后选定一方面形成自己的观点，如加强学校美育工作，势在必行。

就本文的写作来说，无论是赞成教育部的做法，还是赞成"很多人"的看法，只要能做到言之有理，写出了自己的"思考和感悟"，都是符合题意的。但是，我们提倡顺着题目隐含的意向去写（这就是我们常说的要尊重材料的观点引导），在列写作提纲的时候，就可以考虑从引用"教育部的做法"入手，结合自己的"思考和感悟"着重从正面加以阐述，在论证的过程中建议对"很多人"的看法加以适当批驳。文章做到破立结合，以立为主。

3. 选定文体

考生写作时，最重要的一步就是要看这个作文题目到底有没有规定写成什么文体，在没有硬性规定时，要看看适合采用哪种文体写作，否则就会下笔千言，离题万里。切忌写成"四不像"（什么文体都有一些，但又不属于任何文

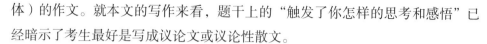

体）的作文。就本文的写作来看，题干上的"触发了你怎样的思考和感悟"已经暗示了考生最好是写成议论文或议论性散文。

4. 拟好题目

"题好一半文"。好的标题一般做到了言简意赅，醒目新颖，引人读兴，能强化主题，拉高作文的分数。因此，材料作文的拟题不可小视。我们给考场材料作文拟题时，必须注意以下几点：①体现体裁的特点；②题文相称，文章的标题必须跟主题（中心）和内容相吻合；③凝练概括；④新颖诱人；⑤含蓄深刻；叙事性散文的标题忌直露浅显，力求含蓄深刻。就本文而言，考虑到写成议论文或议论性散文比较合适，我们可以直接从材料中提取能概括材料内容的精警的词句做标题，如《加强美育，让"软任务"成为"硬指标"》《加强学校美育工作，势在必行》等。

三、作文简评

1. 写作优点

（1）审题：这次作文，因为材料相对来说不是那么复杂，绝大多数学生的文章立意准确，偏题的较少。

（2）拟题：做到了凝练概括，能准确提取出材料中的精警词句稍做修改拟就标题。

（3）选材：由于这个作文题目有鲜明的指向性，大多数学生所选的材料是符合要求的。

（4）结构：大多数学生基本上能遵循"引—议—联—结"的思路来行文。引：恰如其分地概括原材料，提出观点；议：对材料进行简单评论；联：联系当前的社会实际，增强文章的现实感；结：回扣材料，强调观点。

（5）观点：大多数学生基本上能做到观点鲜明，并且能真正做到"尊重材料的观点引导"。

2. 问题举隅

（1）审题不准：存在概念泛化（或混淆）的现象。少数学生将"美育"与"五育"或"美育"与"艺术教育"等同起来。

（2）拟题不妥：所拟题目，一看就让读者感觉偏题了，如《五育并举，全面发展》《全面发展，争做先锋》《强行将艺术纳入中考并不可取》等。

（3）观点有误：有的学生整篇文章在谈"五育并举"的重要性，明显是没有真正看懂材料所隐含的观点。

（4）文不对题：个别学生文章所写的内容跟题目是不相吻合的。

（5）内容浅显：议论文说理讲求深刻缜密。不少学生的分析论证只停留在表面，事例论证更显不足，说明平时的阅读积累明显不够。

（6）思路不清：不少学生在分析论证的时候是想到哪里就写到哪里，前后说理缺乏逻辑性（关联）。

（7）语言不规范：不少学生的文章读起来感觉语言不流畅，病句多，错别字也不少，这是写作的大忌，无疑会严重影响得分。

（8）字数不足：有的学生文章的字数还不足600字，给评卷老师的感觉不光是字数不足，内容也很不充实，这样的作文恐怕只有30分左右了。

四、例文展示

这次的作文，佳作不多，大多数学生的作文存在这样或那样的诸多问题。为了让大家更好地了解我们的写作实情，在这里为大家展示几篇不同等次的文章，其中最后一篇是一篇非常优秀的议论性散文，希望大家能从中学到可以借鉴的东西，真正做到取人之长，补己之短。

【例文1】

加强美育可适当实施

佚 名

在2020年1月10日召开的全国教育工作会议上，教育部部长陈宝生表示："2020年要对准五育并行体系中短板弱项，精准发力。要加强美育"，把学校美育纳入督导评估和考核体系。让软任务成为硬指标。对此，许多人表示，这对部分没有美育学科基础或不擅长的学生来说，无异于加重负担，甚至可能存在潜在许多不公，在我看来，美育可适当实施。

美育的确是当代中学生的弱项。而美育对学生以后的发展也确实非常重要。因此，加强美育是可行的。在中国应试教育的形势下，我们中学生的确缺乏锻炼。正所谓身体是革命的本钱。在奋发图强的读书的时候，身体也得跟上。同时精神上也要进行美术有助于帮助我们在精神领域得到升华。帮助我们陶冶情操。让我们更能在遇到事的时候冷静下来。越早开始这方面的锻炼，越是好的。而对此时的学习也是有一定辅助作用的。

高考是中学生光芒大道上的一道大坎。因此，还是以学业为重。只要三观不歪，每月只需适当训练一下就好。将此作为硬指标也有点不当。的确，对部分这方面很差的同学在学习以外又多一个要完成的指标，这样一个难题先撇开怎么完成不谈，光是又多了一项任务，这件事肯定会影响学习的心态的。急躁是难免的。这对目前以学业为重的中学生无疑是个负担。

因此，对于以学业为重的中学生来说适当加强即可。

【点评】

这篇文章字数严重不足，连标题总共才534个字。这是25分左右（三类下）的文章，离高考作文的要求相去甚远，该学生要在文章内容的扩展上狠下功夫才行呀！

【例文2】

教育不落，美育也抓

佚 名

陈宝生部长在全国教育工作会议上明确指出：我们今年教育工作的重点之一，就是要针对"五育并举"中存在的突出问题，狠下功夫，一定要高度重视并认真做好跟美育相关的各项工作，要把学校的美育工作纳入评估考核中。我认为教育部此举十分的正确，因为一个人不仅要学习好，他的艺术素质也要有所提高，才能配得上他的教育素质，这可谓是，教育质量要提高，美育也要抓。

首先为什么要持续推进学生艺术素质？

随着时代的发展仅仅是知识教育，远远不能满足社会对人才的需求，也无法实现对高品质人才的培养。在我们现在这社会中，多少所谓的虎爸虎妈给他们的孩子早早的报上了兴趣班，我们在一味谴责这些虎爸虎妈的作为时，是否设想过他们对自己孩子的期望，以及这个社会对这些孩子有多大的压力？这几年小学报名名额尤为紧张。多少爸妈早早的排队？拿出自己孩子所谓的什么钢琴证书及其他证书，甚至连高数都有所涉及。这就是社会。社会早已体现出了对高素质人才的需求，不分年龄，这是一个极其可怕的一个现象，这说明现在的孩子越来越紧张，社会以及他人对他们的要求也越来越高，所以仅仅是知识教育并不能满足社会所要求他达到的那个境界。这时推进艺术素质教育便显得格外重要。从社会的角度来说，社会需要这些高素质的人才，所以教育不落，美育也抓。

再者，推进艺术教育有什么意义呢？

从个人的角度来说，那意味着个人的完善，让自己成为一个更优秀的自己。而有些人则认为，如果学生不爱好美育，也没有美育基础，要是对美育进行考核评价，除了增加学生的负担外，对相当多的学生也是不公平的。我认为这观点是错误的。没有谁，就是天生擅长的。他们也经过了自己的努力，经过了自己的训练，大家都是处于统一起跑线的人，他们只是比我们先跑了几步，经过努力，相信肯定会追得上的，即使追不上，也可以拉近距离。艺术素质教育会提高一个人的品位，如同当你看到一幅壮丽的落日图时，你想到的可能是"大漠孤烟直，长河落日圆"，而不是"啊，这太阳好大！"所以推进美育工作，显得格外必要。

最后，我们应该怎么做呢？

当然是努力学习，天天向上啊，不放弃学习的机会，努力学习，提升自己，完善自己，放好姿态，虚心潜学，无论是知识教育还是美育工作都认认真真地去学习，我相信我们会成为更好的自己，我们会拥有更美好的未来。

【点评】

这篇文章写了939个字，其结构也较好地体现了议论文的特点：从引述材料开始，到分析论证，归纳总结，结尾甚至还照应了标题。但主要问题是中间分析论证的时候，将概念泛化，重点在阐述艺术教育的意义，这明显偏离了原材料的观点与本文的旨意。这篇文章属于39分左右（二类中下）的文章。

【例文3】

美育的重要性与实施必要性

佚 名

近日召开的全国教育工作会议上，教育部领导明确提出：我们2020年的工作重点是补短板，要将美育工作落到实处。在我看来，美育指标放在考试评价中，对于学生对美育学科的认识和重视有重要意义，能有效促进学生协作和创新能力，（病句）而且能够跟促进学生素质多元化发展，顺应素质教育发展趋势。

现在的美术课程已经突破了传统意义上的"照着画"与"学着做"，美术手工实践在学生素质培养中的作用被广泛认可和重视，因此，在美术课程设置中注重加强与学生生活经验相关的学习，能够使学生走进自然，激发对美好生活的热爱，而且美育对学生成长的影响具有重要意义。

美育可以提高学生的审美能力。美术教育对生活评判中包含着引导的过程，能引导学生正确判断美与丑，善与恶，在美术教育中，能够潜移默化地将美渗透到学生日常生活的言谈中。一个人的生活环境充满着美好的事物与积极向上的氛围，在耳濡目染中就会形成对美的认知，从而养成欣赏美、寻找美、创造美的习惯，从而在不知不觉中养成一种固有的美好品质，不知不觉自发的去认识美。所以美育可以让人拥有更美的心灵。

美育可以提高学生的道德品质。美术教学可以陶冶学生的思想品德，德育主要是对学生进行政治思想和道德品质方面的教育，但它偏重于说理，而美育是以美来教育学生，以美为引导，让学生以行动去实施美，正如古人所说的"知之者不如好之者，好之者不如乐之者"。因此美育与德育，互相联系，促进学生全面发展。

但是人们对美育的理解，仅仅认为是美术学科，也并非如此。美育在德、智、体、劳各科中都有密不可分的关系。（病句）在教育中，可以让学生的思想、品质更美；在体育中，让学生发展得更加健美；在劳动中，教育学生用双手创造美丽的环境；在智育中，让学生充分感受到中华民族文化的美和数学图形的美。由此看来，美育与学生教育发展密不可分，因此把美育指标放在考试评价十分有必要。

"生活中并不是缺少美，而是缺少发现美的眼睛"，美在我们的生活中是无处不在的，大自然的美景，社会的精神美和音乐的旋律美、美术的线条美，这些美都需要我们在生活中去发掘，因此我们更应该要培养一双发现美的眼睛。

【点评】

本文从结构上看基本遵循了材料作文写成议论文的写法，条理也比较清晰。但问题也比较突出，主要表现为：①从标题方面看，题目读起来就感觉不太好，有并列关系的话，前后词语的结构就要对称；②从内容方面看，文章的标题与内容不相吻合，行文重在阐述美育的重要性，没有具体阐述实施的必要性，结尾段也没有回扣到"美育"这个话题上来；③从语言方面看，本文病句比较多，前后语句逻辑性不强。所以这篇文章只能评到43分左右（二类中）。

【例文4】——佳作欣赏1

美育，天平秤上缺失的砝码

佚　名

今年，教育部部长陈宝生提出，为对准"五育并举"精准发力，要把美育工作纳入督导评估和考核体系让"软任务"成为"硬指标"。对此，很多人认为将美育指标放进考试评价中，对部分没有美育学科基础或不擅于此道的学生来说无异于增加负担，甚至可能存在许多不公。而我认为，美育，一直是天平秤上缺失的砝码，它的存在，将会使"天平秤"更加公平。

美育能令学生的人生更加公平。

美育的定义是什么？百度百科上是这样说的："美育又称美感教育，即通过培养人们认识美、体验美、感受美、欣赏美和创造美的能力，从而使我们具有美的理想、美的情操、美的品格和美的素养。"这上面哪一点是学生不需要的？我们看看现在的部分学校，话上说着"五育并举"，但因为美育没有列入"硬指标"，便很少开展相关活动，甚至不开展，而学生就不能得到相应的教育，在他们能力的板块上，总比那些得到过相应教育的人少一块，这难道不才是最大的不公吗？即使是有增加负担，但其他学生不也是增加了吗？教育的天平秤不还是平衡的吗？所以，美育加入"硬指标"不但没有对学生不公，更是有益于部分原来没有收到相应教育的学生，让他们未来的人生更加公平。

美育能令考试评价更加公平。

首先，考试就是为了检测一个人的能力，选拔人才，假如没有美育评价，那些在审美方面有专长的学生怎么凸显自己的能力？假如不加入指标，有些学校不开展相关教育，所谓的"五育"岂不成了空话？要是国家需要这样的人才，又上哪儿找去？

所以说，让美育成为"硬指标"能令考试评价更加公平，也更加的有效。

美育加入"硬指标"令社会更加公平。

不得不说，有时候过于感性的人，会阻碍社会发展，若过于感性的人位居要职，则会增加社会的不公。当年周幽王"烽火戏诸侯"感性过火，理性尽失，最终西周灭亡，对效忠他的人以及百姓，实在是不公平。而著名诗人席勒曾说"若要把感性的人变为理性的人，唯一的路径是先使他成为审美的人"，所以，美育加入"硬指标"，从长远看来能令我们的社会更加公平，也更加美好。

缺少美感的人是不完整的，缺少美育的教育是不完善的，缺少美的社会是不公平的。美育一直是天平秤上缺失的砝码，加入"硬指标"，只会令"天平秤"更加公平。

【点评】

这是一篇比较规范的议论文。一看到标题，就有眼前一亮的感觉。标题运用比喻的修辞，变得生动形象，能更加吸引读者。从内容方面来看，文章观点非常鲜明，下文能紧扣所供材料和观点进行层层深入的分析论证，在分析说理的过程中又通过适当举例和引用，来增强文章的说服力。在形式方面，看似采用并列论证，其实是运用了层递论证的形式，使得文章的行文思路特别清晰。同时通过运用多种句式，诸如反问句的多次使用，使语言变得更加丰富多彩。结尾简明扼要，排比的形式既彰显了文采，又很好地照应了前文，"硬指标"一词更是回扣了材料。所以本文是一篇非常优秀的议论文。（55分左右）

【例文5】——佳作欣赏2

美育：人生的一门基础学科

佚　名

在2020年1月10日召开的全国教育工作会议上，教育部部长提出的让美育从"软任务"变为"硬指标"的要求引人深思，将美育纳入考核体系到底应不应该？

我们从教育谈起，教育是理智，意志，情感的统一，三者对教育的意义缺一不可。教育是实现人的全面发展的一种重要手段，正是有了理性和感性的协调、平衡和发展，人才能是一个全面的个体存在。"五育"正好对应着人发展的五个方面，德育是方向，智育是基础，体育是保障，美育则是升华，劳动技术教育则是为人将来的就业准备一定的条件。

就美育来说，它并不是一朝一夕就能形成的。早在民国期间，蔡元培先生就提出了"美育兴国"的理念，兼容并包，融合中西，承继传统，面向未来，创造出当代的美育体系。王国维则是将中国的美育推上了一个新的高度，他的美育学说就像"一颗耀目的钻石，每一个晶莹剔透的切面都闪烁着令人心旌摇曳的光彩"。可见，美育从未被人遗忘，这是一种情感与价值观的教育。

而美育的现实状况是：在很长一段时间里被人无视，从而导致艺术断层。在刚落幕的中国国际时装周上，中国艺术家们的品位受到国外媒体的群嘲讽刺。难堪之余，这不禁让我们重新审视我们民族的审美水平。季羡林老先生曾说过："我们的民族是一个注重实际的民族。"老一辈的思想在一定程度上代表了旧时中国的文化审美状况，人民大众的物质生活都无法得到满足，谁有精力去追求虚无缥缈的精神世界？改革开放以来，市场经济猛烈冲击着传统的道德观念，社会趋于功利化和实用化，物质主义泛滥，长期以来美育教育的缺失，导致国民整体素质呈现出病态化的发展。但现在，我们不仅拥有地上的六便士，更有了看天上月亮的机会，就更应重拾对美育的重视。生活不仅要有柴米油盐酱醋茶，更要有琴棋书画诗酒花。（语言精美）

我们的社会太急功近利，心浮气躁。那些能沉下心来研究美学的学者反而遭到嘲讽，有些人对淡泊明志嗤之以鼻，对宁静致远不屑一顾，对艺术不求甚解。为什么在资源技术匮乏的年代能打造一部让人拍案叫绝的《红楼梦》，如今却很难拍出一部好电影？是因为当时的剧组追求质量，力求完美。为什么顾恺之能作出飘逸浪漫诗意盎然的《洛神赋图》，而如今连小小教科书的插画都饱受吐槽？是因为顾恺之以"痴黠参半，明哲保身"的处世哲学，以达到他艺术最高的成就。（语言精美）

在这样的现实意义下，将美育列入考核体系，显得刻不容缓。总说"弱化功利，强化意识"，但在如此情形之下，没有了体系的规范，重振美育从何谈起？那些"产生不公""加重负担"的说法更是无稽之谈。美育的宗旨正是塑造全面完整的个体，将情感提升到一个可以超脱自如的地步，其本质就是感受和感动的能力，而缺少美育的感染，有再多的知识也只会是没有感情的机器，不是完善的人。孔子提出"兴于诗，立于礼，成于乐"正是强调了美育对人格

培养的重要。连最基础最重要的人格都不完善，何以谈"加重负担"？（语言精美）

美育这个问题，既简单又复杂。不同时代，不同文化，不同地域的人对美育的理解与实践都不尽相同。但美育的根本，一直是如何培养完善的人，但愿我们在看到波光粼粼的湖面时，能深刻体会到"水光潋滟晴光好"的意境；在聆听奥立佛·图森的《秋日私语》时，也能感受到秋天的温馨浪漫。（语言精美）

【点评】

这是一篇文质兼美的议论性散文。

在内容上：主题高度集中，全文能紧紧围绕"我们要高度重视美育"这一核心展开，从民国时期到改革开放初期，再到现在，逐层展开，又层层深入。

在形式上：既遵循了材料作文的一般写法，又充分彰显了散文的特点，张弛有度，开放自如，形散神不散。引经据典更是驾轻就熟，恰到好处，既增添了文章的厚度，又起到了非常好的说理作用。语言的生动、有文采是本文最大的亮点，"不仅拥有地上的六便士，更有了看天上月亮的机会"这种时髦语言的使用彰显了作者语言积累的丰富，"生活不仅要有柴米油盐酱醋茶，更要有琴棋书画诗酒花""对淡泊明志嗤之以鼻，对宁静致远不屑一顾"等更是彰显了作者语言运用的功力，这可不是一般的学生所能写得出来的，它需要作者做一个有"心"的人，处处学习语言，时时积累语言，只有这样，写作文的时候，方能真正做到信手拈来。还有反问句的使用，凸显了语言的变化多姿。

总之，整篇文章令人百读不厌，真乃上乘之作。难得！难得！（60分）

（点评：胡平贵）

注：本文发表在山西出版传媒集团主管的《学习报》（高考作文版）第25期（总第1649期）上。

2020届高三高考备考部分重要文体示例

一、演讲稿

2019年高考全国Ⅰ卷作文题。

（见第七章"新课标背景下的作文教学"专题讲座）

【例文】

点滴劳动，共筑盛世

广东考生

亲爱的同学们：（落实对象及文体要求）

大家好！（问候语）

我今天演讲的题目是"点滴劳动，共筑盛世"。（开篇明旨点题，体现文体要求）

劳动，是全人类共同遵循的准则，从茹毛饮血的原始社会到如今辉煌的现代文明，是劳动推动历史车轮前进。热爱劳动，也是自古以来中华民族优良传统。几千年来，中华民族在田地中精耕细作，创造了绵亘不绝的文明古国奇迹，开拓了祖国的大好河山，创造了不可胜数的精神财富，"耕读传家"的传统绵延了千载，"民生在勤，勤则不匮"的祖训萦绕耳畔，热爱劳动已是中国人血液中流淌着的基因。（概述劳动的历史意义）

节物风光不相待，桑田沧海须臾改。四十年改革开放，无数国人点滴劳动汇聚成时代洪流，使中国国力显著提升。农民劳动让我们端紧饭碗，工人的汗水是高楼大厦的每一块砖瓦，科研工作者使大国重器频频惊艳世界！没有劳动

绝不会有今日举世瞩目的成就。（概述劳动的现实意义）

反观周围，不理解不愿意劳动的现象令人忧心忡忡。（反观当下，分析材料，针对驳论）

学习忙，劳动占时间？（驳1）同学们，人的发展是德智体美劳全面发展的过程，缺一不可，学习固然重要，但劳动也不可或缺。在劳动中我们锻炼意志，增强体魄，增长见识，开拓视野，劳动也有助于我们的学习，丰富课余生活，劳动与学习相互促进，使我们的素质得以提高。将劳动交给人工智能？（驳2）诚然，科技进步能够解放我们的双手，但这不意味着我们能够整日无所事事，人工智能也有许多无法完成的任务，体现人类智慧的脑力劳动依然重要，那些流传百世的文学经典，那些沁人心脾的阳春白雪是机器人永难创造的财富。"用进废退"，假如人人都不劳动，人类的机能难免逐步退化，未来的世界难以想象。劳动苦，花钱请人干？（驳3）的确，劳动难免辛苦，可也是我们发展自身的重要手段，劳动成果取得时的快乐也是花钱买不了的啊！

凡此种种，都是忽视了劳动对国家进步、个人发展的作用，都是贪图享受的错误思想，于人于国，害莫大焉！（总结，点明实质）在此，我诚挚希望大家能够树立劳动光荣的思想。（提出怎么做，突出"从我做起"）劳动不需要轰轰烈烈，日常生活中我们打扫干净环境共建美丽校园是劳动，参与社会实践去孤儿院看望孩子，在家里做些家务活，甚至是捡起地上的纸片，都是劳动。让我们共同营造尊重劳动参与劳动的风气！

时代发展，社会进步，都需要我们每个人用勤劳双手共筑盛世，让复兴中学肩挑复兴大任！（呼吁倡议，点明"复兴"）

我的演讲完毕，谢谢大家！（落实文体要求）

二、发言稿

发言稿的格式一般包括以下几部分：

（1）题目，如"在国旗下讲话的发言稿""月总汇报发言稿"。

（2）称呼，如"敬爱的老师""尊敬的领导、老师们与亲爱的同学们"。

（3）问候，如"大家好！"

（4）正文。

（5）祝福语，如"祝：大家工作顺利！"

（6）致谢。

【例文】

不读书、不吃苦，你要青春干吗

老师们、同学们：

大家新年好！

按照惯例，新学期的第一讲由我来给大家讲点什么，以前给大家讲的诸如《什么是你生命中的核桃》《爱国请从改变自己做好自己开始》等不知道大家是否还有印象，是否对大家有些启示和影响。

今天，我发言的主题是《不读书、不吃苦，你要青春干吗》。

短暂的寒假结束了，新的学期开始了。回忆十来天的假期，你是否有值得回味的事情和经历呢？

我想，不同的人肯定有不同的收获和感受：

有的同学"收获"的胡吃海睡，做的是"低头追剧"一族，并且生活的节奏全部被打乱——该睡的时候不睡，该起的时候不起，该吃的时候不吃；而有的同学选择了认真完成寒假作业之余适当放松；有的同学选择了放下包袱，在旅途中放松身心，增长见识；也有的同学撇开喧嚣纷扰，选择了一本好书，与伟大的心灵对话，让自己的精神旅行；有的同学会利用丰富的网络资源来强化自己的薄弱学科，实现弯道超越；还有的同学会和自己的良师益友促膝谈心，获取前进的动力，感悟人生的真谛！

规划不同，过法不同，寒假对于我们的意义就不同。有的同学可能难以理解，假期有必要这么拼，这么苦，这么累吗？我的回答是大有必要。

同学们知道吗？就在随州市一所县市的一中高三补课一直补到了腊月二十八；襄阳四中连高一的学生也补到了腊月二十九。我们在羡慕别的学校厉害的时候，可曾想过他们的学生是多么的努力，多么拼命！

这就是今天我要告诉大家的，怕吃苦，苦一辈子，不怕苦，苦一阵子。

2015年热播了一部电视剧，叫《芈月传》，芈月作为一个女人吃了多少的苦头，付出了多大的代价才登上权力之巅，奠定秦国一统六合的基业！而作为主演孙俪成为"荧屏霸主"何尝不是如此呢？

孙俪面对媒体采访时这样说道: "除了《玉观音》后歇了三个月, 十年来, 我几乎再没有休息过一天, 这比小时候练舞, 比在部队里种地、赶猪、掏阴沟要累得多"。

在完全可以拼"颜值"的时代, 孙俪却在拼实力, 拼吃苦精神。人生有两条道路可以选择: 要么向孙俪那样吃苦十年, 精彩五十年; 要么安逸十年, 吃苦五十年。

现在有些同学谈到读书, 谈到吃苦, 犹如谈虎色变, 避之唯恐不及。

一帮不学无术的女孩聚在一起, 号称所谓的姐妹, 以为有了姐妹就有了全世界。她们在一起聊好吃的、聊穿的、聊化妆品、想的是网上购物、刷微信、刷微博, 追韩剧; 而一帮无所事事的男孩聚在一起, 号称所谓的哥们, 以为有了哥们就有了天下。他们在一起逃课、抽烟、打扑克、玩游戏、看玄幻甚至约架……以为这就是疯狂, 这就是该有的青春。

他们看不起那些不会化妆、不会打扮、一天到晚只知道读书的好学生。还骂那些好学生是书呆子, 骂他们傻, 只知道读书, 殊不知, 两三年后, 好学生上一本, 上211, 上985, 甚至上清华北大, 而他们却要考虑去三本, 去高职高专甚至考虑要不要南下打工。

有的人可能会说, 读书有什么用, 现在好多没读大学的也混得非常好。其实, 你们忘记了一个词语, 这个词语叫作比例。而那些占极小比例的没读书就成功的人, 那是他们自身具备了成功的一些素质, 而你们是否具备呢?

每个不想念书的学生, 都会不约而同地找一个不读书就能成功的案例来作为他放纵的最后心理安慰。那么我很遗憾的告诉你们, 这是改革开放三十多年后的中国, 这里再也没有素质低下而钻了政策的空子就能一夜暴富的奇迹。这里优胜劣汰, 这里适者生存。

叛逆和疯狂的青春当然可以, 但几年的放纵, 换来的可能就是一生的卑微和底层!

有一段父子之间经典的对话, 告诉了我们努力读书和不读书的大不同。儿子刚上学不久就问当农民的父亲, 人为什么要读书。父亲说, 一棵小树长1年的话, 只能用来做篱笆, 或当柴烧。10年的树可以做檩条。20年的树用处就大了, 可以做梁, 可以做柱子, 可以做家具; 一个小孩子如果不上学, 他7岁就可以放羊, 长大了能放一大群羊, 但他除了放羊, 基本干不了别的。

如果小学毕业，在农村他可以用一些新技术种地，在城市可以到建筑工地打工，做保安，也可以当个小商小贩，小学的知识够用了；如果初中毕业，他就可以学习一些机械的操作了；如果高中毕业，他就可以学习很多机械的修理了；如果大学毕业，他就可以设计高楼大厦，铁路桥梁了；如果他硕士博士毕业，他就可能发明创造出一些我们原来没有的东西。

"知道了吗？"儿子说知道了。

爸爸又问：放羊、种地、当保安，丢人不丢人？儿子说丢人。

爸爸说：儿子，不丢人。他们不偷不抢，干活赚钱，养活自己的孩子和父母，一点也不丢人。

不是说不上学，或上学少就没用。就像一年的小树一样，有用，但用处不如大树多。不读书或读书少也有用，但对社会的贡献少，他们赚的钱就少。读书多，花的钱也多，用的时间也多，但是贡献大，自己赚的钱也多，地位就高。

那次谈话给儿子留下了极深的印象，从此儿子在学习上不需要威逼更不需要利诱，就会做出最好的选择。

马云在《不吃苦，你要青春干吗》这篇演讲中这样说道："当你不去拼一份奖学金，不去过没试过的生活，整天挂着QQ，刷着微博，逛着淘宝，玩着网游，干着我80岁都能做的事，你要青春干吗？"

恰同学少年的你们，在最能学习的时候你选择恋爱，在最能吃苦的时候你选择安逸，自恃年少，却韶华倾负，却不知道青春易逝，再无少年之时。

同学们，什么叫吃苦？

当你抱怨自己已经很辛苦的时候，请看看在西部的那些穷孩子，他们饭吃不饱，衣穿不暖，冻着脚丫，啃着窝窝头的情形；请想一想几十年如一日起早贪黑的我们的老师们；请你对比一下那些透支着体力却依旧食不果腹的打工者！

在有空调的、有热水喝的教室里学习能算吃苦？在有空调、能洗热水澡的寝室里休息算是吃苦？在有爸妈当"太子伴读"，衣来伸手饭来张口的你能算吃苦？

风雨中这点痛算什么？你来随州二中干什么？你来这儿就是来刻苦学习的，就是来拼个好前程的，不是来荒废时日挥洒青春的。

去年考上清华的张甜柳寒假回母校来看望老师的时候说道，没有高中三年拼命的我，今天我怎么能够和来自北上广深的优秀学生坐在同一间教室，聆听中国最优秀的教授讲课；怎么能够有资格和他们一道徜徉在水木清华园指点江山，激扬文字，想来这三年的苦真没有白吃，这三年的努力没有白费。

同学们，若想成为非常之人必须学会吃非常之苦。要知道，青春最好的营养就是刻苦！

著名作家龙应台在给儿子安德烈的一封信中这样写道：我要求你读书用功，不是因为我要你跟别人比成就，而是因为，我希望你将来拥有更多选择的权利，选择有意义、有时间的工作，而不是被迫谋生。

是啊，如果你优秀，你便拥有了大把的选择机会，否则你只能被迫谋生。

李嘉诚也这样说："读书虽然不能给我们带来更多的财富，但它可以给我们带来更多机会。"

同学们，有机会，才会成功，才会有未来啊！

可能有的同学会问，我现在努力，还来得及吗？我的回答是："我说来不及，你就不学了吗？"我们应该把重心从问"来不来得及"转到用功学习上来。有时候你想的越多，越什么事都干不成。认准目标就静下心来干，总会有结果。

所以接下来的时间，无论是高一、高二的，还是高三的同学们，不要问什么时间够不够，什么基础行不行。这些都是次要的，最主要的你要从现在开始吃苦，开始用功。

40岁的柳传志不问来不来得及，最终他缔造了联想集团；高考三次落榜的俞敏洪不问来不来得及，最终考上北大并打造了"教育航母"——新东方；经过两次创业失败的马云不问来不来得及，最终他书写了电商传奇，改变了世界。

亲爱的同学们，如果老天善待你，给了你优越的生活，请不要收敛了自己的斗志；如果老天对你百般设障，更请不要磨灭了对自己的信心和奋斗的勇气。

当你想要放弃了，一定要想想那些睡得比你晚、起得比你早、跑得比你卖力、天赋还比你高的牛人，他们早已在晨光中跑向那个你永远只能眺望的远方。

所以，请不要在最能吃苦的时候选择安逸，没有谁的青春是在红地毯上走过。既然梦想成为那个别人无法企及的自我，就应该选择一条属于自己的道路，付出别人无法企及的努力！

所以我们不仅要有高三无假期的心理预期，更要有高中无假期的铿锵誓言！

将来的你，一定会感谢现在拼命的自己！

最后希望大家新的一年奋力拼搏，不负春光，不负自己！

祝二中：猴年吉祥、高考大捷！

谢谢大家！

（随州二中校长王桂兰）

三、观后感

【例文】

2019年国庆阅兵观后感

宋文鑫

2019年10月1日，天安门前的长安街举世瞩目。

我在电视机前观看了庆祝新中国成立70周年国庆阅兵式，从满怀期待到热泪盈眶，我从阅兵式中看到的不只是气宇轩昂的受阅队伍，强大先进的军事力量，波澜壮阔的奋进画面，更是祖国"九万里风鹏正举，新时代重整再出发"的光明未来。

"今天是你的生日，我的中国……"清脆稚嫩的歌声拉开了阅兵式的序幕。清晨的蓝天下，庄严神圣的国徽熠熠生辉，一排排威武的战士如绿色长城，沿长安街绵延向东，整装待发。铿锵激昂的军乐奏响，全场齐唱国歌，国旗冉冉升起。七十年前就在这里，五星红旗和世人初次见面；七十年后的今天，它比任何时候都更加鲜艳夺目。阅兵开始了，当习近平总书记的红旗检阅车驰过中国人民解放军队列，战士们黝黑的面庞、炯然的目光，高挺的胸膛、洪亮的声音、威武的雄姿、凛然的气概让我动容；战士前行，车队亮相，飞机翔空，观礼席上红旗飘扬，北京上空异彩纷呈！军强才能国强，国强才会家安，强大的祖国，你是我的骄傲。

红绸舞蹈热情欢腾，巨型彩车繁花锦簇，自行车流熙熙攘攘，舞狮表演精彩雄壮……三十六个方阵，三场情景式推进，数万群众游行联欢，构成一幅光辉灿烂的时代画卷。是啊，从开天辟地的浴血奋战，到热火朝天的艰苦奋斗，从农村田野的滔滔麦浪到经济特区的滚滚春潮,从众志成城的汶川救灾,到上下一心的奥运圆梦,从科技创新的自信昂扬,到同奔小康歌美花香……七十载沧桑巨变,七十载春华秋实。中国人民站起来,富起来,强起来!华夏九州,换了人间!

少年当有凌云志,报效祖国正当时!百年前的青年点亮革命的火炬,星星之火遂成燎原之势,照亮了风雨如磐的暗夜;而今的我们亦应勇担强国责任,接过奋进的火把,光耀中华绚烂前程!我想,作为新时代青年,我们当牢记革命历史,传承红色基因,发扬奋斗精神,立足中国,放眼天下,不负青葱岁月,成为实现中华民族伟大复兴的先锋力量!

七十载惊涛拍岸,九万里风鹏正举,乘着新时代的浩荡东风,载着十四亿中国人民的梦想,中国,直挂云帆,长风破浪!——是的,任何势力也阻挡不住中国前进的步伐!

祝福您,我的祖国!

四、书信

【例文】

红旗飘扬,中华阆阆

——写给母亲的一封信

吉林考生

亲爱的母亲:

您好!

女儿想了许久也不知该如何落笔,也许是今日所见到的景象太过震撼,令我的心情久久不能平复。女儿知道,您虽然没能身处天安门广场,但同样挂念着开国大典。但没关系,女儿会用手中的笔为您写下今日的盛况。

声势浩大,节奏统一的脚步声由远而近传来,但我的视线被前面的人挡住了,望不到军人的英姿。国歌响起来了,节奏铿锵有力,瞬间激荡起我内心的热情,望不见国旗仪仗队,却能望见冉冉升起的五星红旗,女儿心中的激动、豪迈之情随着庄严的五星红旗的升起而高涨,一浪高过一浪。天安门广场礼炮轰鸣，彩旗飞扬，群情热烈，女儿激动得流下了眼泪！母亲，北京国庆观礼上的28响礼炮，千里之外的您也听到了吧？我想，您一定也热泪盈眶！所有的中华儿女终于抬起了头，挺直了腰，昂首面向世界！我们终于可以骄傲的宣布：中国人民，从此站起来了！

1949年10月1日，这是永载史册的日子！今天，中华人民共和国成立了！

闭上双眼，开国大典的情景仍如幻灯片般在我眼前一一闪过：我看到伟大领袖毛主席、敬爱的周总理、英勇的彭将军、整齐威武的方队、热情洋溢的群众……这庄严的一幕幕我将永生铭记！母亲，几年前我们不敢想象的情景，竟然真的成了现实！中国共产党领导我们取得了胜利，我们再也不用担惊受怕，再也没有战火纷飞，再也不用流离失所！一切的灾难、屈辱都会随着新中国的成立变成过去式！我们的国家在中国共产党的领导下一定会越来越强大！

母亲，我想您也同我一样，在激动、骄傲的同时，更感谢那些为了如今的一切"抛头颅、洒热血"的革命先烈们，没有他们就没有我们如今的生活！女儿会始终记得您的教导，不忘初心不忘本，努力学习，为祖国的发展添砖加瓦！

最后，愿您

身体健康！

您的女儿爱国
1949年10月1日

五、慰问信

基本格式：

（1）标题：可写成"慰问信""写给××的慰问信"或者"××致××的慰问信"。

（2）称谓：（空两格）称谓应表示尊敬。

（3）正文部分：

①简要文字讲述原因、背景，提起下文。

②较全面具体地叙述事实、表示慰问或学习。

③结合形势提出希望，表示共同的愿望和决心，以勉励的话结束全文。

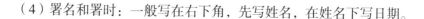

（4）署名和署时：一般写在右下角，先写姓名，在姓名下写日期。

【例文】

写给"百年中国功勋人物"的慰问信

尊敬的牛爱国院士：

您好！

明天就是中华人民共和国建国100周年的国庆节，值此普天同庆的日子，作为一名中国时代青年代表，我在火星上的中华大学讲堂里，带着崇敬之情，代表中国大学生，向您致以衷心的祝福和问候！并祝愿您获得"百年中国功勋人物"称号！

首先，感谢牛院士为人类的科技发展作出的巨大贡献！因为您的突破性研究，将引力场和电磁场统一起来，实现了伟大的爱因斯坦没能实现的梦想——统一场理论，并导入量子效应，使得宏观和微观场统一起来，开创宇宙大一统的中华场理论，被全世界所证实和接受，为人类做出难于言表的贡献。正是因为您的发现，今天才使我们从地球瞬间登上火星成为现实，现在，我们全体中国大学生代表正在火星上面，对无垠的宇宙星空，发出对您的慰问。

刚刚，就在我们登陆火星之前，我们全体代表在地球上用了2个小时的时间，完整游历了中华人民共和国100年的发展历程，"亲临"了一代代前辈们为今天祖国实现的伟大复兴、成为人类核心国家所做出的可歌可泣事迹和经历的心路历程，使我们充分看到中华最近30年的超越发展。虽然我们使用了时间缩比调控，但是2个小时的游历已经清晰完整地把100年的全部中华发展史收入视觉。

通过历史游历，我们也了解到，30年前您和您同龄的大学生们正如我们一样年龄，为了祖国建设和科技发展，与以特朗普为首的美国霸权主义及其同盟对中国科技封锁进行了顽强的抗争，您和一大批在科技创新方面有所成就的中国留美学生，听从以习总书记为核心的党和祖国的召唤，放弃当时美国等发达国家的优厚待遇，并彻底断绝与美国及其盟国合作和抛弃以美帝国主义为首控制的芯片技术，回到祖国怀抱，从基础理论领域开始自主创新，在党的全面指导下，经过不断的研发迭代，在通信技术等等领域实现了本质上的突破，创造出今天存在于任意空间和实物体内直径只有2纳米的悬浮微粒机站，和无网覆盖、无处不在的通信模式，发展出今天造福全人类的506的通信技术以及中国数据宇宙，使虚拟与现实并存，无限维度宇宙理论被发现并逐步得以验证，以中华为核心的创新体系正在以全新的形式向世人展现，并成为人类科技的核心。当中华大学教授们向我们展示一项项全新的中华宇宙科学技术时，每人都提及是在您创立的宏观和微观统一场理论上进行的新型科技创新，人类科学界公认您的理论创新是继牛顿和爱因斯坦之后最伟大的发现，您的科学献身精神已经成为全地球科学界的科学精神。当所有大学生代表在火星上聆听了您的事迹后，更加对您由衷地敬佩，对您开创的理论激动不已，您无愧"百年中国功勋人物"称号。

我们将代表中国学生在火星上同地球上的大学生们一起开展庆祝中华人民共和国100周年的庆典活动，我们将在火星上向全体中国大学生发出向您学习的倡议，要以您为榜样，奋发学习，接续您和100多年来中华前辈科学家们的奉献和创新精神，肩负中华民族带领人类走出太阳系的新时代历史使命，争做科技创新先锋，为中华祖国和地球人类更加强大做出贡献！

衷心祝愿您

国庆节快乐、身体健康、阖家幸福！

×××

2049年9月30日

六、贺信

贺信一般由标题、称谓、正文、结尾和落款五部分构成。

（1）标题：贺信的标题通常由文种名构成。如在第一行正中书写"贺信"二字。

（2）称谓：顶格写明被祝贺单位或个人的名称或姓名。写给个人的，要在姓名后加上相应的礼仪名称如"同志"。称呼之后要用冒号。

（3）正文：贺信的正文要交代清楚以下几项内容：

第一，结合当前的形势状况，说明对方取得成绩的大背景，或者某个重要会议召开的历史条件。

第二，概括说明对方都在哪些方面取得了成绩，分析其成功的主观、客观原因。贺寿的贺信，要概括说明对方的贡献及他的宝贵品质。总之这一部分是贺信的中心部分，一定要交代清祝贺的原因。

第三，表示热烈的祝贺。要写出自己祝贺的心情，由衷地表达自己真诚的慰问和祝福。要写些鼓励的话，提出希望和共同理想。

（4）结尾：结尾要写上祝愿的话。如"此致——敬礼""祝争取更大的胜利""祝您健康长寿"等。

（5）落款：写明发文的单位或个人的姓名、名称，并署上成文的时间。

阅读下面的材料，根据要求写作。

（1）优秀文艺作品是时代前进的号角，最能代表一个时代的风貌，最能引领一个时代的风气。

（2）国庆期间，《中国机长》等三部主旋律大片实现了票房和口碑双丰收。

（3）第十届茅盾文学获奖作品《人世间》《牵风记》《北上》《主角》《应物兄》，体现了文学作品的使命感与责任感，从不同角度展现了中国作家的卓越成就。

（4）优秀文艺作品不拘于一格、不形于一态、不定于一尊，既要有阳春白雪，也要有下里巴人；既要顶天立地，也要铺天盖地。

（5）优秀文艺作品就应该像蓝天上的阳光、春季里的清风一样，能够启迪思想、温润心灵、陶冶人生，能够扫除颓废萎靡之风。

（6）文艺作者要赢得人民认可，花拳绣腿不行，投机取巧不行，沽名钓誉不行，自我炒作不行，"大花轿，人抬人"也不行。

读了上面六句话，你有怎样的感触与思考？请以其中两三句为基础确定立意，并合理引用，以本校（统称"笆津中学"）学生会名义给高一年级"耘梦"文学社成立大会写一封贺信，倡议大家"致敬优秀文艺作品，我们应有所作为"，体现你的认识与思考，并提出希望与要求。要求：自选角度，不要套作，不得抄袭，不得泄露个人信息；不少于800字。

【例文】

提笔为刀，书写时代

"耘梦"文学社全体社员：

　　你们好！

　　在这里，我谨代表笆津中学学生会向高一文学社的成立表示祝贺。愿文学社能乘千里风破万里浪，提笔为刀，书写时代。（起：观点鲜明，论点突出。）

　　文学，即语言的艺术，文字的学问。百年前，鲁迅先生高呼"学医救不了中国人"，弃医从文，提笔为刀，唤醒沉睡的国人。百年后，在中华民族伟大复兴的关键节点，我们更应致敬优秀文艺作品，致敬优秀的作者；更应拿起文学妙笔，书写时代的美好华章。（承：从鲁迅事例出发，再次评析论点。）

　　优秀文艺作品最能代表一个时代的风貌，最能引领一个时代的风气。文学以一种深沉持久的方式影响世界，影响每一代人、每一个人。路遥的巨著《平凡的世界》成为亿万青年的人生导师，连阿里巴巴创始人马云也不止一次说过："是路遥的作品改变了我，让我意识到不放弃总有机会。"莫言把山东高密东北乡的故事讲给全世界人听，在诺贝尔奖颁奖典礼上，诺奖文学委员会主席介绍莫言的作品时这样说："在高密东北乡体现了中国的民间故事和历史。……他的笔尖附着了所有的人类生活。"杨绛先生年近百岁仍笔耕不辍，书写百年心路《站在人生边上》。致敬路遥，致敬莫言、杨绛，也鼓励我们文学社的每一个成员也都能拿起笔，书写时代。（事例丰富，旁征博引。）

　　文学，是写给人民的文字，只有扎根人民，它才会有强大的生命力。一味地花拳绣腿，投机取巧终是"无实花"，沽名钓誉，自我炒作便是绝路。金庸先生在《侠客行》中寄言："天地四方为江湖，世人聪明反糊涂。名利场上风波起，赢到头来终是输。"伟大的作品心向时代，心系人民。《狂人日记》振奋人民，《资本论》点醒人民，《人世间》《北上》等服务人民。人民的需要方是时代之诉求。（正反对比，突出优秀文艺作品的艺术特质和时代诉求。）

　　优秀文艺作品是时代前进的号角，提笔为刀，我们应不负使命，责任当头。

　　千年前的张载发出"为天地立心，为生民立命，为往圣继绝学，为万世开太平"的号召。叶嘉莹先生高呼"书生报国为何计，难忘诗骚李杜魂"。今天，我们青年人，更应接过时代之旗，书写时代命运。我们书写人类，以响应

"构建人类命运共同体"这一号召；我们书写强大与繁荣，从而为祖国七十华诞祝寿；我们书写冷眼，用冷峻的目光批判看待这个世界，从而让我们能共同建构一个和谐友好，美美与共的时代！（紧扣题目中的"有所作为"，但建议不是很具体，稍显空洞。）

同学们，时代大幕已经拉开。文学社里的你们都是这一时代的见证人，让我们一同向优秀文艺作品致敬，书写时代风华，提笔为刀，崭露锋芒。

最后，祝文学社
节节日上，人才辈出。

笆津中学学生会
2019年12月7日

七、倡议书

阅读下面的材料，然后按要求作文。

2019年9月29日，国家隆重表彰共和国勋章获得者，在全国青年学生中产生巨大反响，为了推动青年学生敬仰英雄、学习英雄，弘扬勋章获得者忠诚、执着、朴实精神，自强中学学生会拟向全国广大青年发出"向共和国勋章获得者学习的倡议"，请你替自强中学学生会写一篇倡议书。

（例文相关内容略。）

八、辩论稿

阅读下面的材料，根据要求写作。

2019年女排世界杯，中国女排以十一连胜成功卫冕世界杯冠军。38年来，中国女排屡创佳绩，形成了团结协作、顽强拼搏的女排精神。

对于女排精神，中国女排主教练郎平曾说："女排精神不是赢得冠军，而是有时候知道不会赢，也竭尽全力，是你一路虽走得摇摇晃晃，但站起来抖抖身上的尘土，依旧眼中坚定。只要你打不死我，我就和你咬到底。希望女排的经历给国人带来正能量。"

郎平还说过："不要因为我们赢了一场就谈女排精神，也要看到我们努力的过程。女排精神一直在，单靠精神不能赢球，还必须技术过硬。"

请从下列任务中任选一个，以规定的身份完成写作。

假如你所在班级举行辩题为"女排精神靠实力还是意志"的辩论会，请你选择其中一方写一篇辩论发言稿。

请你以一名高中生的身份，给郎平教练或者中国女排队员写一封信。

假如某报"青年调查"栏目正在就"学习女排精神，圆梦中华复兴"话题征稿，请你为此写一篇文章（诗歌除外）。

要求：结合材料，自选角度，确定立意；切合身份；符合文体特征；不要套作，不得抄袭；不得泄露个人信息；不少于800字。

本次命题是材料+任务（指令的任务）驱动型材料作文，考生要在深入挖掘材料内涵的基础上，提炼出本次写作的立意范围，即"责任、担当、奋斗、传承、国家"。这里要注意四个意识：一是任务意识，二是身份意识，三是文体意识，四是情境意识。因为任务、身份、文体、情境不同，所以在写作重点、材料取舍、结构安排上都会有明显的不同。

切题立意：

（1）吾辈学女排，青年兴中华。

（2）女排精神一帆远，祖国有我五湖春。

（3）学习女排怀敬仰，风雨兼程兴中华。

（4）女排精神耀山河，复兴中国有你我。

……

【例文】

女排精神——用实力说话

各位辩友、同学们：

大家好！

我方的辩题是"女排精神靠实力"。

2019年女排世界杯，中国女排以十一连胜夺冠，这是38年来中国女排精神的又一次展现，这一切都源于强劲的实力。

何为实力？我想借用中国人大新闻学院喻国明教授的话做说明："一个国家是存在两种实力的，一种是硬实力，一种是软实力。硬实力通常是指国家GDP、硬件设施等，而文明、制度、传媒等被称为软实力。"在这里，实力的含义同样适用于女排精神，它是硬实力与软实力相结合而凝聚成的一种精神。

女排胜利源自强大的硬实力。

这种实力自然指的是过硬的技术。中国女排的阵营里拥有世界上最好的主攻手，同时也拥有最好的一传、二传、接应和自由人。她们都拥有过硬的团体战术和个人技术，这是她们可以连克强敌的根本。倘若女排的姑娘们技术素质差，纵使再强大的意志也无法在强敌如林的系列赛中连续取胜。试问，中国男足不想为国争光吗？中国男篮不想在赛场夺冠吗？他们止步于想，没有过硬技术的实力加持，只能在赛场上一次次铩羽而归，屡战屡败。正如郎平所言："单靠精神不能赢球，还必须技术过硬。"

硬实力给了女排在赛场上克敌夺冠的强大保障，软实力则给了她们不竭的精神力量。

这种软实力就是女排38年里的自信。这种自信是直面强敌的果敢，是失败时永不止步的拼搏，是胜利时善于自省的砥砺。那一次次扣球后的低吼，发球时坚毅的眼神，无不展现了女排的自信。这种软实力成就了她们在赛场上的高光时刻，也陪伴她们走过黯淡无光的艰难岁月。无论是鲜花掌声萦绕，抑或是质疑批评不断，因为有自信的精神，女排常青不败，女排精神赓续不息。

没有了硬实力，在赛场上一打就垮，而没有了软实力，则会不打自垮。软硬相济，共铸精神。女排过硬的赛场实力来自不懈的坚持与顽强拼搏的精神。若中国女排没有每天长达十个小时的坚持训练，就不会拥有过硬的技术。若没有过硬的赛场技术，中国女排在赛场上就不会有夺冠的机会。软硬相济，铸就女排辉煌。

综上所述，女排的成功源于实力，技术的强实力和心理的软实力铸就了中国女排。所以我的观点是——女排精神，用实力说话。

我的辩论陈词结束，谢谢大家！

九、驳论

阅读下面的材料，按要求作文。

现在的时代出现了很多流行词，如"拼爹"。因为"拼爹"一词的新鲜出炉，许多人发出了这样的感慨："拼爹"时代，读书无用。

针对以上材料，你有什么观点、看法，请以此为内容范围作文。

要求选好角度，确定立意，明确文体，自拟标题，不得脱离材料内容及含意的范围作文，不得套作，不得抄袭。

【例文】

驳"读书无用论"

近来不时地听到人们议论读书的价值，主要有两个声音：一是读书能够提高人的素养；另一种自然就是读书无用论了。（先树立批驳的靶子）

对于读书无用论，我是相当的不以为然。我不否认有些人不读书也能靠自我的潜力混得很好，但请注意，这样的人只占极少数。我看到某些论坛上有人说本科生不如专科生，言辞之激实在令人叹服，文笔也不错。但是，这样的观点显然是很容易驳斥的。类似的，也有人在议论研究生不如本科生、大学生不如中专生云云，都是些站不住脚的谬论。就拿那篇说本科生不如专科生的帖子来说吧，作者只看到了少部分优秀的专科生和少部分在大学里混日子的本科生，犯了以偏概全的错误，直接导致他总结出"读书多没有用"的谬论。如果从总体上来说，毕业后谁更能在社会上站得住脚?谁能更有成就?答案就很明显了，必然是本科生。为什么?整个理论修养和人文修养都比你高一筹，你能不服吗?如果按照"读书无用论"的逻辑，那么最优秀的人非连斗大的"一"字也不认得的文盲莫属！（批驳）

无独有偶，某些人只看了就业率，就说研究生不如本科生，这也是有失偏颇的。书读得越多，学习得就越深入，就业面也就相对变狭窄了。因此，研究生一时找不到适宜的工作也是正常的。但是，无论从洞察问题的眼光还是解决问题的潜力上看，研究生总体来说都要比本科生强，尤其是技术含量比较高的项目上，这是毋庸置疑的。（批驳，破立结合）

综上所述，读书自有它的价值所在，而且它的价值是不容任何人否认的。（摆观点）

但是这并不是说读书读的级别越高越好，更不是鼓励每个人都去考研究生博士生。什么样的工作都得有人去做，因此，根据自我的潜力兴趣确定了自我的职业方向之后，根据需要去学习，够用就好。（正面论证）

"读书无用论"者都有一个通病，就是过分强调潜力的重要性。有些人是很聪明，什么事情都是看一下就能上手。但是，如果他们读书多点书，提高理论素养，那么他们的潜力肯定会有一个质的飞跃。同样智力水平的人，读过大学的跟没读过大学的人一比，差距立刻就出来了——整个人的气质都不一样。我们学的课本上的知识，受到很多人的指责，说学了之后出来工作用不上。我承认有些科目确实是很垃圾，但是，我们没有办法否认，我们在学习大部分某些人认为是无用的东西的时候，就算以后用不上，我们的思维方法和思维潜力都在不知不觉中被这些"无用的科目"潜移默化。举个很简单的例子，你看一下，同样都是学那些"无用的科目"，文科生的思维跟理科生在同一个问题上的反应能够相差十万八千里！学过数学的人跟没学过数学的人一比较，思考的逻辑的严密也有很大的差距。（正面论证）

否认读书的重要性，是浮躁的表现，是严重的错误。期望那些读书无用论者能早日醒悟吧。（进一步明确观点，表明态度）

十、辩论词

阅读下面的材料，根据要求写作。

近日，深圳某知名中学公布了2019年拟聘教师名单。35名新聘教师均为硕士以上学历，其中20人毕业于清华大学或北京大学，1人毕业于哈佛大学。这份"豪华版"的新聘教师名单一经公布，立即引发社会的广泛关注。网友们纷纷发出"清华北大毕业生去哪儿了？原来是去深圳教书了""本科毕业的我，看完瑟瑟发抖"之类的调侃。

某中学高三年级将以"顶尖名校毕业生去中小学教书算不算大材小用"为话题进行辩论比赛，请你为正方或者反方的一辩，写一篇辩论词。

要求：自拟标题，自选角度，确定立意，不要套作，不得抄袭，不得泄露个人信息，不得少于800字。

命题方向：

自主发展：勤于反思。

科学精神：理性思维、批判质疑。

实践创新：问题解决。

责任担当：社会责任。

审题指导：

【限制性】

（1）立意限制。本作文题任务驱动性强，立意限制严格。题目所设置的背景为以"顶尖名校毕业生去中小学教书算不算大材小用"为话题进行辩论比赛，要求考生为正方或者反方的一辩，写一篇辩论词。而从辩论一方出发写辩论词，立意只能有一个，正方观点即"顶尖名校毕业生去中小学教书算大材小用"，或反方观点"顶尖名校毕业生去中小学教书不算大材小用"。抛开这两个立意任意发挥都算跑题。

（2）内容限制。考生写作的内容必须围绕辩论赛展开，要站在正方或者反方的角度立意行文。写作的内容必须有极强的针对性，紧紧围绕几组关键词："顶尖名校毕业生""去中小学教书""大材小用"。不论选择哪一方，必须围绕这几组关键词展开辩论。"社会关注""网友调侃"的立足点都是顶尖名校毕业生该不该去中小学从教。如果断章取义，看到网友的调侃，就写现在大学毕业生就业难的问题，则属于跑题。

（3）文体限制。这是一道辩论赛反驳陈词类的作文，本质上属于议论文。材料规定考生只能从正方或者反方任意一方的角度展开辩论，很明显，考生必须以对方的观点为靶子进行反驳。因此，考生作答时，必须针对对方的观点进行反驳，做到观点明晰、论证有理有据。

（4）写作主体和写作对象限制。辩论会是高三年级开展的，高三学生正面临高考以及几年后择业等问题，因此应该从自身发展和社会发展的综合角度，围绕名校高才生中学从教的问题展开思考辩论，展现新时代青年对人生职业的规划意识、对社会的关注意识，以及对国家发展的参与意识。所以写作是要有身份带入意识和辩论场景下的读者意识的。

【开放性】

（1）观点角度是开放的。考生可以根据自己的认知水平、知识积累，自由选择正方或者反方来行文。这能让大多数考生有话说，不至于泛泛而言、言之无物。

（2）论据选择是开放的。不论是选择正方还是选择反方，只要观点明确，站在己方立场，紧紧围绕己方观点进行辩论，考生就完全可以根据平时的知识储备，自由选择论据。论据的选择一定程度上反映了考生对社会的关注程度，对人生发展的思考深度，以及他们的语言建构能力和分析评价能力。

【解题】

此类型题源于人教版高中语文教材第三册"表达交流"部分：学会辩论——学会反驳。综观题目设计，该题紧扣时事，有意识地让考生思考社会问题。此外，题目采用辩论赛的形式，既能让教师注重对教材的研读，又能让考生在写作中提高核心素养。顶尖名校毕业生从事普通职业，本身就很容易引发社会关注，当年北京大学毕业生陈生卖猪肉的事件就曾引发全社会对职业选择的思考。名校毕业生是否可以从事普通职业，如中小学教师等？从事了这种职业，又是否降低了身价？社会的关注点无非在此：辛辛苦苦考入名校，怎么说也要从事"高大上"的职业，选择普通职业会让大众的心理预期落空，而且也会引发人们思考读书的价值以及名校的育人价值。作文时效性强、思辨性高，不仅能让考生在写作中规划未来的人生职业，思考个人发展与国家社会的关系，还能够很好地考查考生分析、解决问题的能力。考生写作时，可以根据自己的认知，选择正方或者反方来辩论。但是，考生不论站在哪个角度辩论，都必须做到观点鲜明，针对性强，理由充分，符合文体。

切题立意：

（1）从正方角度：顶尖名校毕业生去中小学教书是大材小用。

（2）从反方角度：顶尖名校毕业生去中小学教书不是大材小用。

偏题立意：

（原因：没有领悟到材料任务的限制性）

（1）顶尖名校毕业生从教中小学之我见。

（2）名校毕业生应该干什么？

（3）不能歧视教师职业。

（4）选择不同，各尽其才

（5）高学历不代表高能力。

评分标准：

（1）审题与"审题指导"一致，文体符合论辩稿格式要求，观点鲜明，语言流畅，字数在900左右，给48分以上。

（2）审题与"审题指导"基本一致，但文体没有体现论辩稿格式要求，观点正确，语言较流畅，字数在850左右，给42～47分。

（3）审题与"审题指导"基本一致，但文体没有体现论辩稿格式要求，观点正确，语言较流畅，字数在600～800，给36～41分。

（4）审题部分正确，属于偏题，文体基本体现论辩稿格式要求，字数在800以上，给30～35分。

（5）审题部分正确，属于偏题，文体没有体现论辩稿格式要求，字数在500～800，给21～29分。

（6）审题不正确，属于走题，在20分以上酌情给分。

（7）没有标题的，一律从得分中扣2分。

【范文展示】

高才生从教中小学，实乃大材大用

——生命影响生命，优秀传递优秀

各位观众、各位评委、各位辩友：

大家好！

我是反方一辩，我方认为：顶尖名校毕业生从教中小学，不是大材小用，而是大材大用；高才生从教中小学大材小用的论调，本身就带有职业歧视色彩。

教师的职业很平凡，但教育又很伟大，平凡是因为没有轰轰烈烈、叱咤风云；伟大是因为教育的本质就是一个生命影响一群生命，用优秀传递优秀，本应该受到尊重。因此，我方认为，名校高才生从教中小学不是屈才，而是一种正常的职业选择行为，他们为教育事业注入新活力，能够为祖国培养更多优秀的建设者。传统观念认为，中小学老师由本科师范生担任已足够，顶尖人才就该进高校、搞科研，如果中小学教师让硕士、博士来担任，就是大材小用了。但实际上，如今名校毕业生从教中小学已非新鲜事，很多名校硕士、博士会选择一些发达城市重点中学从教，甚至从教小学。

我方认为，高才生从教，能优化中小学教师队伍。

这些高学历老师就像放进水桶里的鲶鱼。古人云："生于忧患，死于安乐。"教育事业也是如此。长期在一个相对平衡的状态时，无论是学校还是老师，都可能会失去了继续上升的冲劲。但当一两条鲶鱼游了进来，竞争也跟着"游"了进来。高学历老师有学识，老教师有经验，中青结合，定能继往开来，开拓创新。

名校硕士、博士生进入中学教书，会给教育带来新气象。

教育教学质量的提高是多方因素作用的结果，其中师资力量是一个关键的方面。正所谓最优秀的人才能培养出更优秀的人，真正的"大材"才能培养出"大才"。名校的硕士、博士生们，有先进的教育理念，有创新的精神，有积极投身教育改革的思想意识，尤其是他们有很高的人文素养和丰富的专业知识，在工作中通过理论与实践的融合，能带动整个教育教学改革，推动教育向纵深发展。这不是大材小用，而是大材大用。

我方一致认为，百年大计，教育为本，顶尖人才当老师是大才大用。

教书育人是国之大事，是民族兴旺发达的重要保证。教育要舍得投入才能出成果、出人才。生命影响生命，优秀传递优秀，一流的人才能培养更多一流的学生；阳光的心态才能培养具有阳光心灵的孩子。对于每一个学生而言，一个见多识广、知识丰富、年轻幽默，一个心中有诗和远方的老师，或许更能让他们获益终生。因此，对高才生从教中小学不必大惊小怪，要抛开思维定式，欣然欢迎更多的硕士、博士成为我们孩子成长路上的引路人，用他们的学识、思维和视野引领孩子走向美好未来。

高才生从教中学，实乃大材大用！北大毕业生陈生卖猪肉能卖出北大水平，顶尖毕业生教书更能教出"清华才子"。金子在哪里都能发光，人才到哪里都大有作为。

因此，我方认为：顶尖名校毕业生从教中小学，不是大材小用，而是大材大用！

谢谢各位！

十一、漫画作文

2019年高考全国Ⅲ卷作文题。

（具体内容参见第七章"新课标背景下的作文教学"专题讲座）

【例文】

莫让高考淡化了师生情

漫画中最后一堂课，"你们再看看书，我再看看你们。"老师这样说道。看似平淡无奇的一句话深深地刺痛了我，引起了我的思考！埋首试卷堆的我们感受到了吗？只追求课堂高效的老师们能说出吗？一味追求分数为高考焦躁的家长们能允许这样的上课方式吗？答案恐怕令人失望！面对现实我仍然要说：莫让高考淡化了师生情。

师生情是中华民族优秀传统文化的重要组成部分，古有岳武穆每年祭奠恩师，并在恩师坟墓前拉大弓以表志向。为何今天却出现了温儒敏先生所说的精致的利己主义者，为何会有名牌大学生大放厥词我考上大学全靠自己，孩子一毕业家长不认识老师！这些现实都拷问着我们！

为何？请听我缓缓道来：正如漫画所言，最后一堂课，孩子们你们看看书！为什么要看书？因为明天要高考！要升学！要应试！应试是每个国家都有的情况，但是在中国却成为一种独特的文化现象。全民陷入了高考分数的功利圈中，孩子从小被家长、学校灌输优秀的标志就是分数高！就是升学！造成了孩子唯"分数论"只要我成绩好！其他可以忽略不计！课堂上孩子只在乎知识含量！得分技巧！对于那些春风化雨的教育引导则是麻木不仁或者打上废话的标签。在学校的各种数据、数表的考核下我们的一部分老师成了唯"高效课堂"的忠实粉丝，不多讲一个与知识无关的字！另外一部分老师只能在满足应试的前提下，戴着镣铐，在最后的时间，默默地看着孩子们！将关心、关爱埋藏在心中。

诚然这也与中国人表达情感委婉含蓄不外露，默默地付出，无声地奉献有关！与我们当前高中教育育人方式陈旧落后有关！还有其他不能一一列举的原因，但是原因中的主要方面却不可回避！

面对诸多原因！面对漫画警醒！及时矫正才是正途！我想我们应该从以下几个方面对症下药：首先，我们惊喜地发现国家近几年来坚持立德树人，培养德智体美劳全面发展的社会主义建设者和接班人！从宏观方面对整个社会进行了引领，作为青少年我们应该自觉意识到这一点！从内心破除唯分数论的顽疾！其次，学校和家长也应该明确成人为首，多关心孩子的德育！让学校成为师生情谊的成长园而不是扼杀地！再次，老师们应该主动地表达对学生们的关爱、关心、呵护之情！不要让应试压缩了情感的空间！最后作为新时代青年的我们在与老师相处的每一份每一秒中都应该用心去体会！让尊师优秀的传统文化流传，让师生情谊永远传承！

一幅漫画万千思绪！让我们铭记莫让高考淡化了师生情！让我们的每一节课都是知识与生命的共振！让老师看着我们的时候！我们也能看着老师的眼神！

后 记

从1986年投身教改，直至2020年，一转眼就是34年了。行走在语文教研的路上，有说不尽的艰难困苦，但是我仍然坚持下来了，并矢志不渝地朝着既定的目标一步一步向前走。所撰写的近100篇关于教育教学改革方面的文章，有一部分已于2018年7月编辑成《高中语文教育教学探秘》一书，并由东北师范大学出版社出版了；还有一部分将选编成本书正式出版，也算是对自己这几十年来的语文研究成果的再一次整理。

目前正在实施的新一轮课程改革十分重视学生的学科核心素养的培养。学科核心素养是什么呢？是学科育人价值的集中体现，是学生通过学科学习而逐步形成的正确价值观、必备品格和关键能力。就高中而言，语文学科核心素养是学生在积极的语言实践活动中积累与构建起来，并在真实的语言运用情境中表现出来的语言能力及语言品质；是学生在语文学习中获得的语言知识与语言能力，思维方法与思维品质，情感、态度与价值观的综合体现，主要包括"语言建构与运用""思维发展与提升""审美鉴赏与创造""文化传承与理解"四个方面。

新课程改革之前，我国语文教学的知识体系是比较清楚的，听说读写的能力点、知识点，也都比较成体系。但在教学中存在的普遍现象，是考什么，就学什么、训练什么，语文教学的知识体系实际上已被应试教育的题海战术和反复操练所绑架。实施新课程，特别是课标的出台，首先要解决的就是题海战术和反复操练的问题，因此特别强调语法修辞和语文知识讲授不要体系化，要"随文学习"。而且课程改革几乎一边倒，就是强化人文性。

但又出现了另一种趋向，那就是语文的知识体系被弱化，甚至被拆解了，教材在知识体系的建构上，不敢理直气壮地讲语文知识，不敢放手设置基本能力的训练，知识点和能力训练点不突出，也不成系列。结果教学梯度被打乱，必要的语文知识学习和能力训练得不到落实。有时课上得"满天飞"，可就是没有把得住的"干货"。某一单元每一课到底要实现什么教学目标，这个目标在整个语文课程中到底是什么位置，通过这一单元或者某一课，能让学生具体学会什么，大致达到什么程度，都不是很清楚。

所以，新一轮课程改革，需要我们扎扎实实推进，而不是耍花架子。"守正创新"是我们必须遵守的一条原则。知识传授型的传统教学模式，是以知识传授为中心，建立了系统性、量力性、巩固性、启发式等教学原则。而新的开放式的教学模式，追求的是以培养能力、开发智力、启迪思维、发展个性为中心，所以，我们还必须建立与之相匹配的新型教学原则，如实践性原则、与思维训练相结合的原则、主体性原则、方法论原则（教学论的最新研究指出，当代的教学论新趋势是：教学从传递信息、传授知识转向学习方法论的教育。学习方法论的指导，重在科学的学习方法和科学思维方法的指导）等。此外，我们还需要建立自主的整体评价机制。新的评价机制绝对不会只承认那种单因素的知识教学评价，它突出强调实践性、自主性和整体性的教学评价。

教改探路，教研先行。没有正确的理论指导，就会走许多弯路；没有勇气去进行教改实践，再好的理论也只是纸上谈兵。教研之路也许是曲曲折折的，但只要我们沉下心来、勇于探索、勤于总结，教研之路就一定会越走越宽广。

在本书即将付梓之际，我要特别感谢学校领导多年来对我工作的大力支持和鼎力相助，还要感谢多年来和我同在一个战壕中战斗的各位语文同仁，是你们真诚无私的帮助让我变得更加自信。

限于自己水平有限，书中一定会有不少地方值得推敲，有些引文或许未能清楚标注出处，祈请各位谅解，并批评指正。在此深表感谢！

胡平贵

2021年1月